古代歷史文化^{研究}_{輯刊}

三二編

王明蓀 主編

第9冊

唐代藩鎮歷史地理研究
（第三冊）

向傳君 著

國家圖書館出版品預行編目資料

唐代藩鎮歷史地理研究（第三冊）／向傳君 著 -- 初版 -- 新
北市：花木蘭文化事業有限公司，2024〔民 113〕
目 8+192 面；19×26 公分
（古代歷史文化研究輯刊 三二編；第 9 冊）
ISBN 978-626-344-872-8（精裝）
1.CST：藩鎮 2.CST：區域研究 3.CST：歷史地理 4.CST：唐代
618　　　　　　　　　　　　　　　　　　113009406

ISBN-978-626-344-872-8

9 786263 448728

古代歷史文化研究輯刊
三二編　第 九 冊　　　　　　　ISBN：978-626-344-872-8

唐代藩鎮歷史地理研究
（第三冊）

作　　者　向傳君
主　　編　王明蓀
總 編 輯　杜潔祥
副總編輯　楊嘉樂
編輯主任　許郁翎
編　　輯　潘玟靜、蔡正宣　美術編輯　陳逸婷
出　　版　花木蘭文化事業有限公司
發 行 人　高小娟
聯絡地址　235 新北市中和區中安街七二號十三樓
　　　　　電話：02-2923-1455／傳真：02-2923-1452
網　　址　http://www.huamulan.tw 信箱 service@huamulans.com
印　　刷　普羅文化出版廣告事業
初　　版　2024 年 9 月
定　　價　三二編 28 冊（精裝）新台幣 84,000 元　　　版權所有 · 請勿翻印

唐代藩鎮歷史地理研究
（第三冊）

向傳君　著

目

次

第八章　山南道藩鎮

　　山南道分為山南東道和山南西道。山南東道內長期建置有山南東道、荊南、金商三鎮，山南西道內長期存在的藩鎮僅有山南西道一個藩鎮。由於山南東、西二道長期存在的藩鎮較少，因此將兩道並為一章進行考述。

　　山南東道又稱襄陽鎮，始置於天寶十四載（755年）。廣德元年（763年），梁崇義開始割據於山南東道，直至建中二年（781年）被平定。唐末，趙德諲、趙匡凝父子割據於山南東道，後又兼併荊南鎮，直至天祐二年（905年）為宣武節度使朱溫所滅。山南東道長期轄有襄、鄧、復、郢、隨、唐、均、房八州，治於襄州，唐末有軍號為忠義軍。另外，山南東道在唐代後期曾經分置唐鄧鎮，但是存在時間較短。

　　荊南鎮的前身為江陵防禦使，至德二載（757年）升為荊南節度使，長期轄有江陵府和澧、朗、歸、峽、萬、夔、忠七州，治於江陵府。唐末，成汭割據於荊南鎮。另外，荊南鎮曾經分置夔峽、武貞二鎮。夔峽鎮建置於唐代中期，存在時間較短。武貞鎮建置於唐末，雷滿家族割據於此，後為南楚政權所滅。

　　山南西道又稱興元鎮，建置於至德元載（756年），長期轄有興元府和洋、集、壁、文、通、巴、興、鳳、利、開、渠、蓬、果、閬、行成、行扶十六州，治於興元府。唐末，鹿晏弘、楊守亮等人先後據有山南西道，最終被鳳翔節度使李茂貞兼併。另外，山南西道曾經分置興鳳、洋州二鎮。興鳳鎮在中唐和唐末曾經兩度建置，轄有興、鳳等州，治於鳳州，唐末有軍號為感義軍。洋州鎮建置於唐末，軍號武定軍，轄有洋、蓬、壁等州，治於洋州。興鳳、洋州二鎮最終都為鳳翔節度使李茂貞所併。

　　金商鎮在唐代曾經數度廢置，存在的時間相對較短。金商鎮始建於至德元載（756年），當時軍號為興平軍，轄有金、商、均、房四州，治於商州，直至寶應元年（762年）廢除。其後，金商鎮曾經兩度廢置。唐末，金商鎮復建，軍號先後為昭信軍、戎昭軍，轄有金、商、均等州，徙治於金州。馮行襲割據於此，後為宣武節度使朱溫所併。

　　這一章主要研究山南道的山南東道、荊南、山南西道、金商四個藩鎮，其中還涉及南陽、唐鄧、夔峽、武貞、興鳳、洋州（武定）等藩鎮。

第一節　山南東道

　　山南東道，又稱襄陽鎮，長期轄有襄、鄧、復、郢、隨、唐、均、房八州，治於襄州。安史之亂後，梁崇義割據山南東道長達十八年，後來被淮西節度使李希烈消滅。唐末，趙德諲、趙匡凝父子割據於山南東道，軍號忠義軍，最終為宣武軍節度使朱溫所滅。

　　唐代後期，山南東道曾經短期分置唐鄧鎮，後復併入山南東道。

　　學界對山南東道的個案研究較少，王學會先生的碩士論文《唐肅宗至唐憲宗時期的山南東道研究》對山南東道進行了研究，但並不是針對山南東道這個藩鎮〔註1〕。賴青壽先生的博論《唐後期方鎮建置沿革研究》對山南東道早期建置的襄陽防禦使、南陽防禦使進行了較為深入的考述〔註2〕，對筆者有著很大的啟發。

一、山南東道的轄區沿革

　　襄州藩鎮的建置沿革為：襄陽防禦使（755～756）—山南東道防禦使（756）—襄陽節度使（756～757）—山南東道節度使（757～888）—忠義軍節度使（888～905）。

　　山南東道建置後不久，即為梁崇義所割據，轄有襄、鄧、均、房、郢、復六州，治於襄州。建中年間，梁崇義割據勢力覆滅。元和之後，山南東道長期轄有襄、鄧、復、郢、隨、唐、均、房八州。唐末，趙德諲、趙匡凝父子割據

〔註1〕王學會：《唐肅宗至唐憲宗時期的山南東道研究》，碩士學位論文，陝西師範大學歷史系，2012年。

〔註2〕賴青壽：《唐後期方鎮建置沿革研究》第七章第三節《襄陽（山南東道）節度使沿革》，第123～125頁。

於山南東道，兼有荊南鎮的江陵府和歸、峽二州，罷領均州。天祐二年（905年），山南東道為朱溫所取。

（一）襄陽節度使和南陽節度使的建置

朝廷在襄陽郡建置山南東道節度使之前，曾經先後在襄陽郡建置襄陽防禦使、襄陽節度使，又在南陽郡建置南陽防禦使、山南東道節度使。至乾元二載（757年），襄陽節度使、山南東道節度使二鎮合併。

天寶十四載（755年）十二月，朝廷在襄陽郡建置襄陽防禦使。《舊唐書》記載：「及安祿山反，既犯東京……以兵部郎中徐浩為襄州刺史、本州防禦守捉使以御之。」〔註3〕安祿山攻陷東京（洛陽）是在天寶十四載十二月，因而可知襄陽防禦使建置於此時。《方鎮表四》記載：至德元載（756年），「襄陽、南陽二郡皆置防禦守捉使。」〔註4〕據《舊唐書》的記載可知，《方鎮表四》記載的時間有誤。

至德元載（756年）正月，朝廷在南陽郡建置南陽防禦使，不久升為南陽節度使。《舊唐書》記載：「（天寶）十五載（756年）正月，拜（魯）炅上洛太守，未行，遷南陽太守、本郡守捉，仍充防禦使。尋兼御史大夫，充南陽節度使。」〔註5〕《資治通鑑》記載：至德元載正月，「置南陽節度使，以南陽太守魯炅為之。」〔註6〕

其後，襄陽防禦使改稱為山南東道防禦使。《全唐文》卷三百六十七有《授韓洪山南東道防禦使等制》記載：「襄陽太守韓洪……可山南東道防禦使。」〔註7〕按駐紮於江陵郡的山南東道節度使李璘至德元載十二月才離開江陵郡，而且江陵郡還建置過山南東道防禦使〔註8〕。因而，襄陽防禦使升為山南東道防禦使當是在至德元載十二月之後。

接著，襄陽郡的山南東道防禦使升為襄陽節度使，南陽節度使改稱為山南東道節度使。《舊唐書》記載：「魯炅敗於葉縣，退守南陽，乃以（來）瑱為南陽太守、兼御史中丞，充山南東道節度防禦處置等使以代（魯）炅。尋以嗣虢

〔註3〕　《舊唐書》卷九十八《源洧傳》，第3072頁。

〔註4〕　《新唐書》卷六十七《方鎮表四》，第1253～1286頁。下文同，不再引注。

〔註5〕　《舊唐書》卷一百一十四《魯炅傳》，第3361頁。

〔註6〕　《資治通鑑》卷二百一十七《至德元載》，第6953頁。

〔註7〕　（清）董誥等編：《全唐文》卷三百六十七《授韓洪山南東道防禦使等制》，第3730頁。

〔註8〕　江陵郡建置山南東道防禦使的情況，詳見本章第二節《荊南鎮的轄區沿革》。

王（李）巨為御史大夫、河南節度使，因奏炅能守南陽，詔各復本位。賊攻圍南陽累月，瑱分兵與襄陽節度使魏仲犀救之。」〔註9〕由此記載看出，這裡所謂的「山南東道節度」實則是指之前的南陽節度使。經過查證，李巨出任河南節度使是在至德元載五月。但南陽節度使改為山南東道節度使也應該在李璘離開江陵郡之後。此處還提及「襄陽節度使」，可知襄陽郡的山南東道防禦使已經升為襄陽節度使。

對於此前襄陽、南陽二鎮的轄區變化，史料沒有明確記載，很難考證。直到至德二載（757年），二鎮合併之後才有了其轄區的記載〔註10〕。

（二）山南東道初期的轄區沿革

至德二載（757年）五月，南陽郡被安史叛軍侵佔，山南東道節度使魯炅退往襄陽郡。自此，山南東道徙治於襄陽郡。《資治通鑒》記載：本年五月，「山南東道節度使魯炅守南陽，賊將武令珣、田承嗣相繼攻之……炅在圍中凡周歲，晝夜苦戰，力竭不能支，壬戌夜，開城帥餘兵數千突圍而出，奔襄陽。」〔註11〕

這樣一來，山南東道節度使徙治於襄陽郡，南陽節度使則被廢除。《方鎮表四》記載：至德二載（757年），「廢南陽節度使，升襄陽防禦使為山南東道節度使，領襄、鄧、隋、唐、安、均、房、金、商九州，治襄州。」

由上述記載可以看出，這裡所謂的山南東道節度使，實際是由南陽郡的山南東道節度使與襄陽節度使合併而來。對於其轄區，《方鎮表四》是以州來敘述的，但當時全國還保持著郡的建置。襄、鄧、隨、唐、安、均、房、金、商九州當時實際分別為襄陽郡、南陽郡、漢東郡、淮安郡、安陸郡、武當郡、房陵郡、安康郡、上洛郡。但是，以上九郡之中，武當、房陵、安康、上洛四郡當時實際隸屬於興平軍。據《方鎮表四》記載：至德元載，「置興平節度使，領上洛、安康、武當、房陵四郡，治上洛郡」；上元二年，「廢興平節度使，置武關內外四州防禦觀察使，領州如故。」因此，山南東道當時實際上僅領有襄陽、南陽、漢東、淮安、安陸五郡。其中，南陽郡被安史叛軍佔據，直至同年（757年）十月才被收復。

乾元元年（758年），朝廷改郡為州，山南東道下轄各郡改為州。襄陽郡

〔註9〕《舊唐書》卷一百一十四《來瑱傳》，第3365頁。
〔註10〕上述襄陽節度使、南陽節度使的考證，可詳見於賴青壽：《唐後期方鎮建置沿革研究》第七章第三節《襄陽（山南東道）節度使沿革》，第123～125頁。
〔註11〕《資治通鑒》卷二百一十九《至德二載》，第7024～7025頁。

改為襄州，南陽郡改為鄧州，漢東郡改為隨州，淮安郡改為唐州，安陸郡改為安州。

同年，山南東道徙治於鄧州。《舊唐書》記載：乾元元年九月，「命朔方節度郭子儀……淮西襄陽節度魯炅……鄭蔡節度使季廣琛等九節度之師，步騎二十萬。」〔註12〕由此可見，魯炅當時兼領山南東道、淮西兩鎮節度使。《新唐書》又記載：「乾元元年，（魯炅）又加淮西節度、鄧州刺史。」〔註13〕由此又知，魯炅當時治於鄧州。另外，《舊唐書》又記載：「上元二年，（魯炅）為淮西襄陽節度使、鄧州刺史。」〔註14〕《唐刺史考全編》推斷，此處記載的上元二年是錯誤的。〔註15〕既然魯炅兼領山南東道和淮西鎮，那麼是哪個藩鎮治於鄧州呢？根據《方鎮表二》記載，淮西鎮在乾元元年至二年治於鄭州。那麼，治於鄧州就應該是山南東道。

乾元二年（759年）四月，朝廷改任魯炅為鄭陳節度使，廢除淮西鎮。至此，山南東道又徙治於襄州。據《唐刺史考全編》所引證，此後的數任山南東道節度使都兼任襄州刺史，可知山南東道徙治於襄州〔註16〕。

同年（759年），朝廷復置淮西鎮，其轄區中含有安州，山南東道因此罷領安州。《方鎮表二》記載：「是年，復置淮南西道節度使，領申、光、壽、安、沔、蘄、黃七州。」〔註17〕

同年八月，山南東道發生叛亂，牙將康楚元佔據襄州，自稱南楚霸王。直至十一月，朝廷平定康楚元之亂。次年（760年）四月，山南東道又發生兵亂，襄州牙將張維瑾殺節度使史翽。朝廷先後任命韋倫、來瑱為山南東道節度使。來瑱就任襄州之後，才平定亂兵。

上元元年（760年），山南東道增領金、商、均、房、郢、復六州。對此，《舊唐書》記載：「乾元三年（760年），襄州大將張（維）瑾殺節度使史翽作亂，乃以（韋）倫為襄州刺史、兼御史大夫、山南東道襄鄧等十州節度使。」〔註18〕《新唐書》也記載：上元元年四月，「徙（來）瑱山南東道襄、鄧、均、

〔註12〕《舊唐書》卷十《肅宗本紀》，第253頁。
〔註13〕《新唐書》卷一百四十七《魯炅傳》，第3725頁。
〔註14〕《舊唐書》卷一百一十四《魯炅傳》，第3363頁。
〔註15〕郁賢皓：《唐刺史考全編》卷一九〇《鄧州（南陽郡）》，第2609頁。
〔註16〕郁賢皓：《唐刺史考全編》卷一八九《襄州（襄陽郡）》，第2584～2585頁。
〔註17〕《新唐書》卷六十五《方鎮表二》，第1198～1222頁。下同，不再引注。
〔註18〕《舊唐書》卷一百三十八《韋倫傳》，第3781頁。

房、金、商、隨、郢、復十州節度使。」〔註19〕其中只有九個州，應該遺漏了唐州。與山南東道此前的轄區相比，多出了金、商、均、房、郢、復六州。其中，郢、復二州原隸於荊南鎮，至此改隸於山南東道。至於金、商、均、房四州，原本隸屬於興平軍。據《方鎮表四》記載：上元二年（761年），「廢興平節度使，置武關內外四州防禦觀察使，領州如故」。賴青壽先生在《唐後期方鎮建置沿革研究》中根據《舊唐書》的記載認為，興平節度使廢除時間應在上元元年（760年），其說可取〔註20〕。至此，山南東道轄有襄、鄧、隨、唐、金、商、均、房、郢、復十州。

上元二年（761年），朝廷分金、商、均、房四州建置武關內外四州防禦觀察使。《資治通鑒》記載：寶應元年（762年）三月，「上割商、金、均、房別置觀察使，令（來）瑱止領六州。」〔註21〕這裡所記時間當誤，當以《方鎮表四》記載為準。至此，山南東道罷領金、商、均、房四州。

寶應元年（762年），山南東道增領均、房二州，罷領隨、唐二州。《方鎮表四》記載：本年，「金、商二州隸京畿。罷武關內外四州防禦觀察使。」可見，武關觀察使廢除之後，金、商二州改隸於京畿鎮，而均、房二州則改隸於山南東道。至於隨、唐二州，則改隸於淮西鎮。《方鎮表二》記載：本年，「淮西節度增領許、隋、唐三州。」至此，山南東道轄有襄、鄧、均、房、復、郢六州。因此，《資治通鑒》記載來瑱領有的六州，並非襄、鄧、唐、復、隨、郢六州。

寶應元年（762年）三月，山南東道節度使來瑱曾經短暫徙治於鄧州。繼而，朝廷改任來瑱為淮西節度使，山南東道復治於襄州。《舊唐書》記載：「上元三年（762年），肅宗召（來）瑱入京。瑱樂襄州，將士亦慕瑱之政，因諷將吏、州牧、縣宰上表請留之，身赴詔命，行及鄧州，復詔歸鎮。肅宗聞其計而惡之……以瑱為鄧州刺史，充山南東道襄、鄧、唐、復、郢、隨等六州節度，餘並如故。」〔註22〕另外，《資治通鑒》記載：寶應元年建辰月，「上召山南東道節度使來瑱赴京師。瑱樂在襄陽，其將士亦愛之，乃諷所部將吏上表留之，行及鄧州，復令還鎮……以瑱為淮西、河南十六州節度使，外示寵任，實欲圖

〔註19〕《新唐書》卷一百四十四《來瑱傳》，第3689頁。
〔註20〕賴青壽：《唐後期方鎮建置沿革研究》第七章第四節《金商都防禦使沿革》，第128頁。
〔註21〕《資治通鑒》卷二百二十二《寶應元年》，第7121頁。
〔註22〕《舊唐書》卷一百一十四《來瑱傳》，第3366頁。

之。密敕以（裴）茙代瑱為襄、鄧等州防禦使。」〔註23〕《舊唐書》又記載：
寶應元年五月，「以來瑱復為襄州刺史、山南東道節度使。」〔註24〕

（三）建中之亂對山南東道轄區的影響

廣德元年（763 年），梁崇義成為山南東道節度使。從此，山南東道開始
了梁崇義長達十八年的割據，仍然轄有襄、鄧、均、房、復、郢六州。建中年
間，朝廷討伐梁崇義，接著淮西節度使李希烈叛亂稱帝，都對山南東道的轄區
產生了重要影響。

建中二年（781 年），為了謀求節度使世襲，梁崇義聯合成德、魏博、淄
青等藩鎮反抗朝廷。於是，朝廷詔令淮西節度使李希烈率兵討伐梁崇義。同年
八月，李希烈滅梁崇義之後，企圖佔據襄州。朝廷派李承出任山南東道節度使，
李希烈才率兵而去。

後來，李希烈發動叛亂，並於建中四年（783 年）正月派部將封有麟佔據
鄧州。

這裡值得說明的是，《唐會要》記載：「金州，貞元元年（785 年）五月，
隸山南東道。」同書又記載：「貞元元年五月，以均州隸山南東道觀察使。」
〔註25〕這兩條記載應該有誤，均州此前就是隸屬於山南東道的，又何致於此時
才隸屬於山南東道？根據《元和郡縣圖志》記載，山南東道在元和年間沒有管
轄金州〔註26〕。由此亦可證，《唐會要》的記載有誤。

李希烈叛亂期間，朝廷詔令諸鎮討伐，收復其控制的安、唐、鄧、隨等州。
朝廷收復各州的情況如下大致如下。興元元年（784 年）七月，江西觀察使曹
王李皋攻取安州。貞元二年（786 年）七月，朝廷最終平定李希烈之亂，唐、
鄧、隨三州也被朝廷控制。其中，唐、鄧二州早在貞元元年（785 年）就被朝
廷劃歸於東畿鎮。

貞元三年（787 年）閏五月，朝廷對山南東道、淮西、東畿等藩鎮的轄
區進行劃分，將安、唐、隨、鄧四州劃歸山南東道。《資治通鑒》記載：本
年閏五月，「以荊南節度使曹王（李）皋為山南東道節度使，以襄、鄧、復、

〔註23〕《資治通鑒》卷二百二十二《寶應元年》，第 7121 頁。
〔註24〕《舊唐書》卷十一《代宗本紀》，第 269 頁。
〔註25〕（宋）王溥撰，牛繼清校證：《唐會要校證》卷七十一《州縣改置下》，第 1083、
　　　　1085 頁。
〔註26〕（唐）李吉甫：《元和郡縣圖志》卷二十一《山南道二》，第 527 頁。

郢、安、隨、唐七州隸之。」〔註27〕由此也可見，山南東道增領安、唐、隨、鄧四州。這裡雖然僅言及山南東道轄有襄、鄧、復、郢、安、隨、唐七州，但實際還有均、房二州。其實，朝廷當時改任曹王李皋為山南東道節度使，將安、唐、隨、鄧四州劃歸山南東道，不僅有削弱淮西鎮的作用，還顯示了對李皋的恩寵。

另外，《舊唐書》還記載：「（貞元）三年，（李皋）除襄州刺史、山南東道節度等使，割汝、隨隸焉。」〔註28〕這個記載有誤，因為此時汝州並沒有被劃歸山南東道。《方鎮表一》中記載：貞元二年，「升東都畿汝州都防禦使為都防禦觀察使」；五年，「罷東都畿汝州觀察使，置都防禦使，汝州別置防禦使」。因此，汝州在貞元三年（787年）是東都畿汝州觀察使管轄的，並沒有劃到山南東道。

《方鎮表四》又記載：貞元三年（787年），「山南東道節度增領復州。」此前，復州已經是山南東道的轄區。《方鎮表四》又沒有記載山南東道此前何時罷領復州，甚至沒有提到山南東道此前轄有復州。由此看來，此條記載有誤。

（四）分置安黃、唐鄧二鎮

貞元十五年（799年），朝廷建置安黃鎮，山南東道罷領安州。另外，元和十年（815年）至十二年（817年）期間，朝廷為討伐淮西鎮吳元濟，曾經分山南東道建置唐鄧鎮。

貞元十五年四月，朝廷以安州建置安黃節度使，安州改隸於安黃鎮。《方鎮表四》記載：貞元十年，「安州隸奉義軍節度」。此處記載有誤，「奉義軍節度」即指「安黃節度使」。《方鎮表五》記載：貞元十五年，「置安黃節度觀察使，治安州」；十九年，「賜安黃節度觀察使號奉義軍節度」〔註29〕。《資治通鑒》記載：貞元十五年「四月癸未，以安州刺史伊慎為安、黃等州節度使。」〔註30〕可見，安黃節度使建置於貞元十五年（799年）四月。因此，安州從山南東道改隸於安黃鎮是在貞元十五年。

元和十年（815年）十月，正值朝廷討伐淮西吳元濟之時，朝廷分山南東

〔註27〕《資治通鑒》卷二百三十二《貞元三年》，第7485頁。
〔註28〕《舊唐書》卷一百三十一《李皋傳》，第3640頁。
〔註29〕《新唐書》卷六十八《方鎮表五》，第1300～1301頁。
〔註30〕《資治通鑒》卷二百三十五《貞元十五年》，第7583頁。

道為兩個藩鎮，《資治通鑑》記載：本年「十月庚子，始分山南東道為兩節度，以戶部侍郎李遜為襄、復、郢、均、房節度使，以右羽林大將軍高霞寓為唐、隨、鄧節度使。」〔註31〕至此，山南東道罷領唐、鄧、隨三州，僅轄有襄、復、郢、均、房五州。

元和十二年（817年）十月，朝廷平定了吳元濟，又「廢唐隋鄧節度使，以唐、隋、鄧三州還隸山南東道。」〔註32〕因而，山南東道再次轄有襄、鄧、復、郢、隨、唐、均、房八州。

據《方鎮表四》記載：會昌四年（844年），「廢山南東道節度，是年復置。」這條記載是錯誤的，山南東道其實並未被廢除〔註33〕。

元和十二年（817年）之後，山南東道長期轄有襄、鄧、復、郢、隨、唐、均、房八州。

（五）唐末趙氏割據時期山南東道的轄區

唐末，趙德諲、趙匡凝父子割據於山南東道，又兼有荊南鎮，後為梁王朱溫所滅。

中和四年（884年）十一月，淮西秦宗權派部將趙德諲攻取襄州，從而開始了趙德諲父子對山南東道的統治。那麼，這時山南東道實際控制有哪些州呢？

在此之前，山南東道長期轄有襄、鄧、復、郢、隨、唐、均、房八州。此時，復州已經被張瓌佔據，均州被馮行襲佔據。

對於張瓌佔據復州之事，《資治通鑑》記載：光啟元年（885年）正月，「淮南將張瓌、韓師德叛高駢，據復、岳二州，自稱刺史。（陳）儒請瓌攝行軍司馬，師德攝節度副使，將兵擊雷滿。」〔註34〕陳儒是當時的荊南節度使，由陳儒請張瓌攝荊南行軍司馬來看，復州應該改隸於荊南鎮了。至於其時間，《新唐書》卻記載為：中和三年（883年）五月，「淮南將張瓌陷復州」〔註35〕。《新唐書》記載的時間應該更為準確。

對於馮行襲佔據均州之事，《資治通鑑》記載：中和四年，「山南東道節度

〔註31〕《資治通鑑》卷二百三十九《元和十年》，第7718頁。
〔註32〕《新唐書》卷六十七《方鎮表四》，第1272頁。
〔註33〕賴青壽：《唐後期方鎮建置沿革研究》第七章第三節《襄陽（山南東道）節度使沿革》，第127頁。
〔註34〕《資治通鑑》卷二百五十六《光啟元年》，第8319頁。
〔註35〕《新唐書》卷九《僖宗本紀》，第175頁。

使上（馮行襲）其功，詔以行襲為均州刺史。」〔註36〕《舊五代史》記載：「山南節度使劉巨容以功上言，尋授（馮行襲）均州刺史。」〔註37〕由以上記載可知，在中和四年趙德諲佔據襄州之前，馮行襲就已經佔據均州。《資治通鑒》又記載：大順二年（891年），「初，李茂貞養子繼臻據金州，均州刺史馮行襲攻下之，詔以行襲為昭信防禦使，治金州。」〔註38〕《讀史方輿紀要》記載：「大順二年，（金商節度使）改為昭信防禦使，兼領均州。」〔註39〕《資治通鑒》又記載：天祐二年（905年）八月，「王宗賀等攻馮行襲，所向皆捷。丙子，行襲棄金州，奔均州，其將全師朗以城降。王建更師朗姓名曰王宗朗，補金州觀察使，割渠、巴、開三州以隸之。」〔註40〕通過這些記載可知，均州一直被馮行襲佔據，趙德諲、趙匡凝父子並沒有實際轄有均州。

由以上考述可知，趙德諲割據之初，山南東道實際只轄有襄、鄧、郢、隨、唐、房六州。

中和四年（884年）十二月〔註41〕，荊南行軍司馬張瑰驅逐節度使陳儒，自稱荊南留後，後被朝廷正式授為荊南節度使。

光啟三年（887年）十二月，趙德諲率軍攻陷荊南鎮的會府江陵府，殺荊南節度使張瑰，留部將王建肇鎮守荊南。《資治通鑒》記載：本年十二月，「秦宗權所署山南東道留後趙德諲陷荊南，殺節度使張瑰，留其將王建肇守城而去。」〔註42〕史籍上雖然說趙德諲攻陷了荊南，但實際上僅僅奪得江陵府，荊南鎮原來所轄的朗、澧二州為雷滿所據，歸州被郭禹（成汭）佔據，趙德諲進攻荊州的時候，郭禹還聯合峽州刺史潘章抵禦趙德諲，歸州以西的夔、萬、忠三州也不可能為趙德諲所控制。

另外，趙德諲既然已經攻陷荊南鎮，很可能也已經奪回了復州。關於趙德諲、趙匡凝父子具體何時取得復州，不見史籍記載，但復州後來的確為山南東道轄有。

文德元年（888年）四月，歸州刺史郭禹率兵進攻王建肇，王建肇逃往黔

〔註36〕 《資治通鑒》卷二百五十六《中和四年》，第8317～8318頁。
〔註37〕 《舊五代史》卷十五《梁書·馮行襲傳》，第210頁。
〔註38〕 《資治通鑒》卷二百五十八《大順二年》，第8422頁。
〔註39〕 （清）顧祖禹：《讀史方輿紀要》卷六《歷代州域形勢六》，第253頁。
〔註40〕 《資治通鑒》卷二百六十五《天祐二年》，第8647頁。
〔註41〕 張瑰自稱荊南留後的時間，詳見本章第二節《荊南鎮的轄區沿革》。
〔註42〕 《資治通鑒》卷二百五十七《光啟三年》，第8372頁。

州。朝廷以郭禹為荊南節度使，趙德諲因此失去荊南。同年五月，趙德諲歸降朝廷。朝廷正式任命他為山南東道節度使，賜山南東道軍號忠義軍。

　　景福元年（892年），趙德諲去世，其子趙匡凝繼位。光化元年（898年）七月，趙匡凝陰附於淮南節度使楊行密，宣武節度使朱溫派部將氏叔琮率兵進攻山南東道，攻克唐州，俘獲隨州刺史趙匡璘。同年八月，朱溫部將康懷貞又攻克鄧州。趙匡凝於是向朱溫請和，歸附於朱溫，朱溫於是將攻克的州縣歸還山南東道。《資治通鑑》記載：本年七月，「忠義節度使趙匡凝聞朱全忠有清口之敗，陰附於楊行密。全忠遣宿州刺史尉氏氏叔琮將兵伐之，丙申，拔唐州，擒隨州刺史趙匡璘，敗襄州兵於鄧城。」八月，「汴將康懷貞襲鄧州，克之，擒刺史國湘。趙匡凝懼，遣使請服於朱全忠，全忠許之。」〔註43〕

　　天復三年（903年）十月，趙匡凝派兵攻克荊南，以其弟趙匡明為荊南留後。至此，山南東道再次兼併荊南鎮。《資治通鑑》記載：本年十月，「山南東道節度使趙匡凝遣兵襲荊南，朗人棄城走，匡凝表其弟匡明為荊南留後。」〔註44〕此次趙匡明應該控制有荊南鎮的江陵府和歸、峽二州。荊南原來所轄的各州，朗、澧二州仍為雷氏所據，夔、萬、忠三州被西川鎮王建奪取。據《資治通鑑》記載：「蜀之議者，以瞿唐，蜀之險要，乃棄歸、峽，屯軍夔州。」天祐元年五月，「忠義節度使趙匡凝遣水軍上峽攻王建夔州」〔註45〕。由此可見，趙匡明據有荊南鎮的江陵府和歸、峽二州。至此，趙匡凝兄弟據有山南東道、荊南兩鎮，共有襄、鄧、復、郢、隨、唐、房、江陵府、歸、峽十州（府）。

　　天祐二年（905年）八月，因為趙匡凝與楊行密、王建等勢力相互交結，朱溫再次派部將楊師厚進攻山南東道，自己則親率大軍繼其後。很快，朱溫便攻下山南東道所轄的唐、鄧、復、郢、隨、房六州，趙匡凝退守襄陽。同年九月，朱溫攻克襄州，趙匡凝逃往揚州，山南東道為朱溫所取。不久，趙匡明也棄荊南逃往成都，荊南也為朱溫所取。

　　綜上所述，山南東道的轄區沿革可以總結如表8-1所示。

〔註43〕《資治通鑑》卷二百六十一《光化元年》，第8516～8517頁。
〔註44〕《資治通鑑》卷二百六十四《天復三年》，第8621頁。
〔註45〕《資治通鑑》卷二百六十四《天復三年》、卷二百六十五《天祐元年》，第8619、8633頁。

表 8-1　山南東道轄區統計表

時　　期	轄區總計	會　府	詳細轄區
757 年～758 年	5 郡	襄陽郡	襄陽、南陽、漢東、淮安、安陸
758 年～759 年	5 州	鄧州	襄、鄧、隨、唐、安
759 年～760 年	4 州	襄州	襄、鄧、隨、唐
760 年～761 年	10 州	襄州	襄、鄧、隨、唐、金、商、均、房、郢、復
761 年～762 年	6 州	襄州	襄、鄧、隨、唐、郢、復
762 年～783 年	6 州	襄州	襄、鄧、均、房、郢、復
783 年～784 年	5 州	襄州	襄、郢、復、均、房
784 年～787 年	6 州	襄州	襄、郢、復、均、房、安
787 年～799 年	9 州	襄州	襄、郢、復、均、房、安、隨、唐、鄧
799 年～815 年	8 州	襄州	襄、鄧、復、郢、均、房、隨、唐
815 年～817 年	5 州	襄州	襄、復、郢、均、房
817 年～883 年	8 州	襄州	襄、鄧、復、郢、隨、唐、均、房
883 年～884 年	7 州	襄州	襄、鄧、郢、隨、唐、均、房、〔復〕〔註46〕
885 年～887 年	6 州	襄州	襄、鄧、郢、隨、唐、房、〔均〕〔註47〕
887 年～888 年	7 州	襄州	襄、鄧、復、郢、隨、唐、房、〔均〕 （荊南：江陵府）〔註48〕
888 年～891 年	7 州	襄州	襄、鄧、復、郢、隨、唐、房、〔均〕
891 年～903 年	7 州	襄州	襄、鄧、復、郢、隨、唐、房
903 年～905 年	7 州	襄州	襄、鄧、復、郢、隨、唐、房 （荊南：江陵府、歸、峽）

〔註46〕中和三年（883 年），復州為淮南將領張瓌所據，實際已脫離山南東道管轄。中和四年（884 年），荊南節度使陳儒以張瓌攝荊南行軍司馬，復州當改隸於荊南鎮。同年十二月，張瓌驅逐陳儒，奪取荊南鎮。光啟三年（887 年）十二月，山南東道節度使趙德諲攻取荊南鎮，復州當復隸於山南東道。

〔註47〕中和四年（884 年），馮行襲開始佔據均州。此後，均州雖名義上隸於山南東道，卻不在山南東道節度使趙德諲、趙匡凝父子的控制下。大約在大順二年（891 年），馮行襲成為昭信防禦使，據有金商鎮，均州實際已經改隸於金商鎮。天祐二年（905 年），朝廷才正式將均州劃歸金商鎮（即戎昭軍節度使）。

〔註48〕荊南鎮為在此期間為山南東道的附屬藩鎮，括號內的表示荊南鎮所轄的州，下同。

二、唐代後期唐鄧鎮的沿革

唐鄧鎮的建置沿革為：唐隨鄧節度使（815～816）—淮西節度使（816）—唐隨鄧節度使（816～817）。

唐鄧鎮，是唐朝朝廷討伐淮西鎮吳元濟的時候臨時建置的一個藩鎮，延續時間很短，主要轄有唐、隨、鄧三州，治於唐州。朝廷平定吳元濟之後，即廢除了唐鄧鎮。

元和十年（815年）十月，朝廷為便於討伐淮西吳元濟，分山南東道建立唐鄧鎮，轄有唐、隨、鄧三州，治於唐州〔註49〕。《資治通鑒》記載：本年「十月庚子，始分山南東道為兩節度，以戶部侍郎李遜為襄、復、郢、均、房節度使，以右羽林大將軍高霞寓為唐、隨、鄧節度使。朝議以唐與蔡接，故使霞寓專事攻戰，而遜調五州之賦以餉之。」〔註50〕《方鎮表四》也記載：本年，「置唐隋鄧三州節度使，治唐州。」〔註51〕

元和十一年（816年）七月，朝廷改任袁滋為淮西節度使，將唐、隨、鄧三州劃歸其管轄。《資治通鑒》記載：本年七月，「以荊南節度使袁滋為彰義節度、申光蔡唐隨鄧觀察使，以唐州為理所。」〔註52〕《方鎮表二》也記載：本年，淮西鎮「增領唐、隋、鄧三州。」由唐、隨、鄧三州改隸於淮西節度使可知，朝廷罷除了唐鄧隨節度使之額。袁滋雖然名義上是淮西節度使，領有申、光、蔡、唐、隨、鄧六州，但申、光、蔡三州都在吳元濟的實際控制下。袁滋實際僅領有唐、隨、鄧三州，就是實質上的唐鄧鎮。

同年（816年）十二月，朝廷貶袁滋為撫州刺史，改任李愬為唐隨鄧節度使。至此，唐鄧隨節度使復置，仍然轄有唐、隨、鄧三州。

元和十二年（817年）十月，朝廷平定吳元濟後，廢除唐鄧鎮，唐、隨、鄧三州復隸於山南東道。《方鎮表四》記載：本年，「廢唐隋鄧節度使，以唐、隋、鄧三州還隸山南東道。」

綜上所述，唐鄧鎮建置於元和十年（815年）至十二年（817年）期間，轄有唐、隨、鄧三州，治於唐州。

〔註49〕郭聲波先生《中國行政區劃通史·唐代卷》上編第十二章《山南東道》第821頁認為，唐隨鄧節度使建置於元和十一年（816年），當誤。

〔註50〕《資治通鑒》卷二百三十九《元和十年》，第7718頁。

〔註51〕《新唐書》卷六十七《方鎮表四》，第1271～1272頁。下文同，不再引註。

〔註52〕《資治通鑒》卷二百三十九《元和十一年》，第7724頁。

三、山南東道下轄州縣沿革

山南東道建置初期的轄區變化較大，直到梁崇義成為山南東道節度使後，其轄區穩定為襄、鄧、均、房、郢、復六州。李希烈之亂後，山南東道的轄區屢經變化，元和年之後，長期轄有襄、鄧、復、郢、隨、唐、均、房八州。

（一）山南東道長期轄有的州

襄州：755 年～905 年屬山南東道，為會府。天寶元年（742 年），襄州改為襄陽郡，十四載（755 年）建置為襄陽防禦使，至德元載（756 年）先後升為山南東道防禦使、襄陽節度使，二載（757 年）改置為山南東道節度使。乾元元年（758 年），襄陽郡復為襄州，山南東道徙治於鄧州，二年（759 年）復治於襄州。

轄有襄陽、鄧城、南漳、義清、宜城、樂鄉、穀城七縣，治於襄陽縣。

鄧城縣：原為臨漢縣，貞元二十一年（805 年）徙治古鄧城，改為鄧城縣〔註53〕。

鄧州：757 年～905 年期間絕大多數時間屬山南東道。天寶元年（742 年），鄧州改為南陽郡。至德元載（756 年），置南陽防禦使，治南陽郡，不久升為南陽節度使，繼而又改為山南東道節度使。至德二載（757 年）五月，南陽郡被安史叛軍佔據，山南東道節度使徙治於襄陽郡。同年十月，朝廷收復南陽郡。乾元元年（758 年），南陽郡復為鄧州，復為山南東道治所。二年（759 年），山南東道復治於襄州。建中四年（783 年），鄧州被淮西節度使李希烈奪取。貞元二年（786 年），朝廷平定李希烈之亂，鄧州被收復，改隸於東畿鎮，三年（787 年）復隸於山南東道。元和十年（815 年）十月，改隸於唐鄧隨節度使。十二年（817 年）十月，淮西鎮吳元濟被平定後，鄧州復隸於山南東道。

轄有穰、南陽、新野、向城、臨湍、菊潭、內鄉七縣，治於穰縣。

復州：760 年～905 年多數時間屬山南東道。天寶元年（742 年），復州改為竟陵郡，至德二載（757 年）隸於荊南節度使，乾元元年（758 年）復為復州，上元元年（760 年）改隸於山南東道。中和三年（883 年），復州為淮南將領張瑰所據。四年（884 年），荊南節度使陳儒以張瑰攝荊南行軍司馬，復州當改隸於荊南鎮。同年十二月，張瑰驅逐陳儒，奪取荊南鎮。光啟三年（887 年）十二月，山南東道節度使趙德諲攻取荊南鎮，復州當復隸於山南東道。

〔註53〕《舊唐書》卷三十九《地理志二》，第 1550 頁。

轄有竟陵、沔陽、監利三縣，治於竟陵縣。

郢州：760 年～905 年屬山南東道。天寶元年（742 年），郢州改為富水郡，至德二載（757 年）隸屬於荊南鎮，乾元元年（758 年）復為郢州，上元元年（760 年）改隸於山南東道。

轄有長壽、京山、富水三縣，治於長壽縣。

均州：762 年～884 年屬山南東道。天寶元年（742 年），均州改為武當郡，至德元載（756 年）隸屬於興平鎮，乾元元年（758 年）復為均州，上元元年（760 年）改隸於山南東道，二年（761 年）改隸於武關觀察使，寶應元年（762年）復隸於山南東道。中和四年（884 年），馮行襲開始佔據均州。此後，均州雖名義上隸於山南東道，卻不在山南東道節度使趙德諲、趙匡凝父子的控制下。約大順二年（891 年），馮行襲成為昭信防禦使，割據於金商鎮，均州隸之。光化元年（898 年），昭信軍防禦使升為節度使，均州仍隸之。天祐二年（905 年），昭信軍節度使改為戎昭軍節度使，徙治於均州。天祐三年（906 年），戎昭軍節度使被廢除。

轄有武當、鄖鄉、豐利三縣，治於武當縣。

房州：762 年～905 年屬山南東道。天寶元年（742 年），房州改為房陵郡，至德元載（756 年）隸屬於興平鎮，乾元元年（758 年）復為房州，上元元年（760 年）改隸於山南東道，二年（761 年）改隸於武關觀察使，寶應元年（762年）復隸於山南東道。天祐二年（905 年），房州改隸於金商鎮（戎昭軍）。天祐三年（906 年），金商鎮廢除。

轄有房陵、永清、竹山、上庸四縣，治於房陵縣。

隨州〔註54〕：757 年～762 年、787 年～905 年期間大多時間屬山南東道。天寶元年（742 年），隨州改為漢東郡，至德二載（757 年）隸於山南東道，乾元元年（758 年）復為隨州，寶應元年（762 年）改隸於淮西鎮，貞元三年（787年）復隸於山南東道。元和十年（815 年），改隸於唐鄧隨節度使。十二年（817年），淮西鎮吳元濟被平定後，隨州復隸於山南東道。

轄有隨、光化、棗陽、唐城四縣，治於隨縣。

唐州：757 年～762 年、787 年～905 年期間大多時間屬山南東道。天寶元年（742 年），唐州改為淮安郡，至德二載（757 年）隸於山南東道，乾元元年

〔註54〕隨州，《舊唐書》《新唐書》又作隋州，而諸多唐代墓誌所記皆為隨州，可知當以隨州為是。

（758年）復為唐州，寶應元年（762年）改隸於淮西鎮。貞元二年（786年），朝廷平定淮西節度使李希烈之亂後，唐州改隸於東畿鎮，三年（787年）復隸於山南東道。元和十年（815年）十月，置唐鄧隨節度使，治於唐州。十二年（817年）十月，朝廷平定淮西鎮吳元濟後，廢除唐鄧鎮，唐州復隸於山南東道。

轄有比陽、慈丘、桐柏、平氏、湖陽、方城、泌陽七縣，治於比陽縣。

圖 8-1　山南東道轄區圖（808年）

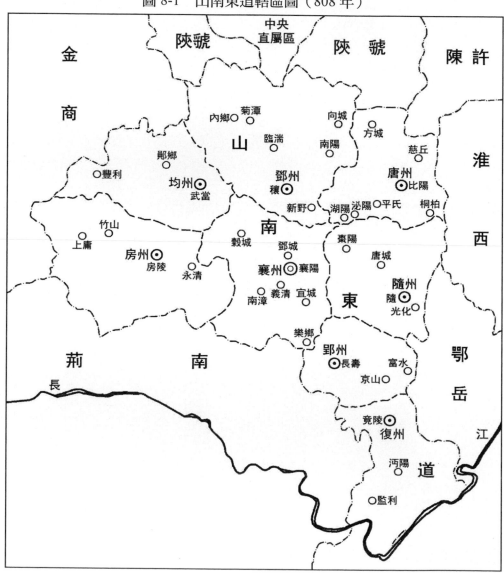

（二）山南東道短期轄有的州

安州：757年～759年、787年～794年屬山南東道。天寶元年（742年），安州改為安陸郡，至德元載（756年）始隸於淮南鎮，二載（757年）改隸於山南東道。乾元元年（758年），安陸郡復為安州，二年（759年）改隸於淮西鎮。興元元年（784年），淮西節度使李希烈叛亂期間，安州為朝廷所取，貞元三年（787年）隸屬於山南東道。十年（794年），安州改隸於奉義軍，後改隸於鄂岳鎮。

轄有安陸、應山、雲夢、孝昌、吉陽、應城六縣，治於安陸縣。

圖 8-2　山南東道轄區圖（904年）

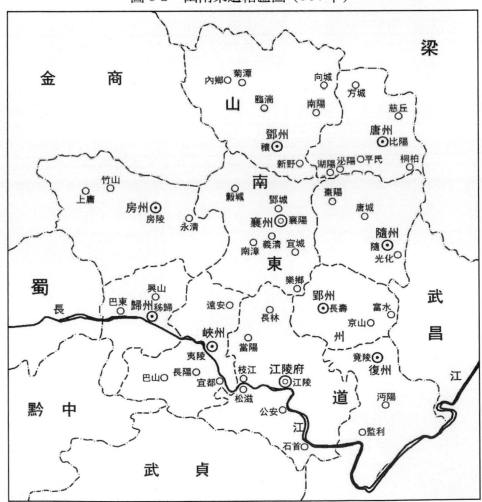

天復三年（903年）末，山南東道節度使趙匡凝據有山南東道、荊南兩鎮，共有襄、鄧、復、郢、隨、唐、房、荊（江陵府）、歸、峽十州。

第二節　荊南鎮

　　荊南鎮，又稱荊澧鎮、江陵鎮，長期轄有江陵府和澧、朗、歸、峽、萬、夔、忠、涪八州，治於江陵府。唐末，成汭割據於荊南鎮。五代初期，荊南節度使高季昌割據於荊南鎮，建立十國之一的荊南（南平）政權。

　　唐代中期，荊南地區曾經建置夔峽（夔忠）、澧朗等鎮。唐末，荊南地區又分置武貞鎮。雷滿、雷彥威、雷彥恭父子三人先後割據於武貞鎮，後為南楚政權所滅。

一、荊南鎮的轄區沿革

　　荊南鎮的建置沿革為：山南東道防禦使（755）—山南節度使（755～756）—山南東道節度使（756）—江陵防禦使（756～757）—荊南節度使（757～905）。

　　荊南鎮前期的轄區變革較為頻繁，較長時間內轄有江陵府和澧、朗、歸、峽、萬、夔、忠、涪八州，治於江陵府。元和初期，荊南鎮罷領涪州，其後長期轄有一府七州。唐末，朗、澧二州脫離荊南鎮的管轄，建置為武貞軍。

（一）江陵防禦使的建置

　　朝廷在江陵郡建置荊南節度使之前，還曾經建置江陵防禦使、山南東道節度使〔註55〕。

　　天寶十四載（755年）十二月，朝廷在江陵郡建置山南東道防禦使。據《舊唐書》記載：「及安祿山反，既犯東京，乃以（源）洧為江陵郡大都督府長史、本道採訪防禦使。」〔註56〕這裡所言「本道」當是指山南東道。安祿山攻陷東京洛陽是在天寶十四載十二月，因而可知山南東道防禦使建置於此時。

　　同月，朝廷又在江陵郡建置山南節度使。《資治通鑒》記載：天寶十四載十二月「庚子，以永王（李）璘為山南節度使，江陵長史源洧為之副；穎王（李）璬為劍南節度使，蜀郡長史崔圓為之副。」〔註57〕由此段記載來看，李璘此時領有整個山南道。

　　至德元載（756年）七月，朝廷建置山南東道節度使，仍治於江陵郡。《資治通鑒》記載：本年七月丁卯，「永王（李）璘充山南東道、嶺南、黔中、江

〔註55〕賴青壽：《唐後期方鎮建置沿革研究》第七章第一節《荊南節度使沿革》，第116～117頁。
〔註56〕《舊唐書》卷九十八《源洧傳》，第3072頁。
〔註57〕《資治通鑒》卷二百一十七《天寶十四載》，第6940頁。

南西道節度都使，以少府監竇紹為之傅，長沙太守李峴為都副大使……置山南東道節度，領襄陽等九郡。」〔註58〕這裡所謂的「領襄陽等九郡」應該有誤。《舊唐書》記載：本年七月丁卯，「永王（李）璘江陵府都督，統山南東路、黔中、江南西路等節度大使。」同書又記載：「（天寶）十五載六月，玄宗幸蜀，至漢中郡，下詔以（李）璘為山南東路及嶺南、黔中、江南西路四道節度採訪等使、江陵郡大都督，餘如故。璘七月至襄陽，九月至江陵……十二月，擅領舟師東下，甲仗五千人趨廣陵。」〔註59〕由這兩條記載來看，李璘當時仍然治於江陵郡，所領應為山南東道。

　　同年（756年）十二月，李璘擅自離開江陵，前往廣陵。此後，朝廷降山南東道節度使為山南東道防禦使，又稱為江陵防禦使。《全唐文》卷三百六十七有《授竇紹山南東道防禦使等制》記載：「永王傅竇紹、侍御史崔伯陽等，強學立名……紹可江陵防禦使，伯陽可襄陽防禦使。」〔註60〕《唐刺史考全編》推斷，竇紹任江陵防禦使的時間大約在至德元載（756年）〔註61〕。按此處記載，竇紹之前為「永王傅」，可知其任職是在李璘擅離江陵之後。

　　對於此前江陵郡所建置的山南東道防禦使、山南東道節度使、江陵防禦使的轄區，史料沒有明確記載，在此不再考述。

（二）唐代中後期荊南鎮的轄區沿革

　　至德二載（757年），朝廷升江陵防禦使為荊南節度使。至此，荊南鎮正式建立，當時轄有江陵、澧陽、武陵、富水、竟陵五郡，治於江陵郡。《方鎮表四》記載：本年，「置荊南節度，亦曰荊澧節度，領荊、澧、朗、郢、復、夔、峽、忠、萬、歸十州，治荊州。」〔註62〕實際上，夔、歸、峽、萬、忠五州隸屬於夔峽節度使〔註63〕。因此，荊南鎮實際僅轄有荊、澧、朗、郢、復五州。對此，《資治通鑑》就記載：本年，「又置荊澧節度，領荊、澧等五州；夔峽節度，領夔、峽等五州。」〔註64〕

〔註58〕　《資治通鑑》卷二百一十八《至德元載》，第6983～6984頁。
〔註59〕　《舊唐書》卷九《玄宗本紀下》、卷一百七《李璘傳》，第234、3264頁。
〔註60〕　（清）董誥等編：《全唐文》卷三百六十七《授竇紹山南東道防禦使等制》，第3730頁。
〔註61〕　郁賢皓：《唐刺史考全編》卷一九五《荊州（江陵郡、江陵府）》，第2674頁。
〔註62〕　《新唐書》卷六十七《方鎮表四》，第1262～1286頁。下文同，不再引注。
〔註63〕　詳見本節下文《唐代中期夔峽鎮的沿革》。
〔註64〕　《資治通鑑》卷二百二十《至德二載》，第7051頁。

　　雖然上述記載中提及的都是州，但當時實際是使用郡名。荆、澧、朗、郢、復五州分別為江陵郡、澧陽郡、武陵郡、富水郡、竟陵郡，夔、歸、峽、萬、忠五州分別為雲安郡、巴東郡、夷陵郡、南浦郡、南賓郡。乾元元年（758 年），以上諸郡才改為州。

　　乾元二年（759 年），朝廷在澧州建置澧朗溪都團練使〔註65〕，荆南鎮因此罷領澧、朗二州。同年，夔州都防禦使被廢除，所轄各州改隸於荆南鎮。《方鎮表四》記載：本年，「置澧朗溆都團練使，治澧州；以夔、峽、忠、歸、萬五州隸夔州。」

　　對於此次夔州藩鎮被廢除的時間，《方鎮表四》還記載：乾元元年，「廢夔峽節度使」。實際上，夔峽節度使在乾元元年（758 年）降為防禦使，仍然為藩鎮。《全唐文》記載：「至德二年，命嗣道王（李）煉為太守，賜之旌節，統峽中五郡軍事。乾元初，復為州，偃節於有司，第以防禦使為稱。尋罷，以支郡隸江陵。」〔註66〕由此記載可知，乾元初，夔峽節度使只是降為防禦使，罷夔州都防禦使之後，夔州才「以支郡隸江陵」。《舊唐書》記載：「至德元年，於雲安置七州防禦使。乾元元年，復為夔州。二年，刺史唐論請升為都督府，尋罷之。」〔註67〕這條記載提及夔州建置防禦使之事，並且沒有乾元元年廢防禦使的記載。《方鎮表四》記載：乾元二年，「以夔、峽、忠、歸、萬五州隸夔州。」這裡所謂的「隸夔州」，應為「隸江陵」之誤。由這些記載可知，夔峽節度使在乾元元年（758 年）僅僅只是降為防禦使而已，到乾元二年（759 年）才被廢除。至此，夔、歸、峽、萬、忠五州隸屬於荆南鎮。

　　上元元年（760 年），澧朗溪都團練使被廢除，荆南鎮因此增領澧、朗二州。同年，荆南鎮所轄的復、郢二州改隸於山南東道。《新唐書》記載：上元元年四月，「徙（來）瑱山南東道襄、鄧、均、房、金、商、隨、郢、復十州節度使。」〔註68〕

　　同年（760 年）九月，荆州升為江陵府。《舊唐書》記載：上元元年「九月甲午，以荆州為南都，州曰江陵府，官吏制置同京兆。」〔註69〕對於上述事件，

<hr />

〔註65〕澧朗溪都團練使，《方鎮表四》作「澧朗溆都團練使」，據賴青壽先生《唐後期方鎮建置沿革研究》第 121 頁考證，當為「澧朗溪都團練使」之誤。
〔註66〕（清）董誥等編：《全唐文》卷六百六《夔州刺史廳壁記》，第 6119 頁。
〔註67〕《舊唐書》卷三十九《地理志二》，第 1555 頁。
〔註68〕《新唐書》卷一百四十四《來瑱傳》，第 3689 頁。
〔註69〕《舊唐書》卷十《肅宗本紀》，第 259 頁。

《方鎮表四》還記載：上元元年，「廢澧朗漵都團練使；荆南節度使兼江陵尹；荆南節度復領澧、朗、忠、峽四州。」據上文所述，忠、峽二州乾元二年已經隸屬於荆南鎮，此處記載有誤。

至此，荆南鎮轄有江陵府和澧、朗、歸、峽、夔、萬、忠七州。《舊唐書‧地理志二》記載：「上元元年九月，置南都，以荆州為江陵府，長史為尹、觀察、制置，一準兩京。以舊相呂諲為尹，充荆南節度使，領澧、朗、硤、夔、忠、歸、萬等八州」〔註70〕。澧、朗、硤、夔、忠、歸、萬七州，加上江陵府，才有了「八州」之說。《舊唐書‧呂諲傳》記載：上元元年「七月，授（呂）諲荆州大都督府長史、兼御史大夫，充澧、朗、忠、硤五州節度觀察處置等使。」〔註71〕《新唐書‧呂諲傳》也沿用了這條記載〔註72〕。《兩唐書‧呂諲傳》的記載其實都有誤，當以《舊唐書‧地理志二》的記載為是。

上元二年（761年）正月，荆南鎮增領涪、衡、潭、岳、郴、邵、永、道、連九州。對此，《方鎮表四》有載。另外，《資治通鑒》也記載：本年正月，「荆南節度使呂諲奏，請以江南之潭、岳、郴、邵、永、道、連，黔中之涪州，皆隸荆南；從之。」〔註73〕

廣德元年（763年），朝廷建置韶連郴都團練使，荆南鎮因此罷領郴、連二州。《新唐書》記載：「宦者呂太一反嶺南，詔拜（韋）倫韶州刺史、韶連郴都團練使」〔註74〕。《資治通鑒》也記載：本年十一月，「宦官廣州市舶使呂太一發兵作亂。」〔註75〕

廣德二年（764年），朝廷建置湖南觀察使，荆南鎮因此罷領衡、潭、邵、永、道五州。《方鎮表六》記載：本年，「置湖南都團練守捉觀察處置使，治衡州，領衡、潭、邵、永、道五州，治衡州。」〔註76〕同年，朝廷又分夔、忠、萬、歸、涪五州建置夔忠都防禦使。《全唐文》記載：柏貞節在大曆元年（766年）末齣任夔忠都防禦使之時，「充夔忠萬歸涪等州都防禦使」〔註77〕。由此

〔註70〕　《舊唐書》卷三十九《地理志二》，第1552頁。
〔註71〕　《舊唐書》卷一百八十五下《呂諲傳》，第4824頁。
〔註72〕　《新唐書》卷一百四十《呂諲傳》，第3653頁。
〔註73〕　《資治通鑒》卷二百二十二《上元二年》，第7104頁。
〔註74〕　《新唐書》卷一百四十三《韋倫傳》，第3681頁。
〔註75〕　《資治通鑒》卷二百二十三《廣德元年》，第7157頁。
〔註76〕　《新唐書》卷六十九《方鎮表六》，第1324頁。
〔註77〕　（清）董誥等編：《全唐文》卷四百十三《授柏貞節夔忠等州防禦使制》，第4232頁。夔忠都防禦使的建置，詳見本節下文《唐代中期夔峽鎮的沿革》的論述。

可知，此次建置的夔忠都防禦使轄有夔、忠、萬、歸、涪五州。

同年（764年），荊南鎮所轄的岳州改隸於鄂岳鎮。《方鎮表四》記載荊南鎮在永泰元年（765年）罷領岳州並不準確，鄂岳鎮實則建置於廣德二年（764年）〔註78〕。

大曆元年（766年），夔忠涪都防禦使被廢除，荊南鎮因此復領夔、忠、萬、歸、涪五州。《方鎮表四》記載為：本年，「荊南節度復領澧、朗、涪三州」。這個記載其實有誤，因為澧、朗二州此前已經為荊南鎮所領，不可能此時復領。按夔忠鎮被廢除，荊南鎮增領的應該是「夔、忠、萬、歸、涪五州」才對。至此，荊南鎮轄有江陵府和澧、朗、歸、峽、萬、夔、忠、涪八州。

大曆十四年（779年）正月，朝廷建置澧朗峽都團練使，荊南鎮因此罷領澧、朗、峽三州。不久，澧朗峽都團練使廢，三州復隸於荊南鎮。《舊唐書》記載：「（大曆）十四年春正月……壬戌，以楚州刺史李泌為澧州刺史。」同書又記載：「會澧州刺史闕……（李泌）可檢校御史中丞，充澧朗峽團練使，重其禮而遣之。無幾，改杭州刺史。」〔註79〕此後，沒有人再任澧朗峽團練使，可知李泌離任之後，澧朗峽都團練使被廢除。

同年六月，朝廷廢除鄂岳鎮，其所轄的岳州改隸於荊南鎮。《舊唐書》記載：大曆十四年六月，「罷宣歙池、鄂岳沔二都團練觀察使、陝虢都防禦使，以其地分隸諸道。」〔註80〕直至興元元年（784年），朝廷復建鄂岳鎮，荊南鎮罷領岳州。

元和三年（808年），荊南鎮所轄的涪州改隸於黔中鎮。《方鎮表四》記載：本年，「涪州隸黔中節度」。此後，荊南鎮長期轄有江陵府和澧、朗、歸、峽、萬、夔、忠七州。

大和六年（832年），朝廷降荊南節度使為都團練觀察使，直至開成三年（838年），朝廷才又將其升為荊南節度使。大中二年（848年），荊南鎮曾經復領涪州，但不久又罷領。《方鎮表四》記載：本年，「荊南節度復領涪州，未幾，復以涪州隸黔中。」

（三）唐末荊南地區軍閥混戰對荊南鎮轄區的影響

唐末，黃巢起義引發各地藩鎮發生動盪，荊南鎮也屢次發生軍亂。廣明元

〔註78〕鄂岳鎮建置於廣德二年（764年），詳見第十一章第三節《鄂岳鎮的轄區沿革》。
〔註79〕《舊唐書》卷十一《代宗本紀》、卷一百三十《李泌傳》，第315、3621頁。
〔註80〕《舊唐書》卷十二《德宗本紀上》，第322頁。

－374－

年（880 年），駐守荊南的泰寧都將段彥謨殺荊南知府事宋浩，後被朝廷任命為荊南節度使。

荊南混亂之際，其下轄割據也紛紛割據。中和元年（881 年），雷滿殺朗州刺史崔翥，佔據朗州，向瓌殺澧州刺史呂自牧，佔據澧州〔註81〕。

中和二年（882 年）六月，荊南監軍使朱敬玫殺死段彥謨，控制荊南鎮，以江陵府少尹李燧為荊南節度留後。同年十二月，朱敬玫又以荊南押牙陳儒知荊南府事。於是，朝廷任命陳儒為荊南節度使。

雷滿佔據朗州之後，屢屢進犯荊南鎮。為了抵禦雷滿的進攻，陳儒引復州刺史張瓌、岳州刺史韓師德入荊南為援助，以張瓌攝荊南行軍司馬，韓師德攝荊南節度副使。《資治通鑒》記載：光啟元年（885 年）正月，「淮南將張瓌、韓師德叛高駢，據復、岳二州，自稱刺史，（陳）儒請瓌攝行軍司馬，師德攝節度副使，將兵擊雷滿。師德引兵上峽大掠，歸於岳州，瓌還兵逐儒而代之。儒將奔行在，瓌劫還，因之。」〔註82〕而《新唐書》卻記載：中和三年（883 年），「（五月），淮南將張瓌陷復州⋯⋯（八月），淮南將韓師德陷岳州⋯⋯（中和四年）十二月甲午，荊南行軍司馬張瓌逐其節度使陳儒，自稱留後。」〔註83〕

這裡需要梳理一下幾個時間問題。其一，張瓌、韓師德佔領復、岳二州的時間，應該是《新唐書》記載的中和三年。其二，張瓌驅逐陳儒的時間，當以《新唐書》記載的中和四年十二月為準。其三，陳儒引張瓌、韓師德為援的時間也應該是在中和四年。

由陳儒授予張瓌、韓師德二人荊南行軍司馬、節度副使的官職來看，復、岳二州有隸屬於荊南鎮的跡象。只是韓師德「引兵上峽大掠，歸於岳州」後，荊南鎮並沒有節制岳州的可能。而張瓌卻驅逐陳儒，殺監軍朱敬玫，佔據荊南，被朝廷任命為荊南節度使。張瓌成為荊南節度使後，復州應該仍然在他的控制之下。

張瓌取得荊南鎮後不久，荊南牙將郭禹趁機襲取歸州，自稱刺史。《資治通鑒》記載：光啟元年（885 年）正月，「（張）瓌惡牙將郭禹慓悍，欲殺之，禹結黨千人亡去，庚申，襲歸州，據之，自稱刺史。」〔註84〕這段記載透漏出，郭禹據有歸州，並不服從張瓌的管轄。

〔註81〕詳見本節下文《朗州武貞軍的沿革》。
〔註82〕《資治通鑒》卷二百五十六《光啟元年》，第 8319 頁。
〔註83〕《新唐書》卷九《僖宗本紀》，第 175～176 頁。
〔註84〕《資治通鑒》卷二百五十六《光啟元年》，第 8319 頁。

　　郭禹佔據歸州之後，由於歸州的阻隔，張瓌必然也無法實際控制歸州以西的夔、萬、忠三州。因此，張瓌實際僅控制了江陵府和峽、復二州。

　　其後，山南東道節度使趙德諲也有志於兼併荊南。光啟三年（887年）十二月，趙德諲順利地攻取荊南，殺張瓌，以部將王建肇留守荊南。按復州原隸於山南東道，趙德諲兼併荊南之後，復州應該復隸於山南東道。

　　趙德諲奪得荊南不久，歸州刺史郭禹率兵進攻荊南。文德元年（888年）四月，王建肇兵敗逃往黔州。郭禹佔據荊南，後被朝廷任命為荊南節度使，並恢復本名成汭。此後，成汭割據於荊南鎮長達十餘年。

　　上文已經提及，荊南鎮動盪的數年內失去對西部夔、萬、忠三州的控制。因此，成汭割據荊南之初實際僅控制有江陵府、歸州、峽州，其後才逐漸奪回了夔、萬、忠三州的控制權。對於成汭取得三州時間，值得仔細研究。

　　據《新唐書‧成汭傳》記載：「（秦）宗權餘黨常厚攻夔州，是時，西川節度使王建遣將屯忠州，與夔州刺史毛湘相唇齒，厚屯白帝。（成）汭率（許）存乘二軍之間攻之，二軍使人誶辱汭，韓楚言尤劇，汭恥之曰：『有如禽賊，當支解以逞！』會存夜斬營襲厚，破之，厚奔萬州，為刺史張造所拒，走綿州。」〔註85〕這裡應該注意三個人物：毛湘、張造、常厚。

　　根據《唐刺史考全編》考證，毛湘大約景福中（892年～893年）為夔州刺史，大順元年（890年）為邛州刺史〔註86〕，同年為王建所攻殺。筆者認為，夔州刺史毛湘與邛州刺史毛湘當為同一人。毛湘應該先任夔州刺史，受到常厚等人進攻後，前往成都投靠西川節度使陳敬瑄，後被陳敬瑄任命為邛州刺史，直到大順元年為王建所攻殺。因此，毛湘任夔州刺史的時間必定在大順元年之前。

　　據《唐刺史考全編》所考，張造在光啟二年（886年）始任萬州刺史，大約在大順中（890年～891年）為茂州刺史〔註87〕。這也可以印證上面《新唐書》所言：「（常）厚奔萬州，為刺史張造所拒，走綿州。」同時也說明，毛湘、常厚據夔州都在大順元年（890年）之前。

　　常厚為秦宗權的部將，是在秦宗權敗亡之後進攻夔州的。成汭的部將許存

〔註85〕《新唐書》卷一百九十《成汭傳》，第 4224 頁。

〔註86〕郁賢皓：《唐刺史考全編》卷二〇〇《夔州（信州、雲安郡）》、卷二三七《邛州（臨邛郡）》，第 2733、3092 頁。

〔註87〕郁賢皓：《唐刺史考全編》卷二〇一《萬州（浦州、南浦郡）》、卷二四一《茂州（會州、南會州、通化郡）》，第 2740、3112 頁。

也出自秦宗權所部，筆者認為二人應該是同時前往荊南地區的。只是兩人的軌跡完全不同，許存前往投靠歸州刺史成汭，助其奪取荊南鎮。

通過整理，筆者認為，文德元年（888年）成汭奪取荊南控制權之後，常厚進攻夔州，夔州刺史毛湘退守白帝，成汭與其部將許存趁機出兵夔州，打敗常厚，取得夔州。毛湘失利後前往成都，投靠西川節度使陳敬瑄。常厚則出奔於萬州，為萬州刺史張造所拒，奔綿州，並佔據綿州，後被宦官楊復恭收為養子，改名為楊守厚，並被任命為綿州刺史。

《資治通鑒》記載：文德元年（888年），「山南西道節度使楊守厚陷夔州。」〔註88〕這裡的楊守厚，當為常厚之誤，此時常厚還沒有被楊復恭收為義子，也並非山南西道節度使。前文所引《新唐書》的記載：「是時，西川節度使王建遣將屯忠州，與夔州刺史毛湘相唇齒，厚屯白帝。」〔註89〕這裡所謂西川節度使王建也是錯誤的，當時的西川節度使是陳敬瑄。

成汭、許存收復夔州之後，讓行軍司馬劉昌美留守夔州。接著，二人繼續率軍溯江而上，往西用兵，逐漸收復西部的州縣。上文所言，張造大順元年之前離開萬州投靠王建，或許也是因為成汭的進攻，才棄萬州而去。大順元年，王建攻取茂州，隨即任命張造為茂州刺史。

基於以上考述，筆者認為成汭大約在文德元年（888年）攻取夔州，大順元年（890年）之前取得萬州。另外，成汭、許存不僅收復了夔、萬二州，還取得了沿江的忠、施二州。成汭取得忠、施二州的時間，應該在乾寧三年（896年）之前不久。

乾寧三年（896年）五月，成汭派部將趙武、許存攻取黔州，武泰軍節度使王建肇棄黔州而逃。許存又率兵向西攻取了渝、涪二州。《新唐書》記載：本年五月，「庚寅，成汭陷黔州，武泰軍節度使王建肇奔於成都。」〔註90〕《資治通鑒》記載：「荊南節度使成汭與其將許存泝江略地，盡取濱江州縣。武泰節度使王建肇棄黔州，收餘眾保豐都。存又引兵西取渝、涪二州。」〔註91〕接著，成汭以趙武為黔州留後，以許存為萬州刺史。此舉引起許存的不滿，成汭暗中準備殺掉許存。許存逃走，歸降於西川王建。

〔註88〕《資治通鑒》卷二百五十七《文德元年》，第8383頁。
〔註89〕《新唐書》卷一百九十《成汭傳》，第4224頁。
〔註90〕《新唐書》卷十《昭宗本紀》，第187頁。
〔註91〕《資治通鑒》卷二百六十《乾寧三年》，第8487頁。

　　乾寧四年（897年）二月，西川王建派部將王宗侃攻取渝州。《資治通鑑》記載：本年二月，「（王）宗侃取渝州，降刺史牟崇厚。」〔註92〕

　　這裡需要對幾個問題進行討論。其一，成汭取得涪州、施州之後，二州到底是隸屬於黔中鎮還是荊南鎮。其二，涪州為王建所取的時間。

　　根據《舊唐書》記載：光化三年（900年）八月「壬午，制荊南節度、忠萬歸夔涪峽等州觀察處置水陸催運等使、開府儀同三司、檢校太尉、兼中書令、江陵尹、上柱國、上谷郡王、食邑三千戶成汭可檢校太師、中書令，餘如故。」〔註93〕這條記載反映荊南鎮的轄區為江陵府和忠、萬、歸、夔、涪、峽六州。這說明，成汭取得涪州後，涪州隸屬於荊南鎮。轄區中沒有施州，說明成汭取得施州後，仍然默認施州隸屬於黔中鎮。根據史料記載來看，涪州後為王建攻取，但具體時間則很難考證。由此處記載來看，涪州在光化三年（900年）仍在成汭的控制之下。那麼荊南鎮失去涪州，極有可能在成汭敗亡之後。

　　天復三年（903年）四月，成汭率領十萬水軍，沿江而下，想要爭奪鄂州。五月，朗州雷彥恭趁機攻克江陵府，荊南將士因此軍心渙散。淮南將領李神福派部將秦裴、楊戎等人率領幾千人在君山阻擊成汭，打敗成汭軍，又縱火燒其船。成汭軍瞬時大亂，很多士兵溺水而死，成汭也在此戰中喪生。

　　成汭死後，荊南鎮西部的夔、忠、萬、涪四州和黔中鎮的黔、施二州都被西川王建奪取。《資治通鑑》記載：「初，夔州刺史侯矩從成汭救鄂州，汭死，矩奔還。會王宗本兵至，甲戌，矩以州降之，宗本遂定夔、忠、萬、施四州。」〔註94〕

　　江陵府被雷彥恭佔據後，同年（903年）十月，山南東道節度使趙匡凝派兵攻取江陵府，以其弟趙匡明為荊南留後。因此，荊南又成為山南東道的附屬藩鎮。

　　天祐二年（905年）九月，宣武節度使朱溫攻滅山南東道節度使趙匡凝，接著進攻荊南。趙匡明棄荊南逃往成都，荊南被朱溫兼併。天祐三年（906年）十月，朱溫改任高季昌為荊南節度使。此後，高季昌佔據荊南鎮，建立十國之一的荊南政權。

　　綜上所述，荊南鎮的轄區變革可總結如表8-2所示。

〔註92〕《資治通鑑》卷二百六十一《乾寧四年》，第8502頁。
〔註93〕《舊唐書》卷二十上《昭宗本紀》，第768頁。
〔註94〕《資治通鑑》卷二百六十四《天復三年》，第8619頁。

表 8-2　荊南鎮轄區統計表

時　　期	轄區總計	會　府	詳細轄區
757 年～758 年	5 郡	江陵郡	江陵、澧陽、武陵、富水、竟陵
758 年～759 年	5 州	荊州	荊、澧、朗、郢、復
759 年～760 年	8 州	荊州	荊、郢、復、忠、萬、歸、夔、峽
760 年～761 年	1 府 7 州	江陵府	江陵府、澧、朗、歸、峽、夔、萬、忠
761 年～763 年	1 府 16 州	江陵府	江陵府、澧、朗、歸、峽、夔、萬、忠、涪、衡、潭、岳、郴、邵、永、道、連
764 年～766 年	1 府 3 州	江陵府	江陵府、澧、朗、峽
766 年～779 年	1 府 8 州	江陵府	江陵府、澧、朗、歸、峽、萬、夔、忠、涪
779 年～784 年	1 府 9 州	江陵府	江陵府、澧、朗、歸、峽、萬、夔、忠、涪、岳
784 年～808 年	1 府 8 州	江陵府	江陵府、澧、朗、歸、峽、萬、夔、忠、涪
808 年～881 年	1 府 7 州	江陵府	江陵府、澧、朗、歸、峽、萬、夔、忠
881 年～884 年	1 府 5 州	江陵府	江陵府、歸、峽、夔、萬、忠
885 年～887 年	1 府 2 州	江陵府	江陵府、峽、復、〔歸、夔、萬、忠〕〔註95〕
888 年～896 年前	1 府 4 州	江陵府	江陵府、歸、峽、夔、萬、〔忠〕
896 年～897 年	1 府 7 州	江陵府	江陵府、歸、峽、夔、萬、忠、渝、涪（黔中：黔、施）〔註96〕
897 年～903 年	1 府 6 州	江陵府	江陵府、歸、峽、夔、萬、忠、涪（黔中：黔、施）
903 年～905 年	1 府 2 州	江陵府	江陵府、歸、峽、〔夔、萬、忠、涪〕

二、唐代中期夔峽鎮的沿革

　　夔峽鎮的建置沿革為：雲安防禦使（756～757）—雲安節度使（757～758）—夔峽節度使（758）—夔州都防禦使（758～759）—夔忠都防禦使（764～766）。

　　唐代中期，夔州曾經兩度建置為藩鎮，但延續時間都較短。至德元載（756年），始置雲安防禦使，至德二載（757年）升為雲安節度使，乾元元年（758年）改稱為夔峽節度使，同年降為夔州都防禦使，乾元二年（759年）被廢除。廣德二年（764年），復置為夔忠都防禦使，大曆元年（766年）被廢除。

〔註95〕　〔　〕內的州為荊南鎮名義上轄有的州，實際不在荊南鎮的控制下，下同。
〔註96〕　在此期間，黔中鎮為荊南鎮的附屬藩鎮，括號內的州為黔中鎮轄區，下同。

（一）夔峽節度使的沿革

至德元載（756年）至乾元二年（759年），是夔州第一次建置為藩鎮。

夔峽鎮始置於至德元載（756年），最初應該稱為雲安防禦使。《方鎮表四》記載：本年，「置夔州防禦守捉使。」〔註97〕按道理來講，夔州當時稱為雲安郡，所置藩鎮不可能稱為夔州防禦使。所謂「夔州防禦使」應該是後來的代稱，當時應該是稱為雲安防禦使。

對於雲安防禦使的轄區，《舊唐書》記載：「夔州……貞觀十四年，為都督府，督歸、夔、忠、萬、涪、渝、南七州。後罷都督府。天寶元年，改為雲安郡。至德元年，於雲安置七州防禦使。」〔註98〕由這條記載來看，雲安防禦使所領七州應該就是指歸、夔、忠、萬、涪、渝、南七州。當時使用郡縣制，這七州分別應為巴東郡、雲安郡、南賓郡、南浦郡、涪陵郡、南平郡、南川郡。

同年（756年），雲安防禦使所轄的涪陵、南平二郡改隸於山南西道，南川郡改隸於黔中鎮。根據本章第三節《山南西道的轄區沿革》考述，朝廷在本年建置山南西道防禦使，其轄區中含有涪陵、南平二郡。因而可知，此二郡改隸於山南西道。二郡改隸於山南西道之後，南川郡與雲安防禦使所轄其餘各郡相隔，不可能仍隸於雲安防禦使。因而，南川郡必定改隸於黔中鎮。至此，雲安防禦使僅轄有巴東、雲安、南賓、南浦四郡。

至德二載（757年），朝廷升雲安防禦使為雲安節度使，轄有雲安、巴東、夷陵、南浦、南賓五郡，仍治於雲安郡。《資治通鑒》記載：本年，「又置……夔峽節度，領夔、峽等五州。」〔註99〕《唐大詔令集》卷三八《嗣道王鍊雲安等五郡節度等使制》記載：「嗣道王（李）鍊……可充雲安、夷陵、南浦、南平、巴東等五郡節度採訪處置防禦等使。」〔註100〕這裡的「南平」當為「南賓」之誤，南平郡地理距離較遠，有涪陵、南賓二郡的阻隔，不可能遙隸於雲安節度使。而南賓郡則緊靠南浦郡，隸屬於雲安節度使更符合常理。《全唐文》卷六百六《夔州刺史廳壁記》也記載：「至德二年，命嗣道王（李）煉為太守，賜之旌節，統峽中五郡軍事。」〔註101〕五郡即指雲安、巴東、夷陵、南浦、

〔註97〕《新唐書》卷六十七《方鎮表四》，第1262～1265頁。下文同，不再引注。
〔註98〕《舊唐書》卷三十九《地理志二》，第1555頁。
〔註99〕《資治通鑒》卷二百二十《至德二載》，第7051頁。
〔註100〕（宋）宋敏求編：《唐大詔令集》卷三八《嗣道王鍊雲安等五郡節度等使制》，第176頁。
〔註101〕（清）董誥等編：《全唐文》卷六百六《夔州刺史廳壁記》，第6119頁。

南賓五郡。《資治通鑑》所謂「夔峽等五州」即指夔、歸、峽、萬、忠五州，當時實際仍然使用郡制，即是以上五郡。

乾元元年（758年），朝廷改郡為州，雲安、巴東、夷陵、南浦、南賓五郡分別改為夔州、歸州、峽州、萬州、忠州。因此，雲安節度使改稱為夔峽節度使或夔州節度使。

同年（758年），朝廷降夔州節度使為夔州都防禦使，轄區應當不變。《方鎮表四》記載：本年，「廢夔峽節度使」。《夔州刺史廳壁記》則記載：「乾元初，（雲安郡）復為（夔）州，偃節於有司，第以防禦使為稱。」〔註102〕根據後面的記載來看，夔峽鎮此時並未被廢除，只是由節度使降為都防禦使而已。

乾元二年（759年），夔州曾經短暫升為都督府，但不久連同夔州都防禦使一起被廢除，其所轄五州改隸於荊南鎮。《舊唐書》記載：「（乾元）二年，刺史唐論請升（夔州）為都督府，尋罷之。」〔註103〕《方鎮表四》記載：本年，「以夔、峽、忠、歸、萬五州隸夔州。」這裡的「隸夔州」當為「隸荊南」之誤。對於此次夔州藩鎮被廢除的時間，前文《荊南鎮的轄區沿革》中已經述及，在此不再累述。

（二）夔忠都防禦使的沿革

廣德二年（764年），朝廷又分荊南鎮的夔、忠、萬、歸、涪五州建置夔忠都防禦使，治於夔州。這是夔州第二次建置為藩鎮。對於此次建置夔忠鎮的轄區，《方鎮表四》僅記載為：廣德二年，「置夔忠涪都防禦使，治夔州。」其實，這條記載中並沒有包括夔忠鎮的所有轄區。《全唐文》記載：「（柏貞節）可使持節都督夔州諸軍事兼夔州刺史，依前兼御史中丞，充夔忠萬歸涪等州都防禦使，本官勳封如故。」〔註104〕根據柏貞節在大曆元年（766年）八月出任邛南防禦使，其後邛南防禦使又由鮮于叔明擔任，可大致推斷柏貞節改任為夔忠都防禦使是在大曆元年（766年）末。由以上記載亦可知，夔忠鎮轄有夔、忠、萬、歸、涪五州。

就在大曆元年（766年），朝廷廢除了夔忠都防禦使。對於夔忠都防禦使廢除之事，《方鎮表四》沒有記載。賴青壽先生《唐後期方鎮建置沿革研究》

〔註102〕（清）董誥等編：《全唐文》卷六百六《夔州刺史廳壁記》，第6119頁。
〔註103〕《舊唐書》卷三十九《地理志二》，第1555頁。
〔註104〕（清）董誥等編：《全唐文》卷四百十三《授柏貞節夔忠等州防禦使制》，第4232頁。

也認為，夔忠都防禦使此後延續至唐末〔註105〕。但是，根據《唐刺史考全編》所考，後來歷任夔州刺史皆不帶「夔忠都防禦使」之職務〔註106〕，可知夔忠都防禦使已經被廢除。《全唐文》卷六百六《夔州刺史廳壁記》又記載：「乾元初，復為州，偃節於有司，第以防禦使為稱。尋罷，以支郡隸江陵。」〔註107〕由這條記載來看，夔州後來又是隸屬於荊南鎮的。《資治通鑑》記載：後梁乾化四年（914年），「高季昌以蜀夔、萬、忠、涪四州舊隸荊南，興兵取之，先以水軍攻夔州。」〔註108〕這裡「舊隸荊南」的「舊」當即指唐代。因此，夔忠都防禦使在柏貞節離任之後即被廢除。

綜上所述，夔忠都防禦使建置於廣德二年（764年），廢於大曆元年（766年）。

三、唐末朗州武貞軍的沿革

朗州藩鎮的建置沿革為：澧朗溪都團練使（759～760）—澧朗峽都團練使（779）—武貞軍節度使（898～908）。

朗州原本屬於荊南鎮，唐末被荊南將領武陵蠻雷滿佔據。後來，朝廷以朗、澧、溪三州建置武貞軍，以雷滿為武貞軍節度使，朗州因此建置為一個藩鎮。

這裡先對唐代中期澧州建置過的藩鎮進行一個簡要總結。乾元二年（759年），建置澧朗溪都團練使〔註109〕，轄澧、朗、溪三州，治於澧州。上元元年（760年），澧朗溪都團練使被廢除。大曆十四年（779年）正月，建置澧朗峽都團練使，轄有澧、朗、峽三州，治於澧州。同年不久，澧朗峽都團練使被廢除。此後，澧州不再建置為藩鎮。

中和元年（881年），荊南將領雷滿襲擊朗州，殺刺史崔翥，佔據朗州。《資治通鑑》記載：本年，「初，高駢鎮荊南，補武陵蠻雷滿為牙將，領蠻軍，從駢至淮南，逃歸，聚眾千人，襲朗州，殺刺史崔翥，詔以滿為朗州留後。」〔註110〕

在雷滿佔據朗州的同時，石門洞蠻向瓖也佔據了澧州。《資治通鑑》記載：中和元年，「石門洞蠻向瓖亦集夷獠數千攻陷澧州，殺刺史呂自牧，自

〔註105〕　賴青壽：《唐後期方鎮建置沿革研究》第七章第二節《夔忠都防禦使沿革（含夔峽節度使）》，第122頁。

〔註106〕　郁賢皓：《唐刺史考全編》卷二○○《夔州（雲安郡）》，第2729～2734頁。

〔註107〕　（清）董誥等編：《全唐文》卷六百六《夔州刺史廳壁記》，第6119頁。

〔註108〕　《資治通鑑》卷二百六十九《乾化四年》，第8782頁。

〔註109〕　澧朗溪都團練使，《方鎮表四》本作「澧朗澈都團練使」，據賴青壽先生《唐後期方鎮建置沿革研究》第121頁考證，當為「澧朗溪都團練使」之誤。

〔註110〕　《資治通鑑》卷二百五十四《中和元年》，第8261頁。

稱刺史。」〔註111〕

　　光化元年（898年），朝廷在朗州建置武貞軍，以雷滿為武貞軍節度使，轄有朗、澧、溪三州。對此，《新五代史》僅記載為：「昭宗以澧、朗為武貞軍，拜（雷）滿節度使」〔註112〕。《方鎮表四》記載：本年，「置武貞軍節度使，領澧、朗、漵三州，治澧州。」〔註113〕這條記載有誤，武貞軍治於朗州，而不是治於澧州。《舊唐書》也記載：光化三年七月，「制以（雷滿）武貞軍節度、澧朗敘（漵）等州觀察處置等使……朗州刺史。」〔註114〕另外，兩書所記的漵州也應該有誤。漵州距離澧、朗二州較遠，不可能隸屬於朗州。按溪州距離二州較近，漵州當為溪州之誤〔註115〕。另外，向瑰雖然一直佔據澧州，但也歸附於雷滿。

　　天復元年（901年），雷滿去世，其子雷彥威繼承父位。《資治通鑑》記載：本年，「武貞節度使雷滿薨，子彥威自稱留後。」〔註116〕

　　天復三年（903年）五月，雷彥威趁荊南節度使成汭出兵進攻鄂州之機，派部將歐陽思率領三千多人，攻克荊南鎮的會府江陵府。但是雷彥威不能守江陵府，大掠之後棄城而去。《資治通鑑》記載：本年五月，「雷彥威遣其將歐陽思將舟師三千餘人會於荊江口，乘虛襲江陵，庚戌，陷之，盡掠其人及貨財而去。」〔註117〕

　　同年，雷彥威之弟雷彥恭驅逐雷彥威，自稱武貞軍節度使。隨後，雷彥威又派兵佔據了江陵府。《新唐書》記載：「子（雷）彥威自立，間荊南節度使成汭兵出，襲江陵，入之，焚樓船，殘墟落，數千里無人跡。弟彥恭，結忠義節度趙匡凝以逐彥威，據江陵。」〔註118〕

　　同年十月，山南東道節度使趙匡凝派兵進攻江陵府，朗州兵棄城而逃。雷彥恭因而失去對江陵府的控制。《資治通鑑》記載：天復三年十月，「山南東道節度使趙匡凝遣兵襲荊南，朗人棄城走，匡凝表其弟匡明為荊南留後。」〔註119〕

〔註111〕《資治通鑑》卷二百五十四《中和元年》，第8261頁。

〔註112〕《新五代史》卷四十一《雷滿傳》，第445頁。

〔註113〕《新唐書》卷六十七《方鎮表四》，第1284頁。

〔註114〕《舊唐書》卷二十上《昭宗本紀上》，第766頁。

〔註115〕賴青壽：《唐後期方鎮建置沿革研究》第七章第一節《荊南節度使沿革》，第121頁。

〔註116〕《資治通鑑》卷二百六十二《天復元年》，第8566頁。

〔註117〕《資治通鑑》卷二百六十四《天復三年》，第8608頁。

〔註118〕《新唐書》卷一百八十六《鄧處訥傳·附雷滿傳》，第4180頁。

〔註119〕《資治通鑑》卷二百六十四《天復三年》，第8621頁。

天祐二年（905年）九月，宣武節度使朱溫奪得荊南，以賀環為荊南留後。雷彥恭屢次進攻江陵府，荊南留後賀環一直閉城堅守，朱溫於是改任高季昌為荊南節度使。後梁開平元年（907年）六月，雷彥恭再次會同南楚兵進攻江陵府，荊南節度使高季昌出兵大敗雷彥恭。七月，雷彥恭又進攻岳州，也未能攻克。

同年（907年）九月，雷彥恭再次進攻江陵府的涔陽、公安等地，也被高季昌擊敗。梁太祖朱溫趁機削去雷彥恭的官職，詔令高季昌、楚王馬殷率兵討伐雷彥恭。此時，馬殷已歸附於朱溫，於是和高季昌一同進攻朗州。十月，雷彥恭向南吳求救。吳王楊渥派部將泠業、李饒率兵救援，泠業、李饒兩人都兵敗被擒，押往長沙斬殺。

其後，雷彥恭引沅江環繞朗州，阻止南楚的進攻，楚軍因此半年都未能攻克朗州。開平二年（908年）五月，楚軍將領秦彥暉趁雷彥恭守備懈怠之際，派裨將曹德昌乘夜潛入朗州城，與秦彥暉裏應外合，進攻朗州城。雷彥恭放棄朗州城，乘船逃往南吳廣陵。

南楚攻克朗州後，澧州刺史向瓌也以澧州歸附於南楚。至此，武貞鎮最終被南楚佔據。

從中和元年（881年）雷滿佔據朗州，到後梁開平二年（908年）南楚攻取朗州，雷滿、雷彥威、雷彥恭父子三人割據朗州長達二十七年。

四、荊南鎮下轄州縣沿革

唐代荊南鎮長期轄有江陵府和澧、朗、歸、峽、萬、夔、忠七州。另外，荊南鎮建置前期也曾較長時間內轄有涪州。唐末，荊南鎮分裂，朗、澧二州建置為武貞軍，西部的夔、忠、萬三州也曾為鄰道所侵佔。成汭割據荊南鎮之後，逐漸收復西部轄區。成汭死後，夔、忠、萬等州被西川節度使王建攻取。

（一）荊南鎮長期轄有的州

江陵府（荊州）：757年～905年屬荊南鎮，為會府。天寶元年（742年），荊州改為江陵郡，十四載（755年）建置山南東道防禦使，不久升為山南節度使，至德元載（756年）改置為山南東道節度使，同年降為山南東道防禦使，又改為江陵防禦使，二載（757年）升為荊南節度使。乾元元年（758年），江陵郡復為荊州，上元元年（760年）升為江陵府。

轄有江陵、當陽、長林、石首、松滋、公安、枝江、荊門八縣，治於江陵縣。

枝江縣：上元元年（760年）分江陵縣置長寧縣，治郭下，二年（761年）

廢枝江縣併入〔註120〕。大曆六年（771 年），置枝江縣，省長寧縣〔註121〕。

　　荊門縣：貞元二十一年（805 年），析長林縣置荊門縣，隸於江陵府〔註122〕。

　　澧州：757 年～881 年屬荊南鎮。天寶元年（742 年），澧州改為澧陽郡，至德二載（757 年）隸屬於荊南鎮，乾元元年（758 年）復為澧州。二年（759 年），置澧朗溪都團練使，治於澧州。上元元年（760 年），澧朗溪都團練使被廢除，澧州復隸於荊南鎮。中和元年（881 年），澧州為向瓌所割據，光化元年（898 年）隸於武貞軍。

　　轄有澧陽、安鄉、石門、慈利四縣，治於澧陽縣。

　　朗州：757 年～881 年屬荊南鎮。天寶元年（742 年），朗州改為武陵郡，至德二載（757 年）隸屬於荊南鎮，乾元元年（758 年）復為朗州。二年（759 年），朗州改隸於澧朗溪都團練使，次年復隸於荊南鎮。中和元年（881 年），雷滿開始割據朗州。光化元年（898 年）建置為武貞軍節度使，轄有朗、澧、溪三州。後梁開平二年（908 年），朗州被南楚攻取。

　　轄有武陵、龍陽二縣，治於武陵縣。

　　峽州：759 年～905 年屬荊南鎮。天寶元年（742 年），峽州改為夷陵郡，至德二載（757 年）隸屬於雲安節度使（後改稱為夔峽鎮），乾元元年（758 年）復為峽州，二年（759 年）改隸於荊南鎮。

　　轄有夷陵、宜都、長陽、遠安、巴山五縣，治於夷陵縣。

　　歸州：759 年～905 年期間大多數時間屬荊南鎮。天寶元年（742 年），歸州改為巴東郡，至德元載（756 年）隸屬於雲安防禦使（後改稱為夔峽鎮），乾元元年（758 年）復為歸州，二年（759 年）改隸於荊南鎮。廣德二年（764 年），歸州改隸於夔忠鎮，大曆元年（766 年）復隸於荊南鎮。光啟元年（885 年），郭禹（成汭）開始佔據歸州，不服從荊南節度使張瓌的管轄。文德元年（888 年），郭禹奪取江陵府，成為荊南節度使。

　　轄有秭歸、巴東、興山三縣，治於秭歸縣。

　　夔州：759 年～903 年期間大多數時間屬荊南鎮。天寶元年（742 年），夔州改為雲安郡，至德元載（756 年）建置為雲安防禦使，二載（757 年）升為雲安節度使，轄有雲安、巴東、夷陵、南浦、南賓五郡。乾元元年（758 年），

〔註120〕 《舊唐書》卷三十九《地理志二》，第 1552 頁。
〔註121〕 《新唐書》卷四十《地理志四》，第 675 頁。
〔註122〕 《新唐書》卷四十《地理志四》，第 675 頁。

雲安郡復為夔州，雲安節度使改稱為夔峽節度使，轄有夔、歸、峽、萬、忠五州，同年降為夔州都防禦使，二年（759年）廢，夔州改隸於荊南鎮。廣德二年（764年），朝廷又以夔、忠、萬、歸、涪五州建置夔忠都防禦使，仍治於夔州。大曆元年（766年），夔忠都防禦使廢除，夔州復隸於荊南鎮。約光啟元年（885年），夔州脫離荊南鎮的實際管轄。文德元年（888年），荊南節度使成汭復取夔州。天復三年（903年），成汭死後，夔州為西川節度使王建所取。

轄有奉節、雲安、巫山、大昌四縣，治於奉節縣。

萬州：759年～903年期間大多數時間屬荊南鎮。天寶元年（742年），萬州改為南浦郡，至德元載（756年）隸於雲安防禦使（後改稱為夔峽鎮）。乾元元年（758年），南浦郡復為萬州，二年（759年）改隸於荊南鎮。廣德二年（764年），萬州改隸於夔忠鎮，大曆元年（766年）復隸於荊南鎮。約光啟元年（885年），萬州脫離荊南鎮的實際管轄。大順元年（890年）前，荊南節度使成汭復取萬州。天復三年（903年），萬州為西川節度使王建所取。

轄有南浦、武寧、梁山三縣，治於南浦縣。

忠州：759年～903年期間大多數時間屬荊南鎮。天寶元年（742年），忠州改為南賓郡，至德元載（756年）隸於雲安防禦使（後改稱為夔峽鎮）。乾元元年（758年），南賓郡復為忠州，二年（759年）改隸於荊南鎮。廣德二年（764年），忠州改隸於夔忠鎮，大曆元年（766年）復隸於荊南鎮。約光啟元年（885年），忠州脫離荊南鎮的實際管轄。乾寧三年（896年）前，荊南節度使成汭復取忠州。天復三年（903年），忠州為西川節度使王建所取。

轄有臨江、豐都、南賓、墊江、桂溪五縣，治於臨江縣。

（二）荊南鎮短期轄有的州

涪州：766年～808年、896年～約903年屬荊南鎮。天寶元年（742年），涪州改為涪陵郡，至德元載（756年）始隸於雲安防禦使，同年改隸於山南西道。乾元元年（758年），涪陵郡復為涪州，二年（759年）改隸於黔中鎮，上元二年（761年）改隸於荊南鎮，廣德二年（764年）改隸於夔忠鎮，大曆元年（766年）復隸於荊南鎮，元和三年（808年）改隸於黔中鎮。乾寧三年（896年），涪州為荊南節度使成汭所攻取，改隸於荊南鎮。約天復三年（903年），涪州為西川節度使王建所取。

轄有涪陵、樂溫、武龍、賓化四縣，治於涪陵縣。

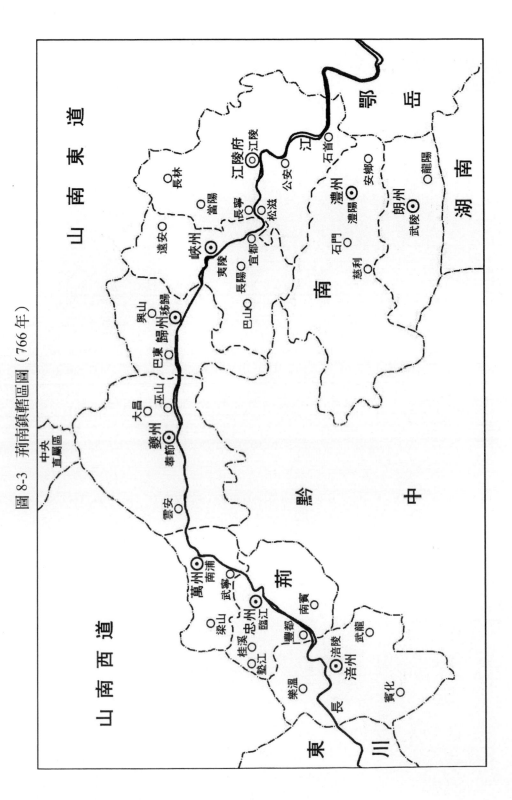

圖 8-3　荊南鎮轄區圖（766 年）

第三節　山南西道

山南西道，因其會府為興元府，故而又稱為興元鎮。唐末，山南西道分置為山南西道、興鳳、洋州三個藩鎮。其中，鹿晏弘、楊守亮先後割據於山南西道。興鳳鎮軍號為感義軍，轄有興、鳳等州，治於鳳州。洋州鎮軍號為武定軍，轄有洋、蓬、壁等州，治於洋州。最終，三個藩鎮都被鳳翔節度使李茂貞攻取。

一、山南西道的轄區沿革

山南西道的建置沿革為：山南西道防禦使（756～762）—山南西道節度使（762～約764）—山南西道觀察使（約764～約766）—山南西道節度使（約766～892）。

山南西道建置初期的轄區變革較為頻繁，轄有梁、洋、集、壁、文、通、巴、利、開、渠、蓬、果、閬等州，治於梁州。貞元之後，山南西道的轄區較為穩定，長期轄有興元府和洋、集、壁、文、通、巴、興、鳳、利、開、渠、蓬、果、閬、行成十五州。大中年間，山南西道增領扶州，罷領行成州。唐末，山南西道分置為三個藩鎮之後，山南西道轄有興元府和集、通、巴、開、渠、果、扶、閬八州。

（一）山南西道防禦使的建置及其轄區沿革

山南西道藩鎮建置於至德元載（756年）六月，初稱山南西道防禦守捉使。《方鎮表四》記載：本年，「置山南西道防禦守捉使。」〔註123〕《資治通鑒》也記載：本年六月，「以隴西公（李）瑀為漢中王、梁州都督、山南西道採訪、防禦使。」〔註124〕

對於山南西道當時的轄區，史籍沒有明確記載。根據山南西道後來的轄區和當時周邊藩鎮的轄區推斷，山南西道當時轄有漢中、洋川、符陽、始寧、通川、清化、順政、河池、益昌、盛山、潾山、咸安、南充、閬中、南平、涪陵十六郡，治於漢中郡。

對於涪陵郡，需要特別說明。根據《方鎮表六》記載：至德二載，「置衡州防禦使，領衡、涪、岳、潭、郴、邵、永、道八州，治衡州」；乾元二年，「涪州隸荊南節度使，岳州隸鄂岳團練使」〔註125〕。但是，涪州（涪陵郡）

〔註123〕　《新唐書》卷六十七《方鎮表四》，第1262～1286頁。下文同，不再引注。
〔註124〕　《資治通鑒》卷二百一十八《至德元載》，第6978頁。
〔註125〕　《新唐書》卷六十九《方鎮表六》，第1323頁。

位於黔中鎮之西北、山南西道之南，而衡州鎮所轄諸州都位於黔中鎮之東。因而，涪陵郡在至德二載（757 年）不可能隸屬於衡州鎮。而且，涪州也不可能在乾元二年（759 年）改隸於荊南鎮。《資治通鑑》記載：上元二年（761 年）正月，「荊南節度使呂諲奏，請以江南之潭、岳、郴、邵、永、道、連，黔中之涪州，皆隸荊南，從之。」〔註 126〕由此來看，涪州若在乾元二年改隸於荊南鎮，就不會在上元二年才改隸於荊南鎮。因而，《方鎮表六》衡州欄的記載必定有誤。筆者認為，涪州在乾元二年是改隸於黔中節度使，而非荊南節度使。筆者在上一節《唐代中後期夔峽鎮的沿革》中已經考證，雲安防禦使建置之時轄區中含有南平、涪陵二郡。山南西道防禦使建置之後，雲安防禦使升為雲安節度使，其轄區中不含此二郡。根據各類記載來看，南平郡只可能隸屬於山南西道，涪陵郡也應該隨南平郡一起改隸於山南西道。

至德二載（757 年），山南西道所轄的咸安郡改為蓬山郡。《舊唐書》記載：「蓬州……天寶元年，改為咸安郡。至德二年，改為蓬山郡。乾元元年，復為蓬州。」〔註 127〕

同年（757 年），山南西道罷領南充郡。《方鎮表四》記載：至德二載，「更劍南節度號西川節度使，兼成都尹，增領果州。」由此記載可知，南充郡（果州）改隸於劍南鎮。

乾元元年（758 年），朝廷改郡為州。山南西道下轄的漢中郡改為梁州，洋川郡改洋州，符陽郡改集州，始寧郡改壁州，通川郡改通州，清化郡改巴州，順政郡改興州，河池郡改鳳州，益昌郡改利州，盛山郡改開州，潾山郡改渠州，蓬山郡改蓬州，閬中郡改閬州，南平郡改渝州，涪陵郡改涪州。

乾元二年（759 年），山南西道罷領興、鳳、涪三州。興、鳳二州先是別置為興鳳都團練守捉使，後又改隸於鳳翔鎮〔註 128〕。《方鎮表四》記載：本年，「置興、鳳二州都團練守捉使，治鳳州。」涪州則改隸於黔中鎮，上文對此已經論及，在此不作累述。

上元二年（761 年）年二月，山南西道罷領閬、渝二州。本書第十二章第三節《東川鎮的轄區沿革》中考證，東川鎮的轄區中含有閬、渝二州。

至此，山南西道轄有梁、洋、集、壁、通、巴、利、開、渠、蓬十州。

〔註 126〕《資治通鑑》卷二百二十二《上元二年》，第 7104 頁。
〔註 127〕《舊唐書》卷三十九《地理志二》，第 1536 頁。
〔註 128〕興、鳳二州改隸鳳翔鎮之事，詳見第一章第三節《鳳翔鎮的轄區沿革》。

（二）山南西道升為節度使及其轄區調整

寶應元年（762 年），山南西道先是罷領通、巴、蓬、渠四州，其後由防禦觀察使升為節度使，又降為觀察使，復領通、巴、蓬、渠四州，並增領興、鳳、文三州。

首先，山南西道罷領通、巴、蓬、渠四州，四州改隸於東川鎮。《方鎮表四》記載：寶應元年，「劍南（東川）節度增領通、巴、蓬、渠四州，尋以四州隸山南西道。」至於四州復隸於山南西道，或許與山南西道由防禦使升為節度使有關。

同年三月，山南西道防禦守捉觀察使升為節度使。《資治通鑒》記載：寶應元年建辰月（三月）「甲午，奴剌寇梁州，觀察使李勉棄城走，以邠州刺史河西臧希讓為山南西道節度使。」〔註129〕《方鎮表四》則記載：廣德元年（763年），「升山南西道防禦守捉使為節度使，尋降為觀察使，領梁、洋、集、壁、文、通、巴、興、鳳、利、開、渠、蓬十三州，治梁州。」關於山南西道防禦使升為節度使的時間，當以《資治通鑒》的記載為準。根據《唐刺史考全編》的考證來看，山南西道防禦使升為節度使之前，李栖筠、高武光、李勉三人的官職都有「山南西道防禦觀察使」或「山南西道觀察使」的記載〔註130〕，可知山南西道防禦使實為「山南西道防禦守捉觀察使」的簡稱。

山南西道升為節度使的原因，與党項的入侵有關。除了上文所引《資治通鑒》的記載外，《新唐書》也記載：「（上元）二年，（党項）與渾、奴剌連和，寇寶雞，殺吏民，掠財珍，焚大散關，入鳳州，殺刺史蕭恆，（鳳翔）節度使李鼎追擊走之。明年，又攻梁州，刺史李勉走；進寇奉天，大掠華原、同官去。詔臧希讓代勉為刺史，於是歸順、乾封、歸義、順化、和寧、和義、保善、寧定、羅雲、朝鳳凡十州部落詣希讓獻款，丐節印，詔可。」〔註131〕

其後，山南西道節度使又降為觀察使，其具體時間不詳。但由後來張獻誠任山南西道觀察使可知，降為觀察使之事不假。

由《方鎮表四》的記載來看，山南西道當時轄有梁、洋、集、壁、文、通、巴、興、鳳、利、開、渠、蓬十三州。其中，通、巴、蓬、渠四州由東川鎮復隸於山南西道，上文所引《方鎮表四》有載。另外，山南西道還增領了興、鳳、

〔註129〕《資治通鑒》卷二百二十二《寶應元年》，第 7121 頁。
〔註130〕郁賢皓：《唐刺史考全編》卷二〇五《梁州（襄州、漢中郡、興元府）》，第 2793 ～2794 頁。
〔註131〕《新唐書》卷二百二十一上《党項傳》，第 4719 頁。

文三州。文州原本隸屬於西川鎮，應當是與通、巴、蓬、渠四州同時改隸於山南西道。興、鳳二州此前隸屬於鳳翔鎮，至此二州改隸於山南西道。

廣德二年（764年），朝廷任命張獻誠為山南西道觀察使。從此，張獻誠、張獻恭兄弟長期擔任山南西道觀察使（節度使）。《舊唐書》記載：「（張獻誠）三遷檢校工部尚書，兼梁州刺史，充山南西道觀察使。」〔註132〕

其後，山南西道觀察使再次升為節度使。《舊唐書》記載：永泰二年（766年）二月，「以山南西道節度使、梁州刺史張獻誠兼充劍南東川節度觀察使。」〔註133〕據《張獻誠墓誌銘》記載：「永泰初，特拜（張獻誠）梁州刺史、山南西道節度使。」〔註134〕《方鎮表四》記載，山南西道是建中元年（780年）才升為節度使，其實是錯誤的。

（三）增領果、閬、扶三州

大曆元年（766年）二月，劍南鎮發生崔旰的叛亂。山南西道節度使張獻誠受命兼任劍南東川節度使，率兵前往梓州，卻遭到崔旰的抵禦，兵敗而歸。張獻誠雖然沒有成功地進入東川鎮，但取得了果、閬、扶三州。

在此，首先對果、閬二州的情況進行說明。根據本書第十二章第三節《東川鎮的轄區沿革》中的考證，大曆元年（766年）東川鎮復置之時轄區中不含果、閬二州。而二州與西川鎮之間又有東川鎮的阻隔，也不可能隸屬於西川鎮。由此看來，二州當時只可能隸屬於山南西道。《方鎮表四》記載：興元元年（784年），「山南西道節度使兼興元尹，增領果、閬二州。」這個記載其實有誤，據《資治通鑒》記載：興元元年三月「壬辰，車駕至梁州。山南地薄民貧，自安、史以來，盜賊攻剽，戶口減耗太半，雖節制十五州，租賦不及中原數縣。」〔註135〕這裡提及山南西道在興元元年之前就轄有十五州，若不算上果、閬二州，則不足十五州之數。由此亦可知，《方鎮表四》的記載有誤。那麼，山南西道增領果、閬二州只可能發生於大曆元年（766年）。賴青壽先生在其博論《唐後期方鎮建置沿革研究》也持此觀點〔註136〕。

〔註132〕《舊唐書》卷一百二十二《張獻誠傳》，第3497頁。

〔註133〕《舊唐書》卷十一《代宗本紀》，第282頁。

〔註134〕周紹良、趙超主編：《唐代墓誌彙編續集》大曆〇〇七《大唐故張府君墓誌銘》，第696頁。

〔註135〕《資治通鑒》卷二百三十《興元元年》，第7419頁。

〔註136〕賴青壽：《唐後期方鎮建置沿革研究》第八章第一節《山南西道節度使沿革》，第132頁。

　　然後，再對扶州的情況進行說明。《新唐書》記載：「扶州同昌郡，下。乾元後沒吐蕃，大中二年（848 年），（山南西道）節度使鄭涯收復。」〔註 137〕《太平寰宇記》記載：「廢扶州……大曆五年，以吐蕃叛擾，移入山險以理之，尋陷入蕃，至大中二年八月收復。」〔註 138〕根據《新唐書》的記載來看，扶州在乾元（758～760 年）之後就已經失陷。而根據《太平寰宇記》的記載來看，扶州在大曆五年（770 年）之前似乎又被收復。《元和郡縣圖志》的記載，山南西道在元和年間轄有扶州。而史籍卻沒有記載山南西道是何時增領扶州的。賴青壽先生在其博論《唐後期方鎮建置沿革研究》中研究認為，山南西道是在大曆元年（766 年）增領扶州的，此說可取〔註 139〕。因此，可以做出簡要的總結：扶州在乾元之後失陷，繼而被收復，仍然隸屬於西川鎮，大曆元年改隸於山南西道，大曆五年後再次失陷。

　　通過以上考述可知，大曆元年，劍南鎮崔旰叛亂時，山南西道增領果、閬、扶三州。

（四）大曆至大中年間山南西道的轄區沿革

　　大曆三年（768 年）四月，山南西道節度使張獻誠病重，其弟張獻恭得到朝廷的任命，繼任為山南西道節度使。

　　大約在同年，朝廷分山南西道下轄的興、鳳二州另建興鳳鎮。《舊唐書·嚴震傳》記載：「嚴震仍充興、鳳兩州團練使……在鳳州十四年，能政不渝……建中三年，代賈耽為梁州刺史、兼御史大夫、山南西道節度觀察等使。」〔註 140〕嚴震在鳳州十四年，於建中三年（782 年）改任山南西道節度使，可知嚴震大約從大曆三年（768 年）開始出任興鳳都團練使。

　　大曆五年（770 年），山南西道所轄的扶州陷於吐蕃，詳細見於上文。

　　大曆六年（771 年），山南西道所轄的果州改為充州，直至大曆十年（775 年）復為果州。《新唐書》記載：「果州南充郡……大曆六年更名充州，十年復故名。」〔註 141〕

〔註 137〕　《新唐書》卷四十《地理志四》，第 681 頁。

〔註 138〕　（宋）樂史：《太平寰宇記》卷一百三十四《山南西道二》，北京：中華書局，2007 年，第 2634 頁。

〔註 139〕　賴青壽：《唐後期方鎮建置沿革研究》第八章第一節《山南西道節度使沿革》，第 132 頁。

〔註 140〕　《舊唐書》卷一百一十七《嚴震傳》，第 3405 頁。

〔註 141〕　《新唐書》卷四十《地理志四》，第 683 頁。

　　大曆十四年（779 年），朝廷調張獻恭入朝，改任賈耽為山南西道節度使，由此才結束了張氏兄弟長期擔任山南西道節度使的歷史。

　　建中三年（782 年），興鳳都團練使嚴震移鎮山南西道之後，興鳳鎮被廢除，興、鳳二州復隸於山南西道。上文所引《舊唐書》的記載已經提及嚴震移鎮山南西道之事，而此後諸多記載都表明興鳳都團練使被廢除。

　　興元元年（784 年）三月，朔方節度使李懷光叛亂，唐德宗逃往山南西道的會府梁州。六月，唐德宗下詔升梁州為興元府。《舊唐書》記載：「興元元年六月，（梁州）升為興元府。」〔註 142〕直至同年七月，唐德宗才返回都城長安。至此，山南西道轄有興元府和洋、集、壁、文、通、巴、興、鳳、利、開、渠、蓬、果、閬十四州。

　　貞元五年（789 年），山南西道增領行成州。《新唐書》記載：「成州……寶應元年（762 年）沒吐蕃，貞元五年，於同谷之西境泥公山權置行州。」〔註 143〕《元和郡縣圖志》也記載：「（成州）本屬隴右道，貞元五年，（山南西道）節度使嚴震奏割屬山南道。今於同谷縣西界泥公山上權置行成州。」〔註 144〕由以上記載可知，成州寶應元年（762 年）沒於吐蕃，貞元五年（789 年）於泥公山建置行成州，隸屬於山南西道。《元和郡縣圖志》中提及，山南西道元和年間的轄區中有成州〔註 145〕，實際是指行成州。

　　此後，山南西道的轄區長期內基本保持穩定，轄有興元府和洋、集、壁、文、通、巴、興、鳳、利、開、渠、蓬、果、閬、行成十五州。

　　需要說明的是，《元和郡縣圖志》中記載，山南西道轄有扶州〔註 146〕。但是上文已經提及，扶州在大曆五年（770 年）就已經陷於吐蕃。查詢諸多關於扶州的記載，均不見扶州失陷之後建置行州的記載。由此來看，山南西道在元和年間只是名義上領有扶州而已。

　　大中二年（848 年）八月，山南西道節度使鄭涯收復被吐蕃侵佔的扶州。對於山南西道收復扶州的時間，《新唐書》和《太平寰宇記》都記載為大中二年（848 年），兩處記載在上文都已經提及。然而《資治通鑑》卻記載為大中三

〔註 142〕　《舊唐書》卷三十九《地理志二》，第 1528 頁。
〔註 143〕　《新唐書》卷四十《地理志四》，第 680 頁。
〔註 144〕　（唐）李吉甫：《元和郡縣圖志》卷二十二《山南道三》，第 572 頁。
〔註 145〕　（唐）李吉甫：《元和郡縣圖志》卷二十二《山南道三》，第 557 頁。
〔註 146〕　（唐）李吉甫：《元和郡縣圖志》卷二十二《山南道三》，第 557 頁。

年（849年）〔註147〕。在此以《太平寰宇記》所記載的大中二年八月為準。

大中三年（849年），行成州改隸於秦成鎮（天雄軍），山南西道因而罷領行成州。《方鎮表四》記載：本年，「升秦州防禦守捉使為秦成兩州經略、天雄軍使。」

大中四年（850年），朝廷廢除秦成鎮，行成州復隸於山南西道。大中六年（852年），朝廷再次建置秦成鎮，行成州復隸之〔註148〕。

此後的數十年，山南西道轄有興元府和洋、集、壁、文、通、巴、興、鳳、利、開、渠、蓬、果、閬、扶十五州。

（五）唐末分置武定、感義二鎮

唐末，山南西道分置為山南西道（興元）、武定、感義三鎮，轄區也縮減較多。山南西道則先後被鹿晏弘、楊守亮等人佔據，最終被鳳翔節度使李茂貞攻取。

中和三年（883年）十二月，忠武軍將領鹿晏弘驅逐山南西道節度使牛勗，佔據興元府，自稱留後，後被唐僖宗任命為山南西道節度使。次年十一月，朝廷的神策軍使田令孜派兵進攻鹿晏弘，鹿晏弘棄興元府而逃，山南西道又被朝廷控制。

光啟元年（885年），朝廷分山南西道的洋州另建武定軍。《方鎮表四》記載：本年，「置武定軍節度使，治洋州。」《舊五代史》也記載：「洋州節度使葛佐奏辟（馮行襲）為行軍司馬，請將兵鎮谷口。」〔註149〕葛佐任洋州節度使大約就在此時。至於其轄區，《舊五代史》記載：「唐僖宗再幸興元，（宋）文通扈蹕山南，論功第一，遷檢校太保、同平章事、洋蓬壁等州節度使。」李茂貞（即宋文通）光啟三年（887年）正月出任洋州節度使，當時就轄有洋、蓬、壁三州。由此推斷，武定軍節度使建置之時也轄有洋、蓬、壁三州。

其後，邠寧節度使朱玫、鳳翔節度使李昌符叛亂。光啟二年（886年）正月，田令孜挾持唐僖宗逃往興元府，為了抵抗朱玫等人對興元府的進攻，分山南西道的興、鳳二州另建感義軍，以神策指揮使楊晟為節度使。《資治

〔註147〕《資治通鑑》卷二百四十八《大中三年》第8041頁記載：「山南西道節度使鄭涯奏取扶州」。

〔註148〕劉冬：《論唐代後期的天雄軍節度使府》，《乾陵文化研究》2012年第七輯，第265頁。

〔註149〕《舊五代史》卷十五《梁書·馮行襲傳》，第210頁。

通鑑》記載：本年正月，「置感義軍於興、鳳二州，以楊晟為節度使，守散關。」〔註150〕

　　同年九月，朱玫的部將攻克興、鳳二州，楊晟逃往文州。十二月，朝廷收復興、鳳二州，任命神策行營先鋒使滿存為鳳州防禦使。《新唐書》記載：光啟二年（886年），「九月……靜難軍將王行瑜陷興、鳳二州。」十月，「神策行營先鋒使滿存克興、鳳二州。感義軍節度使楊晟陷文州。」〔註151〕《資治通鑑》記載：光啟二年「七月，王行瑜進攻興州，感義節度使楊晟棄鎮走，據文州。」九月，「金吾將軍滿存與邠軍戰，破之，復取興州。」「十二月，戊寅，諸軍拔鳳州，以滿存為鳳州防禦使。」〔註152〕兩書雖然記載的月份不同，但事件卻是一致的。因此，興州復隸於山南西道，鳳州建置為鳳州防禦使，直隸於中央。

　　感義軍節度使楊晟從興州逃走後，佔據了文、龍、成、茂四州。《資治通鑑》記載：文德元年，「初，感義節度使楊晟既失興、鳳，走據文、龍、成、茂四州。」〔註153〕從而，文州也脫離山南西道的控制。直至文德元年（888年），朝廷於彭州建置威戎軍，以楊晟為節度使，轄有彭、文、成、龍、茂五州，文州最終脫離山南西道的管轄。

（六）楊守亮割據時期山南西道的轄區沿革

　　光啟三年（887年）正月，朝廷已經平定朱玫的叛亂，改任楊守亮為山南西道節度使。此後，山南西道成為宦官楊復恭集團的勢力範圍，楊守亮即為楊復恭從弟楊復光的養子。

　　這裡對楊復恭勢力集團進行簡要介紹。楊復恭出自唐代一個顯赫的宦官世家，「宦父（楊）玄翼，咸通中領樞密，世為權家」〔註154〕。楊玄翼之弟楊玄價，曾經擔任左神策軍中尉，權傾一時。楊玄價的養子楊復光，在黃巢起義軍攻佔長安後任天下兵馬都監，集合各路兵馬多次圍攻起義軍，屢立戰功，又誘使黃巢的部將朱溫歸順朝廷，中和三年（883年）去世。楊復光的養子較多，比較有名的幾個是：楊守亮，光啟二年（886年）任金商節度使，光啟三年（887

〔註150〕《資治通鑑》卷二百五十六《光啟二年》，第8330頁。
〔註151〕《新唐書》卷九《僖宗本紀》，第177頁。
〔註152〕《資治通鑑》卷二百五十六《光啟二年》，第8338～8341頁。
〔註153〕《資治通鑑》卷二百五十七《文德元年》，第8382頁。
〔註154〕《新唐書》卷二百八《楊復恭傳》，第4496頁。

年）改任山南西道節度使；楊守宗，光啟三年接任金商節度使，同年改任忠武軍節度使；楊守信，曾任商州防禦使，後任玉山營軍使；楊守忠，光啟三年任洋州武定軍節度使。

楊復恭曾任樞密使，黃巢攻陷長安後，唐僖宗逃亡成都，田令孜成為天下觀軍容制置使，楊復恭隱退於京兆府藍田縣。田令孜失勢後，楊復恭復出為樞密使。文德元年（888年），唐僖宗去世，楊復恭擁立唐昭宗即位。此後，楊復恭逐步侵奪朝政。當時，楊復恭家族子弟有四人為藩鎮節度使或州刺史：侄子楊守亮、楊守忠分別為興元節度使、洋州武定軍節度使；養子楊守貞為龍劍節度使；養子楊守厚為綿州刺史。另外，鳳州感義軍節度使滿存、彭州威戎軍節度使楊晟也依附於楊復恭勢力集團。楊復恭勢力集團盛極一時，不僅能左右中央朝政，還控制有興元、武定、龍劍、感義、威戎、綿州六個地區。

光啟三年（887年），壁州刺史王建率兵而出，佔據利、閬二州，二州脫離山南西道的控制。《資治通鑑》記載：本年三月，「（王建）襲閬州，逐其刺史楊茂實而據之，自稱防禦使，招納亡命，軍勢益盛，（楊）守亮不能制。」〔註155〕《舊五代史》記載：「（王）建不安其郡，因招合溪洞豪猾，有眾八千，寇閬州，陷之，復攻利州，刺史王珙棄城而去。」〔註156〕《新五代史》記載：「（楊）復恭出（王）建為壁州刺史，建乃招集亡命及溪洞夷落，有眾八千，以攻閬州，執其刺史楊行遷。又攻利州，利州刺史王珙棄城走。」〔註157〕

同年（887年）閏十一月，王建率兵從閬州撤離，攻取西川鎮下轄的漢州，接著又進攻成都，未能攻克，還屯於漢州。王建離開之後，利、閬二州應該復為楊守亮所取。

文德元年（888年）七月，朝廷升鳳州防禦使為感義軍節度使，轄有鳳、興、利三州。《資治通鑑》記載：本年七月，「升鳳州為節度府，割興、利州隸之，以鳳州防禦使滿存為節度使、同平章事。」〔註158〕山南西道因此罷領興、利二州。

大約在同年，朝廷建置龍劍鎮，轄有龍、劍、利、閬四州，山南西道因此罷領閬州〔註159〕。

〔註155〕《資治通鑑》卷二百五十六《光啟三年》，第8346～8347頁。
〔註156〕《舊五代史》卷一百三十六《王建傳》，第1816頁。
〔註157〕《新五代史》卷六十三《前蜀世家》，第784頁。
〔註158〕《資治通鑑》卷二百五十七《文德元年》，第8380頁。
〔註159〕詳見第十二章第三節《唐末龍劍鎮的沿革》。

　　大順二年（891 年），山南西道所轄的扶州改隸於武定鎮。《方鎮表四》記載：本年，「武定軍節度增領階、扶二州」。

　　同年九月，楊復恭失勢，被唐昭宗罷免兵權。十月，唐昭宗派天威都將李順節等人率兵逮捕楊復恭。楊復恭、楊守信武裝拒捕，逃往興元府，投靠楊守亮。

　　景福元年（892 年）八月，鳳翔節度使李茂貞攻取興元府，楊守亮逃走。《資治通鑑》記載：本年八月，「李茂貞攻拔興元，楊復恭、楊守亮、楊守信、楊守貞、楊守忠、滿存奔閬州。茂貞表其子繼密權知興元府事。」〔註160〕乾寧元年（894 年）七月，李茂貞攻破閬州，楊復恭、楊守亮、楊守信等人準備逃往太原，途經華州之時被華州節度使韓建擒獲並被斬殺。至此，楊氏在山南西道的割據宣告結束。山南西道被李茂貞攻取後，成為鳳翔鎮的附屬藩鎮。

　　綜上所述，山南西道的轄區沿革可總結如表 8-3 所示。

表 8-3　山南西道鎮轄區統計表

時　期	轄區總計	會　府	詳細轄區
756 年～757 年	16 郡	漢中郡	漢中、洋川、符陽、始寧、通川、清化、順政、河池、益昌、盛山、潾山、咸安、南充、閬中、南平、涪陵
757 年～758 年	15 郡	漢中郡	漢中、洋川、符陽、始寧、通川、清化、順政、河池、益昌、盛山、潾山、蓬山、閬中、南平、涪陵
758 年～759 年	15 州	梁州	梁、洋、集、壁、通、巴、興、鳳、利、開、渠、蓬、閬、渝、涪
759 年～761 年	12 州	梁州	梁、洋、集、壁、通、巴、利、開、渠、蓬、閬、渝
761 年～762 年	10 州	梁州	梁、洋、集、壁、通、巴、利、開、渠、蓬
762 年～766 年	13 州	梁州	梁、洋、集、壁、文、通、巴、興、鳳、利、開、渠、蓬
766 年～768 年	16 州	梁州	梁、洋、集、壁、文、通、巴、興、鳳、利、開、渠、蓬、果、閬、扶

〔註160〕《資治通鑑》卷二百五十九《景福元年》，第 8435 頁。

768 年～770 年	14 州	梁州	梁、洋、集、壁、文、通、巴、利、開、渠、蓬、果、閬、扶
771 年～775 年	13 州	梁州	梁、洋、集、壁、文、通、巴、利、開、渠、蓬、充、閬
775 年～782 年	13 州	梁州	梁、洋、集、壁、文、通、巴、利、開、渠、蓬、果、閬
782 年～784 年	15 州	梁州	梁、洋、集、壁、文、通、巴、興、鳳、利、開、渠、蓬、果、閬
784 年～789 年	1 府 14 州	興元府	興元府、洋、集、壁、文、通、巴、興、鳳、利、開、渠、蓬、果、閬
789 年～848 年	1 府 15 州	興元府	興元府、洋、集、壁、文、通、巴、興、鳳、利、開、渠、蓬、果、閬、行成
848 年～849 年	1 府 16 州	興元府	興元府、洋、集、壁、文、通、巴、興、鳳、利、開、渠、蓬、果、閬、扶、行成
849 年～850 年	1 府 15 州	興元府	興元府、洋、集、壁、文、通、巴、興、鳳、利、開、渠、蓬、果、閬、扶
850 年～852 年	1 府 16 州	興元府	興元府、洋、集、壁、文、通、巴、興、鳳、利、開、渠、蓬、果、閬、扶、行成
852 年～885 年	1 府 15 州	興元府	興元府、洋、集、壁、文、通、巴、興、鳳、利、開、渠、蓬、果、閬、扶
885 年～885 年	1 府 12 州	興元府	興元府、集、文、通、巴、興、鳳、利、開、渠、果、閬、扶
886 年～886 年	1 府 10 州	興元府	興元府、集、文、通、巴、利、開、渠、果、閬、扶
886 年～887 年	1 府 10 州	興元府	興元府、集、通、巴、利、開、渠、果、閬、扶、興、〔文〕
887 年～888 年	1 府 9 州	興元府	興元府、集、通、巴、利、開、渠、果、扶、興、〔文、利、閬〕〔註161〕
888 年～891 年	1 府 7 州	興元府	興元府、集、通、巴、開、渠、果、扶
891 年～892 年	1 府 6 州	興元府	興元府、集、通、巴、開、渠、果

〔註161〕光啟二年（886 年），文州為楊晟所據，至文德元年（888 年）改隸於威戎軍節度使。光啟三年（887 年）三月至閏十一月，利、閬二州為王建所據。

二、興鳳鎮感義軍的沿革

興鳳鎮的建置沿革為：興鳳都團練守捉使（759～760）—興鳳都團練使（約768～782）—感義軍節度使（886、888～892）。

鳳州，是山南西道下轄的一個支州，長期隸屬於山南西道。唐代，朝廷曾經三次在鳳州設立興鳳鎮。唐代中期，朝廷以興、鳳二州建置興鳳都團練使，後又將其廢除。唐末，朝廷再次以二州建置感義軍節度使。

（一）唐代中期興鳳都團練守捉使的沿革

乾元二年（759年），朝廷以興、鳳二州建置興鳳都團練守捉使，治於鳳州。《方鎮表四》記載：本年，「置興、鳳二州都團練守捉使，治鳳州。」〔註162〕這是興鳳鎮建置之始，但此次建置的興鳳都團練使不久即被廢除。《舊唐書》記載：乾元三年（760年）二月，「以太子少保崔光遠為鳳翔尹、秦隴節度使」；上元元年（760年）「十二月庚辰，以右羽林軍大將軍李鼎為鳳翔尹、興鳳隴等州節度使」〔註163〕。由此可知，興鳳都團練使在上元元年（760年）已經被廢除，興、鳳二州改隸於鳳翔鎮。

大約在大曆三年（768年），朝廷又以興、鳳二州再建興鳳都團練使，仍然治於鳳州。《全唐文》記載：「（嚴震）尋丁內憂，詔復厥職，充興鳳兩州都團練使。」〔註164〕《舊唐書》記載：「（嚴震）仍充興、鳳兩州團練使……在鳳州十四年，能政不渝……建中三年，代賈耽為梁州刺史、兼御史大夫、山南西道節度觀察等使。」〔註165〕嚴震在鳳州十四年，於建中三年（782年）升任山南西道節度使，由此可知嚴震大約是從大曆三年（768年）開始出任興鳳都團練使。因此，興鳳鎮再次設立。

建中三年（782年），嚴震升任山南西道節度使，此後再沒有關於興鳳都團練使的記載。《元和郡縣圖志》記載，山南西道的轄區中有興、鳳二州〔註166〕。因此，嚴震移鎮山南西道後，朝廷必然廢除了興鳳都團練使，二州復隸屬於山南西道。

〔註162〕 《新唐書》卷六十七《方鎮表四》，第1263頁。
〔註163〕 《舊唐書》卷十《肅宗本紀》，第258、260頁。
〔註164〕 （清）董誥等編：《全唐文》卷五百五《唐故山南西道節度營田觀察處置等使開府儀同三司檢校尚書左僕射同中書門下平章事兼興元尹上柱國馮翊郡王贈太保嚴公墓誌銘並序》，第5142頁。
〔註165〕 《舊唐書》卷一百一十七《嚴震傳》，第3405頁。
〔註166〕 （唐）李吉甫：《元和郡縣圖志》卷二十二《山南道三》，第557頁。

對於興鳳都團練使廢除之事，史料沒有明確記載。賴青壽先生的《唐後期方鎮建置沿革研究》認為，興鳳都團練使延續至唐末〔註167〕。但是，根據《唐刺史考全編》的考述來看，嚴震之後的歷任鳳州刺史皆不帶「興鳳都團練使」之使職〔註168〕，可印證興鳳都團練使已被廢除。

（二）唐末感義軍節度使的沿革

唐末，興、鳳二州再次建置為藩鎮，軍號感義軍，楊晟、滿存先後任感義軍節度使。

光啟元年（885年），邠寧節度使朱玫、鳳翔節度使李昌符反叛，宦官田令孜挾持唐僖宗逃往興元府，遭到朱玫、李昌符進攻。光啟二年（886年）正月，為了抵禦叛軍的進攻，朝廷以興、鳳二州建置感義軍，以神策指揮使楊晟為節度使。《資治通鑑》記載：本年正月，「置感義軍於興、鳳二州，以楊晟為節度使，守散關。」〔註169〕《方鎮表四》則記載：光啟元年（885年），「升興、鳳二州都團練守捉使為防禦使，治鳳州」；二年，「升興、鳳二州防禦使為感義軍節度使」〔註170〕。此處記載有誤，興鳳都團練使在唐代中期已經被廢除。

同年（886年），朱玫的部將王行瑜先後攻克興、鳳二州，楊晟逃往文州。接著，朝廷將領滿存又收復二州。《新唐書》記載：光啟二年，「九月……靜難軍將王行瑜陷興、鳳二州……十月……神策行營先鋒使滿存克興、鳳二州。感義軍節度使楊晟陷文州。」〔註171〕《資治通鑑》也記載：光啟二年七月，「王行瑜進攻興州，感義節度使楊晟棄鎮走。」十二月，「諸軍拔鳳州，以滿存為鳳州防禦使。」〔註172〕朝廷收復興、鳳二州後，廢除感義軍節度使，以鳳州建置鳳州防禦使，鳳州成為中央直屬州，興州則復隸於山南西道。

文德元年（888年）七月，朝廷再次升鳳州防禦使為感義軍節度使，轄有興、鳳、利三州，任命滿存為節度使。《資治通鑑》記載：本年七月，「升鳳州為節度府，割興、利州隸之，以鳳州防禦使滿存為節度使。」〔註173〕

〔註167〕賴青壽：《唐後期方鎮建置沿革研究》第八章第二節《附考：興鳳都防禦使、武定軍・興文・利閬節度使、巴渠開都團練使沿革》，第133頁。
〔註168〕郁賢皓：《唐刺史考全編》卷二〇六《鳳州（河池郡）》，第2814～2816頁。
〔註169〕《資治通鑑》卷二百五十六《光啟二年》，第8330頁。
〔註170〕《新唐書》卷六十七《方鎮表四》，第1281頁。
〔註171〕《新唐書》卷九《僖宗本紀》，第177頁。
〔註172〕《資治通鑑》卷二百五十六《光啟二年》，第8338、8341頁。
〔註173〕《資治通鑑》卷二百五十七《文德元年》，第8380頁。

感義軍下轄的利州，其後不久改隸於龍劍鎮。根據本書第十二章第三節《唐末龍劍鎮的沿革》中的考述，龍劍鎮建置於文德元年（888年）之後不久〔註174〕。

景福元年（892年）七月，鳳翔節度使李茂貞攻克鳳州，滿存逃往興元府。《資治通鑒》記載：本年七月，「李茂貞克鳳州，感義節度使滿存奔興元。茂貞又取興、洋二州，皆表其子弟鎮之。」〔註175〕至此，興鳳鎮被鳳翔節度使李茂貞攻取。

綜上所述，興鳳鎮的轄區沿革可總結如表8-4所示。

表8-4　興鳳鎮轄區統計表

時　　　期	轄區總計	會　府	詳細轄區
759年～760年、768年～782年	2州	鳳州	興、鳳
886年～886年、886年～888年	2州	鳳州	興、鳳
888年～888年	3州	鳳州	興、鳳、利
888年～892年	2州	鳳州	興、鳳

三、洋州鎮武定軍的沿革

洋州，原本是山南西道下轄的一個州，唐末朝廷以其建置一個藩鎮，軍號武定軍。

洋州鎮建置於光啟元年（885年），軍號武定軍。《方鎮表四》記載：本年，「置武定軍節度使，治洋州。」〔註176〕《舊五代史·馮行襲傳》也記載：「洋州節度使葛佐奏辟（馮行襲）為行軍司馬，請將兵鎮谷口。」〔註177〕葛佐任洋州節度使大約就在此時。

至於洋州鎮的轄區，《舊五代史·李茂貞傳》記載：「朱玫之亂，唐僖宗再幸興元，（宋）文通扈蹕山南，論功第一，遷檢校太保、同平章事、洋蓬壁等州節度使。」〔註178〕據《舊唐書》記載：「（光啟）三年春正月乙亥朔，車駕在興元府……扈蹕都頭李茂貞為檢校尚書左僕射、洋州刺史、武定軍節

〔註174〕詳見第十二章第三節《唐末龍劍鎮的沿革》。
〔註175〕《資治通鑒》卷二百五十九《景福元年》，第8433頁。
〔註176〕《新唐書》卷六十七《方鎮表四》，第1281頁。
〔註177〕《舊五代史》卷十五《梁書·馮行襲傳》，第210頁。
〔註178〕《舊五代史》卷一百三十二《李茂貞傳》，第1737頁。

度使」〔註 179〕。由這兩條記載可知,李茂貞(宋文通)於光啟三年(887 年)正月出任洋州節度使,其時轄有洋、蓬、壁三州。《方鎮表四》記載為,武定軍在光化元年(898 年)才增領蓬、壁二州,是錯誤的。

光啟三年(887 年)八月,李茂貞平定鳳翔節度使李昌符的叛亂。於是,朝廷任命李茂貞為鳳翔節度使,改任楊守忠為武定軍節度使。其後,洋州鎮成為楊復恭集團的勢力範圍,楊守忠即為宦官楊復恭的侄子。

大順二年(891 年),武定軍增領武、扶二州,但此二州與洋州為山南西道阻隔,故而應為遙領。《方鎮表四》記載:本年,「武定軍節度增領階、扶二州」。〔註 180〕階州實際是武州的誤寫,當時還沒有改為階州。《新唐書》記載:「階州……本武州,因沒吐蕃……咸通中始得故地,龍紀初(889 年)遣使招葺之,景福元年(892 年)更名,治皋蘭鎮。」〔註 181〕

景福元年(892 年),鳳翔節度使李茂貞驅逐武定軍節度使楊守忠,兼併洋州。《舊五代史·李茂貞傳》記載:「既而逐涇原節度使張球(珂)、洋州節度使楊守忠、鳳州刺史滿存,皆奪據其地,奏請子弟為牧伯,朝廷不能制。」〔註182〕《資治通鑑》記載:本年七月,「李茂貞克鳳州,感義節度使滿存奔興元。茂貞又取興、洋二州,皆表其子弟鎮之。」〔註 183〕

綜上所述,武定鎮的轄區沿革可總結如表 8-5 所示。

表 8-5　洋州鎮轄區統計表

時　　期	轄區總計	會　府	詳細轄區
885 年～891 年	3 州	洋州	洋、蓬、壁
891 年～892 年	5 州	洋州	洋、蓬、壁、武、扶
892 年～892 年	5 州	洋州	洋、蓬、壁、階、扶

四、山南西道下轄州縣沿革

山南西道建置初期,轄有梁、洋、集、壁、文、通、巴、興、鳳、利、開、渠、蓬十三州。大曆三年(768 年),分興、鳳二州建置興鳳都團練使,直至建

〔註 179〕　《舊唐書》卷十九下《僖宗本紀》,第 726 頁。
〔註 180〕　《新唐書》卷六十七《方鎮表四》,第 1282 頁。
〔註 181〕　《新唐書》卷四十《地理志四》,第 685 頁。
〔註 182〕　《舊五代史》卷一百三十二《李茂貞傳》,第 1738 頁。
〔註 183〕　《資治通鑑》卷二百五十九《景福元年》,第 8433 頁。

中三年（782年）二州復隸於山南西道。其後，山南西道先後增領果、閬、行成、行扶等州。大中三年（849年），山南西道收復扶州，廢除行扶州，同時行成州改隸於天雄軍。唐末，朝廷分山南西道的興、鳳、利三州建置感義軍節度使，分洋、蓬、壁三州建置武定軍節度使。

興元府（梁州）：756年～892年屬山南西道，為會府。天寶元年（742年），梁州改為漢中郡，至德元載（756年）建置山南西道防禦守捉觀察使。乾元元年（758年），漢中郡復為梁州。寶應元年（762年），山南西道防禦使升為節度使，尋降為觀察使，廣德二年（764年）後又升為節度使。興元元年（784年），梁州升為興元府。

轄有南鄭、褒城、金牛、三泉、西、城固六縣，治於南鄭縣。

金牛縣：寶曆元年（825年），省金牛縣〔註184〕。

集州：756年～892年屬山南西道。天寶元年（742年），集州改為符陽郡，至德元載（756年）始隸於山南西道，乾元元年（758年）復為集州。

轄有難江、符陽、通平、嘉川四縣，治於難江縣。

通平縣：原為地平縣，永泰元年（765年）改為通平縣，寶曆元年（825年）省〔註185〕。

嘉川縣：本屬利州，永泰元年（765年）改隸於集州〔註186〕。

壁州：756年～885年屬山南西道，885年～892年屬武定軍。天寶元年（742年），壁州改為始寧郡，至德元載（756年）始隸於山南西道，乾元元年（758年）復為壁州。光啟元年（885年），壁州改隸於武定軍。

轄有通江、廣納、白石、巴東四縣，治於通江縣。

巴州：756年～892年屬山南西道。天寶元年（742年），巴州改為清化郡，至德元載（756年）始隸於山南西道，乾元元年（758年）復為巴州。

轄有化城、盤道、清化、曾口、歸仁、始寧、其章、恩陽、大牟、七盤十縣，治於化城縣。

盤道縣：寶曆元年（825年）省，大中元年（847年）復置〔註187〕。

〔註184〕《新唐書》卷四十《地理志四》，第680頁。
〔註185〕《新唐書》卷四十《地理志四》，第681頁。
〔註186〕《新唐書》卷四十《地理志四》，第681頁。
〔註187〕《新唐書》卷四十《地理志四》第681頁記載：「盤道，中下，寶曆元年省入恩陽，長慶中復置。」長慶年號在寶曆年號之前，因而此處記載必定有誤。按山南西道多數縣在大中元年復置，盤道應復置於同時。

其章縣：寶曆元年（825年）省，大中元年（847年）復置〔註188〕。

蓬州：756年～885年屬山南西道，885年～892年屬武定軍。天寶元年（742年），蓬州改為咸安郡，至德元載（756年）始隸於山南西道，二載（757年）改為蓬山郡，乾元元年（758年）復為蓬州。光啟元年（885年），蓬州改隸於置武定軍。

轄有良山、蓬池、蓬山、宕渠、儀隴、伏虞六縣，治於良山縣。

良山縣：元和七年（812年）四月，縣廢，其後復置，寶曆元年（825年）省入蓬池縣，大中時（847～860年）復置，仍隸於蓬州〔註189〕。

蓬池縣：原為大寅縣，廣德元年（763年）改為蓬池縣，後被廢除，開成二年（837年）四月復置，仍隸於蓬州〔註190〕。

蓬山縣：原為咸安縣，至德二載（757年）改為蓬山縣〔註191〕。

宕渠縣：元和七年（812年），廢宕渠縣，其後復置，寶曆元年（825年）省入蓬山縣，大中時（847～860年）復置，仍隸於蓬州〔註192〕。

通州：756年～892年屬山南西道。天寶元年（742年），通州改為通川郡，至德元載（756年）始隸於山南西道，乾元元年（758年）復為通州。

轄有通川、永穆、三岡、石鼓、東鄉、宣漢、新寧、巴渠八縣，治於通川縣。

新寧縣：大和三年（829年）改隸於開州，四年（830年）復隸於通州〔註193〕。

巴渠縣：永泰元年（765年）六月，分石鼓縣置。大和三年（829年）改隸於開州，四年（830年）復隸於通州。

三岡縣：寶曆元年（825年）省，大中五年（851年）復置。

石鼓縣：寶曆元年（825年）省，大中元年（847年）復置。

開州：756年～892年屬山南西道。天寶元年（742年），開州改為盛山郡，

〔註188〕《新唐書》卷四十《地理志四》，第681頁。

〔註189〕郭聲波：《中國行政區劃通史・唐代卷》上編第十三章《山南西道》，第865～866頁。

〔註190〕《新唐書》卷四十《地理志四》第682頁作開成元年，而《舊唐書》卷十七《文宗本紀》第569頁記載：開成二年四月，「蓬州復置蓬池、朗池二縣。」此處以《舊唐書》記載為是。

〔註191〕《新唐書》卷四十《地理志四》，第682頁。

〔註192〕郭聲波：《中國行政區劃通史・唐代卷》上編第十三章《山南西道》，第866頁。

〔註193〕《新唐書》卷四十《地理志四》，第682頁。巴渠、三岡、石鼓三縣的沿革情況，也可見於此處記載。

至德元載（756 年）始隸於山南西道，乾元元年（758 年）復為開州。

　　轄有盛山、新浦、萬歲三縣，治於盛山縣。

　　萬歲縣：寶曆元年（825 年）省，不久復置〔註 194〕。

　　渠州：756 年～892 年屬山南西道。天寶元年（742 年），渠州改為潾山郡，至德元載（756 年）始隸於山南西道，乾元元年（758 年）復為渠州。

　　轄有流江、潾水、大竹、渠江、潾山五縣，治於流江縣。

　　潾水縣：寶曆元年（825 年），省入潾山縣〔註 195〕。

　　大竹縣：原屬蓬州，至德二載（757 年）改隸於渠州，寶曆元年（825 年）省入潾山縣〔註 196〕。

　　洋州：756 年～885 年屬山南西道，885 年～892 年屬武定軍。天寶元年（742 年），洋州改為洋川郡，至德元載（756 年）始隸於山南西道，乾元元年（758 年）復為洋州。光啟元年（885 年），洋州建置為武定軍節度使，轄有洋、蓬、壁三州。景福元年（892 年），洋州為鳳翔節度使李茂貞所取。

　　轄有興道、黃金、洋源、西鄉、貞符五縣，治於興道縣。

　　洋源縣：寶曆元年（825 年），省洋源縣〔註 197〕。

　　利州：756 年～888 年屬山南西道。天寶元年（742 年），利州改為益昌郡，至德元載（756 年）始隸於山南西道，乾元元年（758 年）復為利州。光啟三年（887 年）三月至閏十一月，閬州為王建所據，其後仍隸於山南西道。約文德元年（888 年），利州改隸於感義軍，繼而改隸於龍劍鎮。

　　轄有綿谷、益昌、葭萌、胤山、景谷五縣，治於綿谷縣。

　　景谷縣：寶曆元年（825 年）省，不久復置〔註 198〕。

　　文州：762 年～886 年屬山南西道。開元二十二年（734 年），文州始隸於劍南鎮，天寶元年（742 年）改為陰平郡，乾元元年（758 年）復為文州。上元二年（761 年），文州隸於西川鎮，寶應元年（762 年）改隸於山南西道。光啟二年（886 年），文州為楊晟所據，文德元年（888 年）改隸於威戎軍，大順元年（890 年）之後脫離威戎軍的管轄。

　　轄有曲水、長松二縣，治於曲水縣。

〔註 194〕　《新唐書》卷四十《地理志四》，第 682 頁。
〔註 195〕　《新唐書》卷四十《地理志四》，第 683 頁。
〔註 196〕　《新唐書》卷四十《地理志四》，第 683 頁。
〔註 197〕　《新唐書》卷四十《地理志四》，第 680 頁。
〔註 198〕　《新唐書》卷四十《地理志四》，第 680 頁。

　　鳳州：756 年～759 年、762 年～768 年、782 年～885 年屬山南西道；759
年～760 年、768 年～782 年、886 年、888 年～892 年屬興鳳鎮。天寶元年（742
年），鳳州改為河池郡，至德元載（756 年）隸屬於山南西道，乾元元年（758
年）復為鳳州。乾元二年（759 年），建置興鳳都團練使，治於鳳州。上元元年
（760 年），興鳳都團練使廢，鳳州改隸於鳳翔鎮，寶應元年（762 年）復隸於
山南西道。約大曆三年（768 年），復置興鳳都團練使，仍治於鳳州。建中三年
（782 年），興鳳都團練使廢，鳳州復隸於山南西道。光啟二年（886 年）正月，
鳳州建置感義軍節度使，轄鳳、興二州。同年十二月，廢除感義軍節度使，建
置鳳州防禦使，鳳州成為中央直屬州。文德元年（888 年），又以興、鳳、利三
州建置感義軍節度使，仍治於鳳州。景福元年（892 年），鳳州為鳳翔節度使
李茂貞所取。

　　轄有梁泉、兩當、河池、黃花四縣，治於梁泉縣。

　　黃花縣：寶曆元年（825 年），省入梁泉縣〔註 199〕。

　　興州：756 年～759 年、762 年～768 年、782 年～885 年屬山南西道；759
年～760 年、768 年～782 年、886 年、888 年～892 年屬興鳳鎮。天寶元年（742
年），興州改為順政郡，至德元載（756 年）隸屬於山南西道，乾元元年（758
年）復為興州。乾元二年（759 年），興州改隸於興鳳鎮，上元元年（760 年）
改隸於鳳翔鎮，寶應元年（762 年）復隸於山南西道。大曆三年（768 年），興
州改隸於興鳳鎮，建中三年（782 年）復隸於山南西道。光啟二年（886 年）
正月，興州改隸於感義軍，同年十二月復隸於山南西道，文德元年（888 年）
又隸於感義軍。

　　轄有順政、長舉、鳴水三縣，治於順政縣。

　　鳴水縣：長慶元年（821 年），省入長舉縣〔註 200〕。

　　扶州：766 年～770 年、848 年～891 年屬山南西道。扶州原隸於劍南鎮，
乾元（758 年～760 年）後沒吐蕃，繼而收復，大曆元年（766 年）改隸於山
南西道，大曆五年（770 年）復陷於吐蕃。大中二年（848 年），扶州被山南西
道節度使鄭涯收復，仍然隸屬於山南西道，大順二年（891 年）改隸於武定軍。

　　轄有同昌、帖夷、鉗川、萬全四縣，治於同昌縣。

　　同昌縣：乾元（758～760 年）後沒於吐蕃，繼而收復；大曆五年（770 年），

〔註 199〕　《新唐書》卷四十《地理志四》，第 680 頁。
〔註 200〕　《新唐書》卷四十《地理志四》，第 680 頁。

復陷於吐蕃〔註201〕；大中二年（848年）收復〔註200〕。

　　帖夷縣：乾元（758～760年）後沒於吐蕃。

　　鉗川縣：乾元（758～760年）後沒於吐蕃。

　　萬全縣：原為尚安縣，至德二載（757年）改為萬全縣，後沒於吐蕃〔註203〕。

　　閬州：756年～761年、766年～892年屬山南西道。天寶元年（742年），閬州改為閬中郡，至德元載（756年）隸屬於山南西道，乾元元年（758年）復為閬州，上元二年（761年）改隸於東川鎮。廣德二年（764年），東川鎮廢，閬州隸於劍南鎮，大曆元年（766年）復隸於山南西道。光啟三年（887年）三月至閏十一月，閬州為王建所據，其後仍隸於山南西道。約文德元年（888年），閬州改隸於龍劍鎮。景福元年（892年），鳳翔節度使李茂貞攻取興元府，山南西道節度使楊守亮、龍劍節度使楊守貞、楊復恭、楊守信、楊守忠、滿存等人逃往閬州。乾寧元年（894年），李茂貞攻取閬州，楊守亮等人逃走。

　　轄有閬中、晉安、南部、蒼溪、西水、奉國、新井、新政、岐坪九縣，治於閬中縣。

　　岐坪縣：寶曆元年（825年），省入奉國、蒼溪二縣〔註204〕。

　　果州：766年～892年屬山南西道。天寶元年（742年），果州改為南充郡，至德元載（756年）隸屬於山南西道，乾元元年（758年）復為果州，上元二年（761年），果州改隸於東川鎮。廣德二年（764年），東川鎮廢，果州隸於劍南鎮，大曆元年（766年）復隸於山南西道。大曆六年（771年），果州改為充州，十年（775年）復為果州。

　　轄有南充、相如、流溪、西充、朗池、岳池六縣，治於南充縣。

　　行成州：789年～849年屬山南西道。寶應元年（762年），成州被吐蕃侵佔。貞元五年（789年），朝廷在同谷縣西境的泥公山建置行成州〔註205〕，隸屬於山南西道。大和初，徙州治於上祿縣。大中三年（849年），行成州改隸於天雄軍，大中四年（850年）復隸於山南西道，大中六年（852年）再隸於天雄軍。

〔註201〕扶州及同昌縣陷於吐蕃的時間，詳見本節前文《山南西道的轄區沿革》。

〔註202〕《新唐書》卷四十《地理志四》，第681頁。下文，帖夷、鉗川、萬全三縣的沿革，也可參見此處記載。

〔註203〕《新唐書》卷四十《地理志四》，第681頁。

〔註204〕《新唐書》卷四十《地理志四》，第683頁。

〔註205〕郭聲波《中國行政區劃通史·唐代卷》上編第十五章《隴右道》第1005頁作「成州」，當誤。

　　轄有同谷、上祿二縣。

　　同谷縣：寶應元年（762年）陷吐蕃，貞元五年（789年），復置同谷縣於泥公山。長慶三年（823年），徙治於寶井堡〔註206〕。

　　上祿縣：寶應元年（762年）陷吐蕃，大和初復置，治於駱谷城〔註207〕。

圖8-4　山南西道轄區圖（808年）

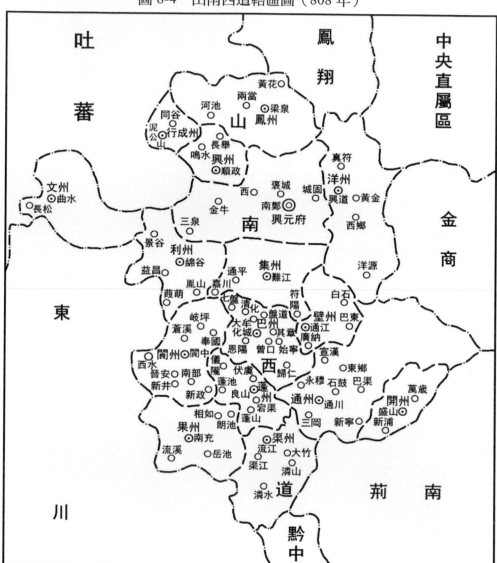

〔註206〕郭聲波：《中國行政區劃通史・唐代卷》上編第十五章《隴右道》，第1005～1006頁。

〔註207〕郭聲波：《中國行政區劃通史・唐代卷》上編第十五章《隴右道》，第1005頁。

第四節　金商鎮

金商鎮，是山南道內的一個藩鎮。安史之亂時期，朝廷先後建置興平軍節度使、武關防禦觀察使，轄有金、商、均、房四州，治於商州，數年而廢。興元、元和年間，朝廷曾經兩度復置金商鎮，但都不久即廢。

唐末，朝廷又建置金商節度使，轄有金、商二州，改治於金州。其後，馮行襲割據金商鎮，兼有均州。天祐三年（906 年），金商鎮最終為梁王朱溫所攻取。另外，金商鎮在唐末的軍號先後為昭信軍、戎昭軍。

一、金商鎮的轄區沿革

金商鎮的建置沿革為：興平軍節度使（756～760）—武關內外四州防禦觀察使（761～762）—金商都防禦使（784、807）—金商節度使（886～約 891）—金州防禦使（約 891）—昭信軍防禦使（891～898）—昭信軍節度使（898～905）—戎昭軍節度使（905～906）。

金商鎮曾經數度建置，但延續時間都較短。至德元載（756 年），建置興平軍節度使，轄有金、商、均、房四州，治於商州，上元元年（760 年）廢除。上元二年（761 年），建置武關防禦使，仍轄四州，寶應元年（762 年）廢除。興元元年（784 年），建置金商都防禦使，仍治於商州，不久即廢。元和二年（807 年），復置金商都防禦使，仍治於商州。唐末，朝廷復建金商鎮，主要轄有金、商、均三州，治於金州。

（一）興平軍節度使和武關防禦使的建置

金商鎮始置於至德元載（756 年），最初稱為興平鎮。當時，朝廷建置興平軍節度使，轄有上洛、安康、武當、房陵四郡，治於上洛郡。《方鎮表四》記載：本年，「置興平節度使，領上洛、安康、武當、房陵四郡，治上洛郡。」〔註208〕《資治通鑑》也記載：「是歲，置……興平節度使，領上洛等四郡。胡注：鳳翔郡郿縣東原先有興平軍，因置為節鎮。」〔註209〕

值得注意的是，當時上洛郡陷於安祿山叛軍。《資治通鑑》記載：至德元載六月，「潼關既敗，於是河東、華陰、馮翊、上洛防禦使皆棄郡走，所在守兵皆散。」〔註210〕郭聲波先生《中國行政區劃通史·唐代卷》考證，興平鎮

〔註208〕　《新唐書》卷六十七《方鎮表四》，第 1262～1286 頁。下文同，不再引注。
〔註209〕　《資治通鑑》卷二百一十九《至德元載》，第 7011 頁。
〔註210〕　《資治通鑑》卷二百一十八《至德元載》，第 6969～6970 頁。

當時寄治於鳳翔郡郿縣興平軍〔註211〕。

至德二載（757年）二月，興平鎮所轄的安康郡改為漢陰郡〔註212〕。《新唐書》記載：「金州漢陰郡，上。本西城郡，天寶元年曰安康郡，至德二載更名。」〔註213〕《舊唐書》記載：「金州，隋西城郡……天寶元年，改為安康郡。至德二年二月，改為漢南郡。」〔註214〕

同年十月，收復上洛郡，興平鎮正式治於上洛郡。《資治通鑒》記載：至德二載十月「壬子，興平軍奏：破賊於武關，克上洛郡。」〔註215〕

乾元元年（758年），朝廷改郡為州。興平鎮下轄的上洛、漢陰、武當、房陵四郡分別改為商州、金州、均州、房州。因而，興平鎮也可稱為金商鎮。

乾元二年（759年）四月，興平軍節度使李峘兼領豫許汝節度使。但是，興平鎮實際上並沒有轄有豫、許、汝三州，李峘只是兼領兩鎮而已。《資治通鑒》記載：乾元二年四月，「以興平軍節度使李峘兼豫、許、汝三州節度使」〔註216〕。

上元元年（760年），朝廷廢除興平軍節度使，其所轄四州改隸於山南東道。對於興平節度使被廢除的時間，《方鎮表四》記載為上元二年（761年），應當有誤。據《舊唐書》記載：「乾元三年（760年），襄州大將張瑾殺節度使史翽作亂，乃以（韋）倫為襄州刺史、兼御史大夫、山南東道襄鄧等十州節度使。」〔註217〕同書又記載：「乾元三年四月十三日，襄州軍將張維瑾、曹玠率眾謀亂，殺刺史史翽。以（來）瑱為襄州刺史、兼御史大夫，充山南東道襄、鄧、均、房、金、商、隨、郢、復十州節度觀察處置使。」〔註218〕《新唐書》也記載：上元元年四月，「徙（來）瑱山南東道襄、鄧、均、房、金、商、隨、郢、復十州節度使。」〔註219〕由這些記載來看，興平軍節度使在上元元年即

〔註211〕郭聲波：《中國行政區劃通史·唐代卷》上編第一章《京畿》，第63頁。
〔註212〕漢陰郡，《舊唐書》《太平寰宇記》作漢南郡，《新唐書》作漢陰郡，郭聲波先生《中國行政區劃通史·唐代卷》上編第一章《京畿》第54頁考述為漢陰郡。
〔註213〕《新唐書》卷四十《地理志四》，第679頁。
〔註214〕《舊唐書》卷三十九《地理志二》，第1539頁。
〔註215〕《資治通鑒》卷二百二十《至德二載》，第7037頁。
〔註216〕《資治通鑒》卷二百二十一《乾元二年》，第7075頁。
〔註217〕《舊唐書》卷一百三十八《韋倫傳》，第3781頁。
〔註218〕《舊唐書》卷一百一十四《來瑱傳》，第3366頁。
〔註219〕《新唐書》卷一百四十四《來瑱傳》，第3689頁。

被廢除。賴青壽先生的《唐後期方鎮建置沿革研究》也持此觀點〔註 220〕。

上元二年（761 年），朝廷又以金、商、均、房四州建置武關防禦觀察使，仍治於商州。《方鎮表四》記載：本年，「廢興平節度使，置武關內外四州防禦觀察使，領州如故」。《全唐文》也記載：「有詔加（鮮于叔明）金商均房等州觀察使處置使。」〔註 221〕

寶應元年（762 年），朝廷最終廢除武關觀察使，金、商二州改隸於京畿鎮，均、房二州改隸於山南東道。《方鎮表四》記載：本年，「金、商二州隸京畿。罷武關內外四州防禦觀察使。」按此後山南東道轄有均、房二州，可知二州改隸於山南東道。

同年（762 年）不久，朝廷廢除京畿鎮。《方鎮表一》記載：寶應元年，「京畿節度使復領金、商。是年，廢節度使。」京畿鎮廢除之後，金、商二州都成為中央直屬州。另外，商州曾經建置防禦使，金州曾經建置團練使。《舊唐書》記載：大曆十年二月，「前隴右節度副使、隴州刺史馬燧為商州刺史，充本州防禦使。」〔註 222〕《唐代墓誌彙編續集》中有一篇《大唐故高府君墓誌銘》，誌主高弘諒「大曆三年五月廿七日終於萬年之私第，春秋卌有五。」〔註 223〕對於金、商二州在寶應元年（762 年）至建中四年（783 年）的隸屬問題，賴青壽先生認為隸屬於山南東道〔註 224〕。這個觀點有誤，二州實際應為中央直屬州。

直到建中四年（783 年），朝廷復置京畿鎮，金、商二州再次隸屬於京畿鎮。《方鎮表一》記載：本年，「置京畿渭南節度觀察使，領金、商二州」。

（二）金商都防禦使的建置與廢除

興元元年（784 年），朝廷再度廢除京畿鎮，以金、商二州建置金商都防禦使，治於商州。《方鎮表四》記載：本年，「置金、商二州都防禦使」。

〔註 220〕賴青壽：《唐後期方鎮建置沿革研究》第七章第四節《金商都防禦使沿革》，第 128 頁。

〔註 221〕（清）董誥等編：《全唐文》卷四百二十三《唐劍南東川節度使鮮于公（叔明）經武頌》，第 4315 頁。

〔註 222〕《舊唐書》卷十一《代宗本紀》，第 307 頁。

〔註 223〕周紹良、趙超主編：《唐代墓誌彙編續集》大曆〇一四《大唐故高府君墓誌銘》，第 701 頁。

〔註 224〕賴青壽：《唐後期方鎮建置沿革研究》第七章第三節《襄陽（山南東道）節度使沿革》，第 125 頁。

目前學界大多認為，金商都防禦使此後一直延續到唐末〔註225〕。筆者認為，這是偏離史實的。根據各種史籍文獻來看，此後二十多年間都沒有關於「金商都防禦使」的記載。查閱《唐刺史考全編》也發現，貞元二年至元和二年間的商州刺史和金州刺史均不帶「金商都防禦使」的職務〔註226〕。筆者認為，這並不是史料失載而造成的，而是由於金商都防禦使已經被廢除。

其實，金商都防禦使在興元元年（784年）已經被廢除，此後金州、商州都成為朝廷直屬州。雖然二州都曾經建置過防禦使，但也都沒有長期保持防禦使的建置。《全唐文》中的李佐墓誌記載：「擇全才領商於之地，以關南門，於是有刺史、防禦、中丞之命。」〔註227〕《冊府元龜》記載：「李佐為商州刺史，德宗貞元二年，以能政特賜金紫。」〔註228〕由這兩處記載可以看出，李佐最遲在貞元二年（786年）出任商州刺史、兼本州防禦使。《冊府元龜》又記載：「李融，興元初為金州刺史，兼防禦使。」〔註229〕由此記載可知，興元元年（784年）金州建置有防禦使。因此，金商都防禦使也是廢於興元元年。只有這樣，才可能出現金州防禦使和商州防禦使。

直到元和二年（807年），朝廷復置金商都防禦使。《舊唐書》記載：「元和初……（杜兼）除金商防禦使，旋授河南少尹、知府事」〔註230〕。《韓昌黎文集》也記載：「（杜兼）出為商州刺史、金商防禦使。」〔註231〕據《唐刺史考全編》的推斷，杜兼出任金商防禦使的時間是元和二年（807年）至三年（808年）〔註232〕。

元和二年後，史料中又沒有了金商都防禦使的記載，可見金商都防禦使又被廢除了。此後，金、商二州再次直隸於朝廷。另外，商州曾經建置防禦使，

〔註225〕 賴青壽《唐後期方鎮建置沿革研究》第七章第四節《金商都防禦使沿革》，第128～129頁。郭聲波《中國行政區劃通史·唐代卷》上編第一章《京畿》第63頁沿用其觀點。

〔註226〕 郁賢皓：《唐刺史考全編》卷二〇三《金州（安康郡、漢陰郡）》、卷二〇四《商州（上洛郡）》，第2756～2757、2772～2773頁。

〔註227〕 （清）董誥等編：《全唐文》卷七百八十四《京兆少尹李公墓誌銘》，第8204頁。

〔註228〕 《冊府元龜（校訂本）》卷六百七十三《牧守部·褒寵第二》，第7755頁。

〔註229〕 《冊府元龜（校訂本）》卷八百二十《總錄部·立祠》，第9546頁。

〔註230〕 《舊唐書》卷一百四十六《杜兼傳》，第3969頁。

〔註231〕 馬通伯校注：《韓昌黎文集校注》卷六《故中散大夫河南尹杜君（兼）墓誌銘》，上海：古典文學出版社，1957年，第226頁。

〔註232〕 郁賢皓：《唐刺史考全編》卷二〇四《商州（上洛郡）》，第2773頁。

但應該也沒有長期保持防禦使的建置。據《唐刺史考全編》所考，大和元年（827年）至二年（828年）有商州防禦使獨孤密，唐末有商州防禦使楊守信〔註233〕。

（三）唐末金商鎮的沿革

唐末，朝廷再次建置金商鎮。光啟二年（886年），朝廷宦官楊復光掌權，通過朝廷廣封其黨羽。同年六月，朝廷以楊守亮為金州刺史、金商節度使。金商鎮因此再次建立，轄有金、商二州，治於金州。《舊唐書》記載：光啟二年「六月己酉朔，以扈蹕都將楊守亮為金州刺史、金商節度、京畿制置使。」〔註234〕

次年（887年）正月，朝廷以楊守亮為山南西道節度使，改任楊守宗為金商節度使，不久又改任楊守宗為許州忠武軍節度使。《資治通鑑》記載：光啟三年正月，「扈蹕都頭楊守宗為金商節度使……金商節度使楊守亮為山南西道節度使。」五月，「朝廷以扈駕都頭楊守宗知許州事。」〔註235〕

其後，鳳翔節度使李茂貞奪取金州，以其養子李繼臻為金州防禦使。《舊五代史》記載：「李茂貞遣養子繼臻竊據金州，（馮）行襲攻下之，因授金州防禦使。」〔註236〕

大約在大順二年（891年），佔據均州的馮行襲攻取金州。朝廷於是以金州建置昭信軍，以馮行襲為防禦使。《資治通鑑》記載：大順二年十二月，「初，李茂貞養子繼臻據金州，均州刺史馮行襲攻下之，詔以行襲為昭信防禦使，治金州。」〔註237〕因此，金商鎮的軍號為昭信軍。此後，馮行襲長期割據於金商鎮。

馮行襲割據金商鎮之時，還轄有均州。馮行襲從中和四年（884年）就開始佔據均州。《資治通鑑》記載：本年，「山南東道節度使上其功，詔以（馮）行襲為均州刺史。」〔註238〕《舊五代史》也記載：「山南節度使劉巨容以功上言，尋授（馮行襲）均州刺史。」〔註239〕馮行襲奪取金州之後，仍然控制

〔註233〕郁賢皓：《唐刺史考全編》卷二〇四《商州（上洛郡）》，第2775、2778頁。

〔註234〕《舊唐書》卷十九下《僖宗本紀》，第724頁。

〔註235〕《資治通鑑》卷二百五十六《光啟三年》、二百五十七《光啟三年》，第8344、8357頁。

〔註236〕《舊五代史》卷十五《梁書·馮行襲傳》，第210頁。

〔註237〕《資治通鑑》卷二百五十八《大順二年》，第8422頁。

〔註238〕《資治通鑑》卷二百五十六《中和四年》，第8317～8318頁。

〔註239〕《舊五代史》卷十五《梁書·馮行襲傳》，第210頁。

著均州。《讀史方輿紀要》記載：「大順二年，（金商節度使）改為昭信防禦使，兼領均州。」〔註240〕《資治通鑒》又記載：天祐二年（905年）八月，「王宗賀等攻馮行襲，所向皆捷。丙子，行襲棄金州，奔均州，其將全師朗以城降。王建更師朗姓名曰王宗朗，補金州觀察使，割渠、巴、開三州以隸之。」〔註241〕由以上諸多記載可知，均州一直在馮行襲的控制之下。

光化元年（898年）正月，朝廷升昭信軍防禦使為節度使。《方鎮表四》記載：本年，「升昭信軍防禦為節度使」。《資治通鑒》也記載：本年正月，「以昭信防禦使馮行襲為昭信節度使。」〔註242〕

天祐二年（905年），宣武節度使朱溫進攻趙匡凝兄弟，馮行襲歸附於朱溫。同年八月，西川節度使王建派兵進攻金州，馮行襲兵敗，棄金州逃往均州。其部將全師朗以金州歸降於王建，被王建收為養子，改名王宗朗，又被王建任命為金州觀察使，領有金、渠、巴、開四州。《新唐書》記載：「天祐二年，王建遣將王思綰攻（馮）行襲，敗其兵，州大將金行全出降，行襲奔均州。建以行全為子，更名宗朗，授觀察使，以渠、巴、開三州隸之」〔註243〕。

同年（905年）九月，昭信軍節度使改為戎昭軍節度使，並增領房州。對此，《舊唐書》記載：天祐二年「十月丙戌朔，制梁王（朱）全忠可充諸道兵馬元帥……金州馮行襲奏當道昭信軍額內一字，與元帥全忠諱字同，乃賜號戎昭軍」〔註244〕。而《全唐文》則記載：「天祐二年九月二十二日，於金州置戎昭軍，割均、房二州為屬郡。」〔註245〕對於昭信軍改為戎昭軍的時間，賴青壽先生在《唐後期方鎮建置沿革研究》中考證，當以《全唐文》的記載為是〔註246〕。另外，均州此前已經在馮行襲的控制下，只是此時朝廷才正式將其劃歸戎昭軍管轄。

同年（905年）十二月，馮行襲再次攻取金州，其後徙戎昭軍治於均州。《資治通鑒》記載：天祐二年十二月，「戎昭節度使馮行襲復取金州，奏稱『金

〔註240〕（清）顧祖禹：《讀史方輿紀要》卷六《歷代州域形勢六》，第253頁。
〔註241〕《資治通鑒》卷二百六十五《天祐二年》，第8647頁。
〔註242〕《資治通鑒》卷二百六十一《光化元年》，第8513頁。
〔註243〕《新唐書》卷一百八十六《劉巨容傳·附馮行襲傳》，第4182頁。
〔註244〕《舊唐書》卷二十下《哀帝本紀》，第799～800頁。
〔註245〕（清）董誥等編：《全唐文》卷九十四《停戎昭軍額敕》，第977頁。
〔註246〕賴青壽：《唐後期方鎮建置沿革研究》第七章第四節《金商都防禦使沿革》，第130頁。

州荒殘，乞徙理均州」，從之。更以行襲領武安軍。」〔註247〕這裡的「武安軍」其實是「武定軍」的誤寫。《方鎮表四》記載：天祐二年，「賜昭信軍節度號戎昭軍節度，增領均、房二州。是年，更戎昭軍曰武定軍，徙治均州」。

「更戎昭軍曰武定軍」的說法有誤，武定軍其實是洋州藩鎮的軍號，實際情況是馮行襲兼領洋州武定軍節度使。對此，《舊五代史・馮行襲傳》記載：「天祐元年，兼領洋州節度使。」〔註248〕綜合《資治通鑑》的記載可知，因為金州荒殘，朱溫讓馮行襲兼領武定軍節度使，並非戎昭軍改為武定軍。根據史料記載來看，此時洋州為西川節度使王建所控制，馮行襲只是名義上領有武定軍節度使，實際上仍然僅轄有金、商、均三州。

天祐三年（906 年）五月，朱溫廢除戎昭軍。《資治通鑑》記載：本年五月「丙子，廢戎昭軍，並均、房隸忠義軍。以武定節度使馮行襲為匡國節度使。」〔註249〕《新唐書》也記載：「（朱）全忠以行襲不足御（王）建，遣別將屯金州。行襲議徙戎昭軍於均州，以金、房為隸。全忠以金人不樂行襲，以馮恭領州，罷防禦使而廢戎昭軍」。〔註250〕《方鎮表四》也記載：天祐三年，「廢武定軍節度，復以均、房二州隸山南東道節度」。

梁王朱溫廢除戎昭軍之後不久，王建又攻克金州，仍然以王宗朗守金州。此後，金州成為前蜀國的轄區。

綜上所述，金商鎮的轄區沿革可總結如表 8-6 所示。

表 8-6　金商鎮轄區統計表

時　　期	轄區總計	會　府	詳細轄區
756 年～757 年	4 郡	上洛郡	上洛、安康、武當、房陵
757 年～758 年	4 郡	上洛郡	上洛、漢陰、武當、房陵
758 年～760 年 761 年～762 年	4 州	商州	金、商、均、房
784 年、807 年	2 州	商州	金、商
886 年～891 年	2 州	金州	金、商

〔註247〕《資治通鑑》卷二百六十五《天祐二年》，第 8655 頁。
〔註248〕《舊五代史》卷一十五《梁書・馮行襲傳》，第 210 頁。
〔註249〕《資治通鑑》卷二百六十五《天祐三年》，第 8659 頁。
〔註250〕《新唐書》卷一百八十六《劉巨容傳・附馮行襲傳》，第 4182 頁。

891 年～905 年	3 州	金州	金、商、均
905 年～906 年	4 州	金州	金、商、均、房

二、金商鎮下轄州縣沿革

安史之亂時期，朝廷先後建置興平軍節度使、武關防禦觀察使，轄有金、商、均、房四州，治於商州，數年後廢除。興元元年（784 年），朝廷以金、商二州建置金商都防禦使，不久又廢除。元和二年（807 年），復建金商都防禦使，不久又廢除。光啟二年（886 年），朝廷建置金商節度使，改治於金州。大約在大順二年（891 年），馮行襲奪取金商鎮，兼有均州。因此，唐代金商鎮延續時間較短，金、商二州長時間為中央直屬州。這裡對金、商二州的沿革進行簡要總結。至於均（武當郡）、房（房陵郡）二州的沿革，可參見本章第一節中《山南東道下轄州縣沿革》。

金州：756 年～761 年屬興平鎮（武關鎮），886 年～906 年為金商鎮會府。天寶元年（742 年），金州改為安康郡，至德元載（756 年）隸於興平軍，二載（757 年）二月改為漢陰郡〔註251〕，乾元元年（758 年）復為金州。上元元年（760 年），金州改隸於山南東道，二年（761 年）改隸於武關防禦觀察使。寶應元年（762 年），金州改隸於京畿鎮。同年，京畿鎮廢，金州成為中央直屬州。建中四年（783 年），金州復隸於京畿鎮，興元元年（784 年）改隸於金商鎮。同年，金商鎮廢，金州再次成為中央直屬州。元和二年（807 年），金州又隸於金商鎮，不久復為中央直屬州。光啟二年（886 年），朝廷建置金商節度使，治於金州。約大順二年（891 年），馮行襲開始佔據金州，建置昭信軍防禦使，光化元年（898 年）升為節度使。天祐二年（905 年）八月，金州為西川節度使王建所取。王建以其假子王宗朗為金州觀察使，領有金、渠、巴、開四州。九月，昭信軍改為戎昭軍。十二月，馮行襲再次攻取金州，戎昭軍徙治均州。天祐三年（906 年）五月，金商鎮廢。

轄有西城、洵陽、淯陽、石泉、漢陰、平利六縣，治於西城縣。

淯陽縣：大曆六年（771 年），省入洵陽縣，長慶初（821 年）復置〔註252〕。

石泉縣：大曆六年（771 年），省入漢陰縣〔註253〕；貞元元年（785 年）十

〔註251〕漢陰郡，《舊唐書》《太平寰宇記》作漢南郡，《新唐書》作漢陰郡，郭聲波先生《中國行政區劃通史·唐代卷》上編第一章《京畿》第 54 頁考述為漢陰郡。

〔註252〕《新唐書》卷四十《地理志四》，第 679 頁。

〔註253〕《新唐書》卷四十《地理志四》，第 679 頁。

二月，刺史姜公輔請復置〔註254〕；永貞元年（805 年），又省入漢陰縣〔註255〕，
同年十二月〔註256〕復置。

漢陰縣：原為安康縣，至德二載（757 年）二月，改為漢陰縣〔註257〕。

平利縣：大曆六年（771 年）省入西城縣，長慶初（821 年）復置〔註258〕。

圖 8-5　金商鎮轄區圖（807 年）

商州：756 年～761 年為興平鎮（武關鎮）會府，886 年～906 年屬金商
鎮。天寶元年（742 年），商州改為上洛郡。至德元載（756 年），上洛郡陷落
於安祿山政權，改為商州。同年，朝廷建置興平軍節度使，轄上洛、安康、武
當、房陵四郡，寄治於鳳翔郡郿縣興平軍。至德二載（757 年）十月，朝廷收

〔註254〕　（宋）王溥撰，牛繼清校證：《唐會要校證》卷七十一《州縣改置下》，第 1084
　　　　　頁。

〔註255〕　《舊唐書》卷三十九《地理志二》，第 1540 頁。

〔註256〕　《舊唐書》卷十四《憲宗本紀上》，第 413 頁。

〔註257〕　《舊唐書》卷三十九《地理志二》，第 1540 頁。

〔註258〕　《新唐書》卷四十《地理志四》，第 679 頁。

復上洛郡，興平鎮正式治於上洛郡。乾元元年（758年），上洛郡復為商州。上元元年（760年），興平鎮廢，商州改隸於山南東道。二年（761年），商州置武關防禦觀察使，轄金、商、均、房四州。寶應元年（762年），武關防禦使廢，商州改隸於京畿鎮。同年，京畿鎮廢，商州成為中央直屬州。建中四年（783年），商州復隸於京畿鎮。興元元年（784年），置金商都防禦使，治於商州，同年廢，商州復為中央直屬州。元和二年（807年），復置金商都防禦使，仍治商州，不久廢，商州又為中央直屬州。光啟二年（886年），商州改隸於金商鎮。天祐三年（906年）五月，金商鎮被廢除。

轄有上洛、豐陽、洛南、商洛、上津五縣，治於上洛縣。

第九章　淮南道藩鎮

　　淮南道的藩鎮較少，長期存在的藩鎮僅有淮南、淮西二鎮。

　　淮南鎮長期轄有揚、楚、滁、和、舒、廬、壽、光八州，治於揚州。唐末，高駢、孫儒、楊行密等人先後割據於淮南鎮。其後，楊行密以淮南鎮為基礎，建立南吳政權。另外，淮南鎮在唐代中期曾經分置壽濠鎮，轄有壽、濠、廬三州，治於壽州，數年後廢除。

　　淮西鎮在唐朝曾經兩建兩廢，是典型的割據藩鎮，長期割據一方。淮西鎮建置於至德元載（756 年），全稱為淮南西道。寶應元年（762 年），李忠臣開始割據於淮西鎮。興元元年（784 年），淮西節度使李希烈稱帝，建立楚國。貞元二年（786 年），李希烈為部將所殺，吳少誠家族開始割據於淮西鎮。直至元和十二年（817 年），朝廷平定吳氏在淮西鎮的割據，繼而廢除淮西鎮。淮西鎮長期治於蔡州，李氏割據時期主要轄有蔡、光、申、安、蘄、黃、隨、唐、許、汝等州，吳氏割據時期轄有蔡、光、申三州。另外，唐代中期曾經建置有蔡汝鎮，為淮西鎮的附屬藩鎮，後併入淮西鎮。唐末，秦宗權割據於蔡州，復建淮西鎮，轄有蔡、光、申等州。光啟元年（885 年），秦宗權稱帝，至文德元年（888 年）為部將所殺。直至光化二年（899 年），淮西鎮最終被宣武節度使朱溫吞併。淮西鎮先後使用的軍號有淮寧軍、彰義軍、奉國軍。

　　這一章主要研究淮南道的淮南、淮西兩個藩鎮，其中還涉及壽濠、蔡汝等藩鎮。

第一節　淮南鎮

　　淮南鎮是唐朝一個非常重要的藩鎮，長期轄有揚、楚、滁、和、廬、舒、

濠、壽八州，治於揚州。唐末，高駢、秦彥、孫儒、楊行密先後割據淮南鎮。楊行密後來以淮南為根據地，逐漸拓展勢力範圍，建立南吳政權，建都於淮南鎮的會府揚州。

唐代中期，朝廷曾經分淮南鎮建置壽濠鎮，轄有壽、濠、廬三州，治於壽州，數年而廢。

學界對於淮南鎮歷史地理的研究相對較少。朱祖德先生的碩士論文《唐代淮南鎮研究》對唐代淮南地區的地理和行政區劃進行了考述，卻沒有對淮南鎮的轄區沿革進行系統研究〔註1〕。成學豔的碩士論文《唐代淮南鎮研究（肅宗至憲宗時期）》對淮南鎮的政治史進行了探討，對淮南鎮的地理方面基本沒有涉及〔註2〕。

一、淮南鎮的轄區沿革

終唐一代，淮南鎮的轄區變革都較為頻繁。大體而言，淮南鎮建置初期主要轄有揚、楚、滁、和、廬、舒、濠、壽八州，治於揚州。貞元四年（788年），淮南鎮罷領濠州，元和十三年（818年）增領光州。此後，淮南鎮長期轄有揚、楚、滁、和、舒、廬、壽、光八州。

（一）淮南鎮建置初期的轄區沿革

淮南鎮始置於至德元載（756年）十二月。當時，永王李璘圖謀叛亂，朝廷建置淮南鎮，目的是平定永王李璘的叛亂。《資治通鑒》記載：本年「十二月，置淮南節度使，領廣陵等十二郡，以（高）適為之……使與江東節度使韋陟共圖（李）璘。」〔註3〕直至次年二月，朝廷最終平定永王之亂。

至於淮南鎮當時具體轄有哪十二郡，《方鎮表五》記載：至德元載，「置淮南節度使，領揚、楚、滁、和、壽、廬、舒、光、蘄、安、黃、申、沔十三州，治揚州，尋以光州隸淮西。」〔註4〕這裡記載的轄區其實有誤。其中，不僅光州改隸於淮西鎮，申州也被劃入淮西鎮了。那麼淮南鎮當時轄有哪十二州呢？筆者認為是《方鎮表五》提及的十三州，除去光、申二州，加上濠州，正好是十二州。當時，淮南道及其周圍各州的歸屬問題都有明確記載，唯獨不能找到

〔註1〕朱祖德：《唐代淮南鎮研究》，碩士學位論文，中國文化大學歷史系，1996年。
〔註2〕成學豔：《唐代淮南鎮研究（肅宗至憲宗時期）》，碩士學位論文，中央民族大學歷史系，2009年。
〔註3〕《資治通鑒》卷二百一十九《至德元載》，第7007～7008頁。
〔註4〕《新唐書》卷六十八《方鎮表五》，第1292～1315頁。下文同，不再引注。

濠州隸屬於哪個藩鎮的記載。根據濠州的地理位置來看，濠州應該是隸屬於淮南鎮的。另外，《資治通鑑》記載：大曆三年，「淮南節度使崔圓令副使元城張萬福攝濠州刺史。」〔註5〕由此可見，濠州在大曆三年（768年）之前就已經隸屬於淮南鎮了。因此，淮南鎮當時轄有的十二州應為揚、楚、滁、和、壽、廬、舒、蘄、安、黃、沔、濠十二州。當時朝廷在全國各地使用郡縣制，揚、楚、滁、和、壽、廬、舒、蘄、安、黃、沔、濠十二州實際是指廣陵、淮陰、永陽、歷陽、壽春、廬江、同安、蘄春、安陸、齊安、漢陽、鍾離十二郡。

　　至德二載（757年），淮南鎮所轄的同安郡改為盛唐郡。《新唐書》記載：「舒州同安郡，上。至德二載更名盛唐郡」〔註6〕。

　　同年（757年），淮南鎮罷領安陸郡。《方鎮表四》記載：至德二載，「廢南陽節度使，升襄陽防禦使為山南東道節度使，領襄、鄧、隋、唐、安、均、房、金、商九州，治襄州。」〔註7〕據此可知，安陸郡（安州）已經改隸於山南東道。

　　乾元元年（758年），朝廷改郡為州，淮南鎮所轄的十一郡恢復其州名。

　　乾元二年（759年），朝廷新置鄂岳鎮，又復置淮西鎮。淮南鎮所轄的沔州改隸於鄂岳鎮，繼而改隸於淮西鎮，壽、蘄、黃三州也改隸於淮西鎮。根據《方鎮表五》記載：本年，「沔州隸鄂岳節度」。另外，《方鎮表二》又記載：本年，「復置淮南西道節度使，領申、光、壽、安、沔、蘄、黃七州。」〔註8〕

　　上元二年（761年），朝廷曾經建置舒廬壽都團練使，治於壽州。同年，廢除舒廬壽都團練使，轄區併入淮南鎮。因此，淮南鎮復領壽州〔註9〕。《舊唐書·張萬福傳》記載：張萬福「累攝舒廬壽三州刺史、舒廬壽三州都團練使……尋真拜壽州刺史、淮南節度副使。為節度使崔圓所忌，失刺史，改鴻臚卿，以節度副使將千人鎮壽州。」〔註10〕《新唐書·張萬福傳》也有類似記載。由這些記載可知，壽州曾經建置舒廬壽都團練使。根據賴青壽先生《唐後期方鎮建置沿革研究》考述，舒廬壽都團練使同年又被廢除〔註11〕。

〔註5〕《資治通鑑》卷二百二十四《大曆三年》，第7205頁。
〔註6〕《新唐書》卷四十一《地理志五》，第693頁。
〔註7〕《新唐書》卷六十七《方鎮表四》，第1262頁。
〔註8〕《新唐書》卷六十五《方鎮表二》，第1198頁。
〔註9〕詳見本章第二節《唐代中後期淮西鎮的轄區沿革》。
〔註10〕《舊唐書》卷一百五十二《張萬福傳》，第4074～4075頁。
〔註11〕賴青壽：《唐後期方鎮建置沿革研究》第九章第三節《次道級方鎮補考》，第140頁。

至此，淮南鎮轄有揚、楚、滁、和、廬、舒、濠、壽八州。

（二）李希烈之亂對淮南鎮轄區的影響

建中年間，淮西鎮爆發了李希烈之亂，對淮南鎮的轄區造成了一定影響。

建中二年（781年）正月，魏博鎮田悅、成德鎮李惟岳、淄青鎮李納等人叛亂。朝廷為了便於對淄青鎮作戰，將永平鎮轄有的泗州劃歸淮南鎮管轄。《方鎮表五》記載：本年，「淮南節度增領泗州。」《資治通鑒》也記載：本年正月，「永平舊領汴、宋、滑、亳、陳、潁、泗七州，丙子……以泗州隸淮南。」〔註12〕

建中四年（783年），淮西節度使李希烈也發動叛亂。朝廷為了打擊李希烈，在壽州置壽州團練使。但淮南節度使陳少游卻暗中歸附李希烈。興元元年（784年）正月，李希烈稱帝，建國號楚，又派部下楊峰向陳少游頒布詔書。壽州刺史張建封斬殺楊峰，向朝廷報告陳少游暗中與李希烈交結。李希烈於是另任部將杜少誠為淮南節度使，率兵進攻壽州。

同年（784年）十二月，朝廷以張建封為濠壽廬三州都團練觀察使，轄有壽、濠、廬三州，治於壽州。《舊唐書》記載：興元元年十二月，「（張建封）充濠壽廬三州都團練觀察使。」〔註13〕淮南鎮因此罷領濠、壽、廬三州，僅轄有揚、楚、滁、和、舒、泗六州。

淮南節度使陳少游害怕朝廷治罪，於同年十二月惶惶而終。張建封阻止了叛軍對壽州的進攻，因而使得淮南鎮沒有被李希烈侵佔。貞元二年（786年），李希烈之亂被平定。

貞元四年（788年），朝廷改任張建封為徐泗濠節度使，廢濠壽廬都團練觀察使。淮南鎮因此復領廬、壽二州，罷領泗州。《資治通鑒》記載：本年，「（李泌）請徙壽廬濠都團練使張建封鎮徐州，割濠、泗以隸之，復以廬、壽歸淮南……上從之。」〔註14〕此後，淮南鎮長期轄有揚、楚、滁、和、舒、廬、壽七州。

（三）泗濠、舒廬滁和、壽泗楚等鎮的建置與廢除

貞元十六年（800年）五月，張建封去世，徐州亂軍擁立其子張愔為徐州留後。朝廷詔令淮南節度使杜佑、泗州刺史張伾率兵討伐，但都失敗而歸。朝

〔註12〕《資治通鑒》卷二百二十六《建中二年》，第7295頁。

〔註13〕《舊唐書》卷一百四十《張建封傳》，第3830頁。又見《新唐書》卷六十八《方鎮表五》，第1298頁。

〔註14〕《資治通鑒》卷二百三十三《貞元四年》，第7517頁。

廷於是以張伓為泗州留後，杜兼為濠州留後，又以泗、濠二州置泗濠觀察使，並讓淮南節度使杜佑兼領泗濠觀察使，淮南鎮因而增領泗、濠二州。《資治通鑒》記載：本年五月，「除（張）愔徐州團練使，以（張）伓為泗州留後，濠州刺史杜兼為濠州留後，仍加（杜）佑兼濠泗觀察使。」〔註15〕

同年（800 年），朝廷建置舒廬滁和四州都團練使，但是這四個州仍然隸屬於淮南鎮。《方鎮表五》載：貞元十六年，「置舒、廬、滁、和四州都團練使，隸淮南節度。」

元和元年（806 年）十一月，泗濠觀察使被廢除，淮南鎮罷領濠、泗二州，二州復隸於徐泗鎮。《資治通鑒》記載：本年十一月，「復以濠、泗二州隸武寧軍。」〔註16〕

元和二年（807 年）六月，舒廬滁都團練使被廢除。《舊唐書》記載：本年六月「己巳，停舒、廬、滁、和四州團練使額。」〔註17〕

同年（807 年），朝廷曾經建置壽泗楚三州都團練使，轄有壽、泗、楚三州，治於泗州。不久，壽泗楚都團練使廢除，泗州仍然隸屬於徐泗鎮，壽、楚二州也復隸於淮南鎮。《方鎮表五》記載：本年，「淮南節度罷領楚州，尋復領楚州。升壽州團練使為都團練使，領壽、泗、楚三州，治泗州。尋廢都團練使，復為壽州團練使，以泗州隸武寧節度，楚州隸淮南節度。」賴青壽先生《唐後期方鎮建置沿革研究》認為，泗濠觀察使於元和元年增領壽、濠二州，同年被廢除，是對《方鎮表五》的誤解〔註18〕。

（四）元和之後淮南鎮的轄區沿革

元和十三年（818 年）五月，朝廷廢除淮西鎮，其所轄的光州改隸於淮南鎮。《資治通鑒》記載：本年五月，「以淮西節度使馬總為忠武節度使，陳、許、溵、蔡州觀察使。以申州隸鄂岳，光州隸淮南。」〔註19〕

《方鎮表五》記載：長慶元年，「淮南節度增領宿州」；大和七年，「宿州隸武寧軍節度」。這兩條記載有誤。其實，淮南鎮在長慶元年（821 年）至大和七年（833 年）期間並沒有轄有宿州。在這期間，宿州並不存在，而是被廢除

〔註15〕《資治通鑒》卷二百三十五《貞元十六年》，第 7590 頁。
〔註16〕《資治通鑒》卷二百三十七《元和元年》，第 7638 頁。
〔註17〕《舊唐書》卷十四《憲宗本紀上》，第 421 頁。
〔註18〕賴青壽：《唐後期方鎮建置沿革研究》第九章第二節《附考：濠壽廬都團練觀察使、泗濠觀察使沿革》，第 139 頁。
〔註19〕《資治通鑒》卷二百四十《元和十三年》，第 7751 頁。

了〔註20〕。

大中十二年（858年），淮南鎮曾經增領申州，同年不久，申州又改隸於鄂岳鎮。《方鎮表五》記載：本年，「淮南節度增領申州，未幾，復以申州隸武昌軍節度。」

咸通三年（862年）八月，朝廷廢除武寧鎮，其所轄的濠州改隸於淮南鎮。《資治通鑒》記載：本年八月，「復以濠州歸淮南道，更於宿州置宿泗都團練觀察使。」〔註21〕直至咸通十年（869年），濠州復隸於武寧鎮。《方鎮表五》記載：咸通四年，「淮南節度增領濠州」；咸通十年，「濠州隸武寧軍節度」。這裡淮南增領濠州的時間有誤，應以《資治通鑒》記載的「咸通三年八月」為準。

咸通十一年（870年），淮南鎮增領泗州，同年罷領。《資治通鑒》記載：本年六月，「徐州依舊為觀察使，統徐、濠、宿三州，泗州為團練使，割隸淮南。」〔註22〕《舊唐書》記載：本年十一月，「其徐州都團練使改為感化軍節度、徐宿濠泗等州觀察處置等使。」〔註23〕

至此，淮南鎮轄有揚、楚、滁、和、舒、廬、壽、光八州。

（五）唐末淮南鎮的軍閥混戰與轄區變化

乾符六年（879年）十月，高駢成為淮南節度使，此後割據於淮南鎮，從而揭開了淮南鎮割據的序幕。此後，高駢、秦彥、孫儒、楊行密等人先後據有淮南鎮。

廣明元年（880年），淮南鎮所轄的光州被蔡州的秦宗權奪取。《新唐書》記載：「高駢表（李罕之）知光州事。為秦宗權所迫，奔項城。」〔註24〕秦宗權是從廣明元年（880年）九月才佔據蔡州的〔註25〕。而中和元年（881年）九月之後，光州又被王緒佔據。因此，秦宗權佔據光州發生在廣明元年九月至中和元年九月期間。其後，王緒佔據光、壽二州，仍屬秦宗權管轄〔註26〕，壽州也脫離淮南鎮的管轄。

〔註20〕詳見第四章第三節《徐泗鎮的轄區沿革》。
〔註21〕《資治通鑒》卷二百五十《咸通三年》，第8100頁。
〔註22〕《資治通鑒》卷二百五十二《咸通十一年》，第8159頁。
〔註23〕《舊唐書》卷十九上《懿宗本紀》，第676頁。
〔註24〕《新唐書》卷一百八十七《李罕之傳》，第4194頁。
〔註25〕詳見本章第二節《唐末淮西鎮的轄區沿革》。
〔註26〕對於壽州被王緒佔據，屬秦宗權管轄之事，詳見本章第二節《唐末淮西鎮的轄區沿革》。

　　直到光啟元年（885年）之後，張翶據有壽州，壽州又處於淮南鎮的管轄下。《新唐書》記載：「光啟三年，蔡賊孫儒兵略定遠，聲言涉淮。壽州刺史張翶奔告（高）駢，命畢師鐸率騎三百戍高郵」〔註27〕。由「壽州刺史張翶奔告高駢」來看，張翶據有壽州之時，壽州與淮南存在隸屬關係。按王緒於光啟元年率領光、壽二州兵南遷，張翶據壽州當在光啟元年後。

　　高駢晚年昏庸迷信，寵信術士呂用之，把軍政大權都交給他處理。呂用之專權，誅殺異己，把淮南軍政事務搞得混亂不堪。當時，淮南鎮陷入軍閥混戰的局面。

　　中和三年（883年）三月，楊行密開始佔據廬州，次年三月，又派部將陶雅佔據舒州。同時，張翶、許勍分別佔據壽州、滁州，兩人長期與廬州楊行密混戰。光啟二年（886年）十二月，許勍進攻舒州，刺史陶雅逃回廬州。另外，孫端從中和三年（883年）開始佔據和州。《資治通鑒考異》記載：「中和三年，高駢差梁纘知和州。纘以孫端窺伺和州已久……既行，果為端所敗……和州尋陷於端。」〔註28〕此時，楊行密、張翶、許勍、孫端等人雖然混戰，但仍然依附於高駢，並沒有脫離淮南節度使的管轄。

　　光啟三年（887年）四月，高駢的部將畢師鐸等人反叛高駢，率兵進攻揚州，聲言要誅殺呂用之等人。隨後，畢師鐸被呂用之擊退，向宣歙觀察使秦彥請求援助。其後，秦彥派部將秦稠率領三千人援助畢師鐸，繼續進攻揚州城。呂用之與高駢鬧翻後開城北逃，畢師鐸進入揚州城，囚禁高駢，不久殺之。

　　高駢死後，楚州刺史劉瓚以楚州降於宣武節度使朱溫。《新五代史》記載：「高駢死，淮南亂，楚州刺史劉瓚來奔。」〔註29〕據《唐刺史考全編》考述，劉瓚其後仍為楚州刺史，直至景福元年（892年）三月楊行密攻陷楚州，為楊行密所擒〔註30〕。

　　光啟三年（887年）五月，宣歙觀察使秦彥率軍進入揚州，自稱淮南節度使，以畢師鐸為行軍司馬，又以部將趙鍠為宣歙觀察使，留守宣州。呂用之向廬州刺史楊行密求救，楊行密在和州刺史孫端的援助下，率兵進攻揚州。交戰失敗後，秦彥閉城堅守。

〔註27〕《新唐書》卷二百二十四下《高駢傳》，第4844頁。
〔註28〕《資治通鑒考異》卷二十五《光啟三年》。
〔註29〕《新五代史》卷一《梁太祖本紀上》，第4頁。
〔註30〕郁賢皓：《唐刺史考全編》卷一二四《楚州（淮陰郡）》，合肥：安徽大學出版社，2000年，第1702頁。

　　蔡州秦宗權在北部失利後，也派部將孫儒爭奪淮南。十一月，孫儒抵達揚州城西，脫離秦宗權部。秦彥、畢師鐸棄揚州城，投奔孫儒，後來為孫儒所殺。楊行密進入揚州，其後殺呂用之，誅滅其家族、黨羽。

　　文德元年（888年）四月，孫儒進攻揚州，迫使楊行密棄揚州而走。孫儒進入揚州，自稱淮南節度使。楊行密逃回廬州，得到和州刺史孫端和佔據潤州上元縣的張雄的支持。同年八月，楊行密以部將蔡儔留守廬州，親率大軍聯合孫端、張雄進攻宣州。宣歙觀察使趙鍠的兄長趙乾之從池州救援宣州。楊行密派部將陶雅打敗趙乾之，以陶雅為池州制置使。龍紀元年（889年）六月，楊行密攻克宣州，自稱宣歙觀察使。孫儒則趁楊行密進攻宣州之機，派兵進攻廬州，蔡儔投降。

　　同年（889年）十一月，楊行密的部將田頵攻取常州。十二月，孫儒又率兵進攻常州，田頵敗逃，孫儒以部將劉建鋒留守常州。接著，劉建鋒攻取潤州，驅逐潤州制置使成及。

　　接著，宣武節度使朱溫也想爭奪淮南，派部將龐師古率大軍南下，聲言援助楊行密。大順元年（890年）正月，龐師古攻克天長、高郵。二月，孫儒在陵亭打敗龐師古，龐師古兵敗而還。楊行密則趁機攻取潤、常二州。

　　孫儒丟失潤、常二州後，又於同年八月出兵進攻潤州。接著，楊行密部將李友攻陷蘇州，蘇州制置使沈粲投奔孫儒。閏九月，孫儒派部將劉建鋒攻克常州，殺楊行密任命的常州制置使張行周，進圍蘇州。十二月，孫儒攻克蘇州，讓沈粲留守蘇州。楊行密的部將安仁義等人聽說後，焚毀潤州的房屋後逃走，孫儒派部將歸傳道留守潤州。

　　大順二年（891年）四月，楊行密遣部將劉威、朱延壽率領三萬兵馬在黃池進攻孫儒。孫儒大敗劉威、朱延壽，駐軍於黃池。五月，孫儒的營寨被大水淹沒，引兵回揚州，派遣部將康暀佔據和州，安景思佔據滁州。

　　同年七月，楊行密聯合朱溫軍，準備進攻孫儒。孫儒自恃兵力雄厚，想要先消滅楊行密，然後對付朱溫，於是焚毀揚州的房屋，棄揚州南下蘇州。楊行密派部將張訓、李德誠進入揚州。八月，孫儒從蘇州出兵，駐紮於宣州廣德縣，挫敗楊行密的抵禦。

　　十一月，壽州將領劉弘鄂憎惡孫儒的殘暴，以壽州投降朱溫。十二月，孫儒焚掠蘇、常二州後，率兵進逼宣州，屢敗楊行密。杭州刺史錢鏐派兵佔據蘇州，又出兵援助楊行密。

同月，常州甘露鎮使陳可言率兵佔據常州。《十國春秋》記載：大順二年十二月，「常州甘露鎮使陳可立（言）據本州。」〔註31〕《資治通鑒》也記載：「初，劉建鋒為孫儒守常州，將兵從儒擊楊行密，甘露鎮使陳可言帥部兵千人據常州。（楊）行密將張訓引兵奄至城下，可言倉猝出迎，訓手刃殺之，遂取常州。」〔註32〕

景福元年（892年）二月，孫儒圍攻宣州，但其軍心渙散，屢遭慘敗。楊行密與孫儒對戰的同時，其部將張訓在同年三月斬殺了陳可言，奪取常州，進而又奪取潤州。四月，楊行密的部將張訓、李德誠又攻取楚州，俘獲刺史劉瓚。

同年五月，孫儒駐紮於廣德縣的營寨被楊行密攻破，軍中又發瘟疫，糧道也被楊行密、張訓截斷。孫儒於是派部將劉建鋒、馬殷分兵掠奪各縣。六月，孫儒患疾癘，楊行密大舉進攻，其部將安仁義攻破孫儒的五十多處營寨。孫儒也被田頵斬殺，部眾多數降於楊行密，劉建鋒、馬殷等人則率領七千多餘兵南下。楊行密消滅孫儒後，率兵回到揚州，自稱淮南節度使〔註33〕。

景福二年（893年）七月，楊行密攻取廬州，斬刺史蔡儔，進攻舒州。同年十月，舒州刺史倪章棄城而逃，楊行密攻佔舒州。至此，楊行密已經佔據淮南鎮全境。

此後，楊行密便以淮南為根基，逐漸擴大自己的領域，最終建立吳國，定都於揚州。此後淮南鎮的變革屬於五代十國的範疇，在此不作論述。

綜上所述，淮南鎮的轄區沿革可總結如表9-1所示。

表9-1　淮南鎮轄區統計表

時　　期	轄區總計	會　　府	詳細轄區
756年～757年	12郡	廣陵郡	廣陵、淮陰、永陽、歷陽、壽春、廬江、同安、蘄春、安陸、齊安、漢陽、鍾離
757年～758年	11郡	廣陵郡	廣陵、淮陰、永陽、歷陽、壽春、廬江、盛唐、蘄春、齊安、漢陽、鍾離
758年～759年	11州	揚州	揚、楚、滁、和、壽、廬、舒、蘄、黃、沔、濠

〔註31〕　傅璇琮、徐海榮、徐吉軍主編，（清）吳任臣撰：《五代史書彙編柒·十國春秋》卷七十七《吳越一·武肅王世家上》，杭州：杭州出版社，2004年，第4354頁。
〔註32〕　《資治通鑒》卷二百五十九《景福元年》，第8426頁。
〔註33〕　以上未注明出處的記載均可見於《資治通鑒》卷二百五十九《景福元年》，第8426～8451頁。

759年~761年	7州	揚州	揚、楚、滁、和、廬、舒、濠
761年~781年	8州	揚州	揚、楚、滁、和、廬、舒、濠、壽
781年~784年	9州	揚州	揚、楚、滁、和、廬、舒、濠、壽、泗
784年~788年	6州	揚州	揚、楚、滁、和、舒、泗
788年~800年	7州	揚州	揚、楚、滁、和、舒、廬、壽
800年~806年	9州	揚州	揚、楚、滁、和、舒、廬、壽、泗、濠
806年~818年	7州	揚州	揚、楚、滁、和、舒、廬、壽
818年~862年	8州	揚州	揚、楚、滁、和、舒、廬、壽、光
862年~869年	9州	揚州	揚、楚、滁、和、舒、廬、壽、光、濠
869年~880年	8州	揚州	揚、楚、滁、和、舒、廬、壽、光
880年~885年	6州	揚州	揚、楚、滁、和、舒、廬
885年~887年〔註34〕	7州	揚州	揚、楚、滁、和、舒、廬、壽

二、壽濠鎮和壽泗鎮的沿革

壽濠鎮是唐代中期建置於壽州的一個藩鎮，存在時間是興元元年（784年）至貞元四年（788年），轄有壽、濠、廬三州，治於壽州。

壽濠都團練觀察使張建封，大約在建中四年（783年）被朝廷任命為壽州刺史。當時，淮西節度使李希烈叛亂，淮南節度使陳少游也暗中歸附。

興元元年（784年）正月，李希烈稱帝，派部將楊峰向壽州刺史張建封、淮南節度使陳少游宣旨。張建封斬殺楊峰，並向朝廷揭露陳少游與李希烈交結。朝廷於是以壽州建置一個藩鎮，轄有壽、濠、廬三州，因而可稱為壽濠鎮，張建封任壽濠都團練使。《方鎮表五》記載：本年，「升壽州團練使為都團練觀察使，領壽、濠、廬三州，治壽州。」〔註35〕《資治通鑑》也記載：本年正月，「以（張）建封為濠、壽、廬三州都團練使。」〔註36〕

貞元四年（788年），朝廷為了有效控制徐州，改任張建封為徐泗節度使，同時廢除壽濠鎮。《方鎮表五》記載：本年，「廢壽州都團練觀察使為團練使」。《資治通鑑》記載：本年十一月，「以（張）建封為徐、泗、濠節度使」〔註37〕。

〔註34〕高駢死後，淮南鎮的轄區沿革比較混亂，正文中已經詳細論述，此表中難以詳表，故省。
〔註35〕《新唐書》卷六十八《方鎮表五》，第1298~1299頁。下文同，不再引注。
〔註36〕《資治通鑑》卷二百二十九《興元元年》，第7393頁。
〔註37〕《資治通鑑》卷二百三十三《貞元四年》，第7517頁。

壽濠鎮被廢除後，朝廷於元和二年（807年）曾經建置過壽泗楚三州都團練使，治於泗州，但同年不久即被廢除。《方鎮表五》記載：本年，「淮南節度罷領楚州，尋復領楚州。升壽州團練使為都團練使，領壽、泗、楚三州，治泗州。尋廢都團練使，復為壽州團練使，以泗州隸武寧節度，楚州隸淮南節度。」

三、淮南鎮下轄州縣沿革

淮南鎮初期主要轄有揚、楚、滁、和、廬、舒、濠、壽八州，貞元之後轄區逐漸趨於穩定，長期轄有揚、楚、滁、和、舒、廬、壽七州。元和十三年（818年），淮西鎮被廢除後，淮南鎮增領光州，直至唐末才罷領光州。

（一）淮南鎮長期轄有的州

揚州：756年～892年屬淮南鎮，為會府。天寶元年（742年），揚州改為廣陵郡，至德元載（756年）建置為淮南節度使，乾元元年（758年）復為揚州。

轄有江都、江陽、六合、海陵、高郵、揚子、天長七縣，治於江都縣。

楚州：756年～887年屬淮南鎮。天寶元年（742年），楚州改為淮陰郡，至德元載（756年）始隸於淮南鎮，乾元元年（758年）復為楚州。元和二年（807年），楚州改隸於壽泗楚都團練使，同年復隸於淮南鎮。光啟三年（887年），楚州為宣武節度使朱溫所取，景福元年（892年）三月，為楊行密所取，其後復隸於淮南鎮。

轄有山陽、鹽城、寶應、淮陰、盱眙五縣，治於山陽縣。

滁州：756年～892年屬淮南鎮。天寶元年（742年），滁州改為永陽郡，至德元載（756年）始隸於淮南鎮，乾元元年（758年）復為滁州。貞元十六年（800年），滁州隸於舒廬滁和都團練使，仍屬於淮南鎮，元和二年（807年）直隸於淮南鎮。

轄有清流、全椒、永陽三縣，治於清流縣。

和州：756年～892年屬淮南鎮。天寶元年（742年），和州改為歷陽郡，至德元載（756年）始隸於淮南鎮，乾元元年（758年）復為和州。貞元十六年（800年），和州隸於舒廬滁和都團練使，仍屬於淮南鎮，元和二年（807年）直隸於淮南鎮。

轄有歷陽、烏江、含山三縣，治於歷陽縣。

舒州：756 年～892 年屬淮南鎮。天寶元年（742 年），舒州改為同安郡，至德元載（756 年）始隸於淮南鎮，至德二載（757 年）二月改為盛唐郡，乾元元年（758 年）復為舒州。上元元年（761 年），改隸於舒盧壽都團練使，同年復隸於淮南鎮。貞元十六年（800 年），置舒盧滁和都團練使，仍屬於淮南鎮。元和二年（807 年），舒盧滁和都團練使廢，舒州直隸於淮南鎮。

轄有懷寧、宿松、望江、太湖、桐城五縣，治於懷寧縣。

桐城縣：原為同安縣，至德二載（757 年），改為桐城縣〔註38〕。

壽州：761 年～784 年、788 年～約 880 年、約 885 年～891 年屬淮南鎮。天寶元年（742 年），壽州改為壽春郡，至德元載（756 年）始隸於淮南鎮。乾元元年（758 年），壽春郡復為壽州，乾元二年（759 年）改隸於淮西鎮。上元二年（761 年），置舒盧壽都團練使，治於壽州。同年，舒盧壽都團練使廢，壽州改隸於淮南鎮。興元元年（784 年），置壽濠盧都團練使，治於壽州。貞元四年（788 年），壽濠盧都團練使廢，壽州復隸於淮南鎮，元和二年（807 年）改隸於壽泗楚都團練使，同年復隸於淮南鎮。約廣明元年（880 年），壽州為王緒所據，改隸於淮西鎮（奉國軍）。約光啟元年（885 年），壽州為張翱所據，復隸於淮南鎮。大順二年（891 年），壽州為宣武節度使朱溫所取，乾寧二年（895 年）被淮南節度使楊行密奪回。

轄有壽春、安豐、盛唐、霍山、霍丘五縣，治於壽春縣。

盧州：756 年～784 年、788 年～892 年屬淮南鎮。天寶元年（742 年），盧州改為盧江郡，至德元載（756 年）始隸於淮南鎮，乾元元年（758 年）復為盧州。上元元年（761 年），改隸於舒盧壽都團練使，同年復隸於淮南鎮。興元元年（784 年），盧州改隸於壽濠盧都團練使，貞元四年（788 年）復隸於淮南鎮。貞元十六年（800 年），隸於舒盧滁和都團練使，仍屬於淮南鎮。元和二年（807 年），舒盧滁和都團練使廢，盧州直隸於淮南鎮。

轄有合肥、慎、巢、盧江、舒城五縣，治於合肥縣。

光州：818 年～880 年屬淮南鎮。光州原隸於淮西鎮，元和十三年（818 年），淮西鎮廢，光州改隸於淮南鎮。廣明元年（880 年），光州為秦宗權所取，改隸於淮西鎮（奉國軍）。

轄有定城、殷城、固始、光山、仙居五縣，治於定城縣。

〔註38〕《新唐書》卷四十一《地理志五》，第 693 頁。

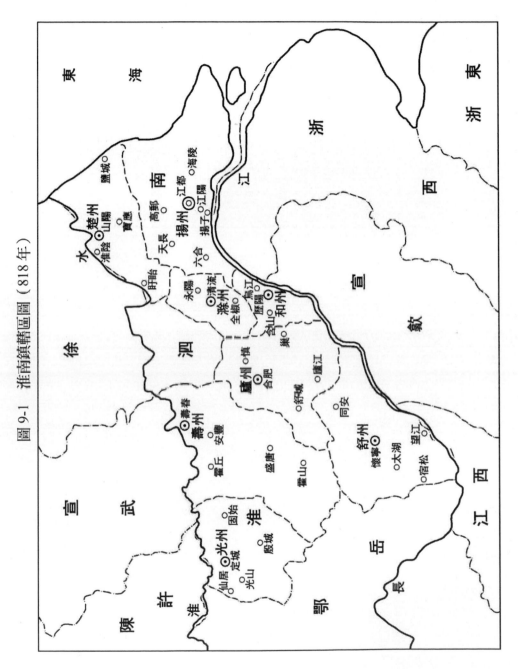

圖 9-1 淮南鎮轄區圖（818 年）

（二）淮南鎮短期轄有的州

濠州：756 年～784 年、800 年～806 年、862 年～869 年屬淮南鎮。天寶元年（742 年），濠州改為鍾離郡，至德元載（756 年）始隸於淮南鎮，乾元元年（758 年）復為濠州。興元元年（784 年），濠州改隸於壽濠廬都團練使。貞元四年（788 年），壽濠廬都團練使廢，濠州改隸於徐泗鎮。貞元十六年（800 年），濠州改隸於泗濠觀察使，屬淮南鎮管轄。元和元年（806 年），泗濠觀察使廢，濠州復隸於徐泗鎮。咸通三年（862 年），濠州再次改隸於淮南鎮，咸通十年（869 年）復隸於徐泗鎮。

轄有鍾離、定遠、招義三縣，治於鍾離縣。

泗州：781 年～788 年、800 年～806 年屬淮南鎮。泗州原隸於滑亳鎮，建中二年（781 年）改隸於淮南鎮，貞元四年（788 年）改隸於徐泗鎮。貞元十六年（800 年），隸於泗濠觀察使，屬淮南鎮管轄。元和元年（806 年），泗濠觀察使廢，泗州復隸於徐泗鎮。元和二年（807 年），置壽泗濠都團練使，治於泗州，同年廢，泗州復隸於徐泗鎮。

轄有臨淮、虹、宿遷、徐城、漣水、下邳六縣，治於臨淮縣。

第二節　淮西鎮

淮西鎮，始置於至德元載（756 年）。寶應元年（762 年），李忠臣成為淮西節度使，此後淮西逐漸發展為割據型藩鎮。大曆十四年（779 年），李忠臣族子李希烈驅逐李忠臣，繼任淮西節度使。同年，朝廷賜淮西鎮軍號淮寧軍。建中三年（782 年），李希烈叛亂，開始向外擴張。興元元年（784 年），李希烈稱帝，國號「楚」。貞元二年（786 年），李希烈為部將陳仙奇所殺，陳仙奇以淮西歸降朝廷，不久又被部將吳少誠殺死。吳少誠被朝廷授為淮西節度使，吳氏開始統治淮西鎮。貞元十四年（798 年），朝廷賜淮西鎮軍號彰義軍。元和九年（814 年），吳元濟以申、光、蔡三州叛亂，朝廷耗費三年多才平定吳元濟的叛亂。元和十三年（818 年），朝廷廢除淮西鎮。

唐末，秦宗權佔據蔡州，被朝廷任命為奉國軍節度使，再次建立淮西鎮。秦宗權不斷擴張其勢力範圍，並於光啟元年（885 年）稱帝。文德元年（888 年），秦宗權被部將申叢囚禁，朝廷任命申叢為淮西留後。次年初，蔡州將領郭璠又殺申叢，被朝廷任為淮西留後。光化二年（899 年），奉國軍節度使崔

洪棄蔡州逃往淮南，蔡州被宣武節度使朱溫佔據，唐末淮西鎮也宣告覆滅。

學界對淮西鎮的個案研究較多，如樊文禮的學術論文《唐淮西節度使略論》[註39]、武強的學術論文《唐淮西節度使相關問題考論》[註40]、胡浩的碩士論文《唐淮西藩鎮研究》[註41]、林雲鶴的碩士論文《唐代淮西鎮的演變及其特點》[註42]、曾現江的碩士論文《唐後期、五代之淮蔡軍人集團研究》[註43]等。其中，武強的《唐淮西節度使相關問題考論》、林雲鶴的《唐代淮西鎮的演變及其特點》都對淮西鎮的轄區作過簡單考述。

一、唐代中後期淮西鎮的轄區沿革

淮西鎮的建置沿革為：淮南西道節度使（756～779）—淮寧軍節度使（779～782）—淮西節度使（786～798）—彰義軍節度使（798～818）—奉國軍防禦使（881～882）—奉國軍節度使（882～899）。

唐代中後期，淮西鎮的發展可以分為兩個階段。前期轄區較廣，長期轄有蔡、光、申、安、蘄、黃、隨、唐、許、汝等州，治於蔡州。李希烈叛亂後，吳氏割據於淮西鎮，轄區大為縮減，僅有蔡、光、申三州。朝廷平定吳氏割據之後，不久就廢除了淮西鎮。

（一）淮西鎮建置初期的轄區沿革

至德元載（756年）十二月，朝廷始建淮西鎮，全稱為淮南西道，簡稱淮西鎮，領有義陽、弋陽、潁川、滎陽、汝南五郡，治於潁川郡。《方鎮表二》記載：至德元載，「置淮南西道節度使，領義陽、弋陽、潁川、滎陽、汝南五郡，治潁川郡。」[註44]

淮西鎮建置的主要目的，是朝廷為了平定永王李璘的叛亂。當時，朝廷任命永王李璘為山南東、嶺南、黔中、江南西四道節度都使。不久，由於李璘謀

[註39] 樊文禮：《唐淮西節度使略論》，《煙台師範學院學報》1994年第2期，第27～34頁。
[註40] 武強：《唐淮西節度使相關問題考論》，《史學月刊》2010年第4期，第46～56頁。
[註41] 胡浩：《唐淮西藩鎮研究》，碩士學位論文，福建師範大學歷史系，2011年。
[註42] 林雲鶴：《唐代淮西鎮的演變及其特點》，碩士學位論文，上海師範大學歷史系，2014年。
[註43] 曾現江：《唐後期、五代之淮蔡軍人集團研究》，碩士學位論文，四川大學歷史系，2002年。
[註44] 《新唐書》卷六十五《方鎮表二》，第1191～1223頁。下文同，不再引注。

反之心顯著，朝廷於是建置淮南、淮西二鎮，以應付李璘的叛亂。《資治通鑒》記載：至德元載十二月，「置淮南西道節度使，領汝南等五郡，以來瑱為之，使與江東節度使韋陟共圖（李）璘。」〔註45〕至德二載（757年）二月，李璘最終被朝廷平定。

乾元元年（758年），朝廷改郡為州，淮西鎮下轄的義陽郡改為申州，弋陽郡改為光州，穎川郡改為許州，滎陽郡改為鄭州，汝南郡改為豫州。

同年八月，淮西鎮罷領豫、許二州〔註46〕。山南東道節度使魯炅兼領淮西節度使，治於鄧州。《舊唐書》中數次提到魯炅時任淮西、襄陽節度使。比如，書中記載：「上元二年，（魯炅）為淮西、襄陽節度使、鄧州刺史。」〔註47〕

同年（758年），淮西鎮徙治於鄭州，增領陳、穎、亳三州。《方鎮表二》記載：乾元元年，「淮南西道節度徙治鄭州，增領陳、穎、亳三州。」按鄭州在本年九月仍然隸屬於鄭豫節度使季廣琛管轄〔註48〕，淮西鎮徙治於鄭州必定在九月之後。

乾元二年（759年）四月，朝廷廢除淮西節度使，任命魯炅為陳鄭穎亳節度使。豫許汝節度使季廣琛因為曾經參與永王李璘的叛亂而被貶為宣州刺史。朝廷「以興平軍節度使李奐兼豫、許、汝三州節度使」〔註49〕。同年，朝廷再次建置淮西鎮，領有申、光、壽、安、沔、蘄、黃七州，治於壽州。《資治通鑒》記載：本年四月「甲辰，置陳、鄭、亳節度使，以鄧州刺史魯炅為之……以興平軍節度使李奐兼豫、許、汝三州節度使。」〔註50〕《方鎮表二》記載：本年，「廢淮南西道節度使，以陳、穎、亳隸陳鄭。是年，復置淮南西道節度使，領申、光、壽、安、沔、蘄、黃七州，治壽州。」結合兩處記載可知，陳鄭節度使轄有陳、鄭、穎、亳四州，淮西鎮復置之後轄有上述七州。

上元二年（761年），淮西鎮的轄區變動較大，然而關於淮西鎮在這一年的轄區變化，新、舊《唐書》和《資治通鑒》的記載卻不一致，甚至是自相矛盾。先說淮西鎮增領九州的問題，《方鎮表二》記載：「淮南西道節度使增領陳、鄭、穎、亳、汴、曹、宋、徐、泗九州，徙治安州，號淮西十六州節度使。」

〔註45〕《資治通鑒》卷二百一十九《至德元載》，第7007～7008頁。
〔註46〕豫、許二州改隸於豫許汝節度使，詳見本節下文《唐代中期蔡汝鎮的沿革》。
〔註47〕《舊唐書》卷一百一十四《魯炅傳》，第3363頁。
〔註48〕詳見本節下文《唐代中期蔡汝鎮的沿革》。
〔註49〕《資治通鑒》卷二百二十一《乾元二年》，第7075頁。
〔註50〕《資治通鑒》卷二百二十一《乾元二年》，第7074～7075頁。

《方鎮表二》中還有兩處記載：「廢汴滑、河南二節度，以徐、泗、汴、宋、曹五州隸淮西節度」；「廢鄭陳節度，以鄭、陳、亳、潁四州隸淮西」。經過查證，此前河南鎮轄有徐、泗二州；汴滑鎮轄有滑、汴、曹、宋四州；鄭陳鎮轄有鄭、陳、亳、潁四州，這與以上的記載是吻合的。可見，在上元二年（761年），朝廷廢除了汴滑、河南、鄭陳三鎮，淮西鎮增領陳、鄭、潁、亳、汴、曹、宋、徐、泗九州。基於這點，再看後文關於來瑱兼任河南節度使的說法，其實也是不準確的。

「號淮西十六州節度使」的說法也是不正確的。所謂十六州，就是淮西鎮此前轄有的申、光、壽、安、沔、蘄、黃七州，加上新增領的九州。但是，壽州此時已經不屬於淮西鎮了。根據史籍記載來看，壽州後來隸屬於淮南鎮，但壽州是何時改隸於淮南鎮的呢？筆者認為正是在上元二年（761年），主要有以下幾個理由。第一，淮西鎮此前的會府就是在壽州，所以此前壽州不可能改隸於淮南。上元二年（761年），淮西鎮徙治安州時，壽州或許就已經改隸於淮南鎮了。第二，根據《唐刺史考全編》的考證，張萬福在代宗初任壽州刺史，當時張萬福的官職是「壽州刺史、淮南節度副使」〔註51〕。據該書考證，張萬福的下任壽州刺史獨孤問俗大約是大曆元年（766年）上任的〔註52〕。因此，在代宗初、大曆元年之前，壽州就已經改隸於淮南鎮了。第三，《舊唐書·來瑱傳》記載：「遂以（來）瑱檢校戶部尚書、兼御史大夫、安州刺史，充淮西申、安、蘄、黃、光、沔節度觀察，兼河南陳、豫、許、鄭、汴、曹、宋、潁、泗十五州節度觀察使。」〔註53〕《新唐書·來瑱傳》也記載：「遂改（來）瑱淮西申、安、蘄、黃、光、沔兼河南陳、豫、許、鄭、汴、曹、宋、潁、泗十五州節度以寵之。」〔註54〕兩處記載提及淮西鎮的轄區都沒有壽州，可見淮西鎮已經沒有管轄壽州了。因此，新、舊《唐書》中說「號淮西十六州節度使」是不正確的，淮西鎮實際只轄有十五州。這也解釋了為什麼新、舊《唐書·來瑱傳》都曾提及來瑱領有淮西十五州。但實際上，來瑱所領淮西鎮十五州卻也不是《來瑱傳》裏所說的十五州，而應該是申、光、安、沔、蘄、黃、陳、鄭、潁、亳、汴、曹、宋、徐、泗十五州。

《來瑱傳》裏提及的十五州中有豫、許二個州，這兩個州是隸屬於豫許汝

〔註51〕《舊唐書》卷一百五十二《張萬福傳》，第4075頁。

〔註52〕郁賢皓：《唐刺史考全編》卷一三〇《壽州（壽春郡）》，第1776頁。

〔註53〕《舊唐書》卷一百一十四《來瑱傳》，第3366頁。

〔註54〕《新唐書》卷一百四十四《來瑱傳》，第3690頁。

節度使的。新、舊《唐書》都提及來瑱領有這兩個州，是因為淮西節度使同時還兼任豫許汝節度使。豫許汝節度使轄有豫、許、汝三州，因此來瑱實際上兼領了豫、許、汝三州〔註55〕。此後，淮西節度使長期兼領豫許汝節度使（後改稱為蔡汝節度使），蔡汝鎮成為淮西鎮的附屬藩鎮。

綜上所述，淮西鎮在上元二年（761年）增領陳、鄭、潁、亳、汴、曹、宋、徐、泗九州，又徙治於安州。淮西鎮原轄有的壽州，則改隸於淮南鎮。至此，淮西鎮轄有申、光、安、沔、蘄、黃、陳、鄭、潁、亳、汴、曹、宋、徐、泗十五州，同時還兼領蔡汝鎮所轄的豫、許、汝三州。

關於淮西鎮兼領蔡汝鎮的問題，除了以上所引記載外。《新唐書》還記載：「淮西節度使王仲昇為賊執，以（李）忠臣為汝、仙、蔡六州節度使，兼安州。」〔註56〕《舊唐書》也記載：「會淮西節度王仲昇為賊所擒，寶應元年（762年）七月，拜（李）忠臣太常卿同正、兼御史中丞、淮西十一州節度。尋加安州刺史，仍鎮蔡州……（大曆）五年（770年），加蔡州刺史……十一年（776年）十二月，加檢校司空平章事、汴州刺史。」〔註57〕史籍記載，蔡汝節度使直至大曆八年（773年）才被廢除。由這些記載可以知道，淮西節度使同時還兼任蔡汝節度使。並且，李忠臣從擔任淮西節度使開始，就一直治於蔡州，而沒有就治於淮西鎮的治所安州。另外，各種史籍文獻從未提及，在來瑱之前有淮西節度使兼領豫許汝節度使的情況。因此初步推斷，淮西鎮正是從上元二年（761年）才開始兼領蔡汝鎮的。

朝廷任命來瑱為淮西十五州節度使兼豫許汝節度使，「外示尊崇，實奪其權也」〔註58〕，因此不久之後朝廷必然會分割淮西十五州。就在上元二年（761年），朝廷又將徐州劃歸兗鄆鎮。《方鎮表二》記載：本年，「尋以亳州隸滑衛節度，徐州隸兗鄆節度。」但是根據各類記載來看，亳州當時似乎並未隸屬於滑衛節度使。《方鎮表二》又記載：本年，「置滑衛節度使，治滑州，領州六：滑、衛、相、魏、德、貝。尋以德州隸淄沂節度而增領博州」；廣德元年，「滑衛節度增領亳州，更號滑亳節度使」。由此記載可知，滑衛鎮增領亳州實則是在廣德元年（763年）。另外，宋、徐、潁等州當時都是隸屬於淮西鎮的，亳州位於淮西鎮內部，而且與滑衛鎮相隔較遠。由此來看，亳州當時也不可能改隸

〔註55〕詳見本節下文《唐代中期蔡汝鎮的沿革》。

〔註56〕《新唐書》卷二百二十四下《李忠臣傳》，第4838頁。

〔註57〕《舊唐書》卷一百四十五《李忠臣傳》，第3941～3942頁。

〔註58〕《舊唐書》卷一百一十四《來瑱傳》，第3366頁。

於滑衛鎮。因此，淮西鎮此時僅僅罷領了徐州。至此，淮西鎮還轄有申、光、安、沔、蘄、黃、陳、鄭、潁、亳、汴、曹、宋、泗十四州，蔡汝鎮豫、許、汝三州，共十七州。

寶應元年（762 年），蔡汝鎮所轄的豫州改為蔡州，許州改隸於淮西鎮，申州改隸於蔡汝鎮，實則也只是淮西鎮內部的變化。《舊唐書》記載：本年六月，「改豫州為蔡州，避上名也。」〔註59〕由此可知，豫州改名蔡州，實際是為避唐代宗李豫的諱。

同年，淮西鎮還增領了隨、唐二州，罷領了鄭、陳、潁、汴、宋、曹、泗、亳八州。《方鎮表二》記載：寶應元年，「淮西節度增領許、隋、唐三州，以鄭州隸澤潞節度，潁、汴、宋、曹四州隸河南節度，泗州隸兗鄆節度，申州隸蔡汝節度。」這裡只提及淮西鎮罷領鄭、潁、汴、宋、曹、泗六州，遺漏陳、亳二州。《方鎮表三》記載：本年，「澤潞節度增領鄭州，又增領陳、邢、洺、趙四州。」〔註60〕由此可知，陳州也改隸於澤潞鎮。至於亳州，則缺乏明確的記載。淮西鎮罷領上述諸州後，亳州與淮西鎮其他諸州之間有陳、潁等州的阻隔，若仍隸於淮西鎮，似不合理。據此，亳州也應同時改隸於河南鎮，次年改隸於滑衛鎮。另外，前文所引《舊唐書》的記載，李忠臣時為淮西十一州節度使。若亳州仍隸於淮西鎮，則李忠臣所領為十二州，不符合十一州之說。由此亦知，亳州確實已經改隸於河南鎮。

至此，淮西鎮轄有光、安、沔、蘄、黃、許、隨、唐八州，蔡汝鎮轄有蔡、申、汝三州，二鎮共有十一州。上文已經提及，李忠臣成為淮西節度使之後，治於蔡州，而沒有就任於淮西鎮的會府安州。此後，蔡州成為淮西鎮的實際治所。

（二）李忠臣時期淮西鎮的轄區沿革

寶應元年（762 年），李忠臣成為淮西節度使。此後，淮西鎮逐漸發展成為割據型藩鎮。

廣德二年（764 年），淮西鎮所轄的沔州改隸於鄂岳鎮。對此，《全唐文‧鄂州新廳記》記載：「廣德二年，（鄂州）遂聯岳、沔事，置三州都團練使。」〔註61〕由此可見，鄂岳鎮建置於廣德二年。《方鎮表二》鄂岳沔欄記載：永泰

〔註59〕《舊唐書》卷十一《代宗本紀》，第 269 頁。
〔註60〕《新唐書》卷六十六《方鎮表三》，第 1233 頁。
〔註61〕（清）董誥等編：《全唐文》卷四百五十五《鄂州新廳記》，第 4652 頁。

－437－

元年（765年），「沔、蘄、黃三州隸鄂岳節度」。這個記載是錯誤的。其一，鄂岳鎮的建置時間不對，按《方鎮表二》鄂岳沔欄的錯誤較多，而《鄂州新廳記》為碑刻記載，應以其為準。其二，鄂岳鎮當時並未轄有蘄、黃二州，這點在第十一章第三節《鄂岳鎮的轄區沿革》中有詳細考述。《讀史方輿紀要》記載：「建中二年，山南東道留後梁崇義拒命，李希烈擊破之，遂兼據黃、蘄、安、隨等州地。」〔註62〕這個記載也是不正確的。如果黃、蘄二州原本不屬於淮西鎮，李希烈公然奪取，必定會遭到朝廷討伐。因此，淮西鎮在廣德二年（764年）僅僅罷領了沔州。這也解釋了為什麼後來李希烈叛亂的時候佔據有蘄、黃二州。至此，淮西鎮轄有光、安、許、隨、唐、蘄、黃七州，蔡汝鎮仍轄有蔡、申、汝三州，共有光、安、許、隨、唐、蘄、黃、蔡、申、汝十州。

大曆四年（769年）三月，蔡汝鎮增領仙州。大曆五年（770年），仙州又被廢除〔註63〕。

大曆八年（773年），蔡汝節度使最終被廢除，蔡汝鎮的轄區正式併入淮西鎮。淮西鎮因而治於蔡州，轄有蔡、光、申、安、蘄、黃、隨、唐、許、汝十州。

大曆十一年（776年），淮西節度使李忠臣響應朝廷詔令，與諸鎮聯合平定了汴宋鎮李靈曜的叛亂。同年十一月，李忠臣取得汴宋鎮的會府汴州，將其據為己有。十二月，李忠臣將淮西鎮的會府遷到汴州。《資治通鑒》記載：本年十一月，「（李）靈曜聞之，開門夜遁，汴州平……（馬）燧知（李）忠臣暴戾，以己功讓之，不入汴城，引軍西屯板橋。忠臣入城。」十二月，「庚戌，加淮西節度使李忠臣同平章事，仍領汴州刺史，徙治汴州。」〔註64〕

至此，淮西鎮轄有汴、蔡、光、申、安、蘄、黃、隨、唐、許、汝十一州，治於汴州。

（三）李希烈勢力的興盛與楚國的建立

大曆十四年（779年）三月，淮西鎮發生兵變，節度使李忠臣被其族子李希烈驅逐，李希烈自稱淮西節度留後。朝廷趁機削弱淮西鎮實力，將汴州劃歸永平鎮。《資治通鑒》記載：本年「三月丁未，（李希烈）與大將丁暠等殺（張）惠光父子而逐（李）忠臣。忠臣單騎奔京師，上以其有功，使以檢校司空、同

〔註62〕（清）顧祖禹：《讀史方輿紀要》卷六《歷代州域形勢六》，第245頁。
〔註63〕仙州的建置詳見本節下文《唐代中期蔡汝鎮的沿革》。
〔註64〕《資治通鑒》卷二百二十五《大曆十一年》，第7239、7241頁。

平章事，留京師；以希烈為蔡州刺史、淮西留後。以永平節度使李勉兼汴州刺
史，增領汴、穎二州，徙鎮汴州。」〔註65〕《方鎮表二》記載：本年，「淮西
節度使復治蔡州，是年賜號淮寧軍節度，尋更號申光蔡節度使，汝州隸東都畿，
汴州隸永平軍節度。」至此，淮西鎮復治於蔡州。

同年六月，淮西鎮增領沔州，罷領汝州〔註66〕。其中，汝州改隸於東畿
鎮。《方鎮表一》記載：大曆十四年，「復置東畿觀察使，以留臺御史中丞兼之，
復領汝州。」《舊唐書》也記載：大曆十四年六月「辛酉，罷宣歙池、鄂岳沔
二都團練觀察使、陝虢都防禦使，以其地分隸諸道。復置東都京畿觀察使，以
御史中丞為之。」〔註67〕這裡僅僅提及，鄂岳沔都團練觀察使廢除之後，其地
分隸諸道，並未明言到底改隸於何道。對於沔州隸屬於淮西鎮之事，史料也未
明確記載。但是，後來沔州於建中元年（780年）被廢除，轄縣併入黃州，黃
州是淮西鎮的轄區，由此也可推知，沔州改隸於淮西鎮。

因此，淮西鎮轄有蔡、光、申、安、蘄、黃、隨、唐、許、沔十州。

同年（779年）九月，朝廷賜淮西鎮軍號淮寧軍。除了上述《方鎮表二》
的記載，《舊唐書》也記載：大曆十四年「九月甲戌，以淮西節度為淮寧軍。」
〔註68〕

建中二年（781年），河北藩鎮和山南東道都逐漸反叛。朝廷為便於對山
南東道作戰，同年三月，以蔡州的郾城縣、許州的臨穎縣、陳州的溵水縣建置
溵州，治於郾城縣。但是，史籍沒有明確記載溵州到底屬哪個藩鎮所有。當時
蔡州、許州都是淮西鎮的轄區，而且從郾城、臨穎、溵水三縣的地理位置來看，
溵州當時應該是隸屬於淮西鎮。據《唐刺史考全編》的考述可知，在建中二年
（781年）至貞元二年（786年）期間任溵州刺史是張應〔註69〕。另據《冊府
元龜》記載：「（貞元）二年十月……前溵州刺史張應為吉州刺史，（呂）仲容、
（張）應皆陷李希烈，受其偽署官……及希烈平，征至，特加賜賚而命官焉。」
〔註70〕由此可見，溵州刺史張應當時是李希烈的部屬，從而也可以印證溵州

〔註65〕《資治通鑒》卷二百二十五《大曆十四年》，第7255～7256頁。
〔註66〕東畿鎮於大曆十四年（779年）六月復置，詳見第三章第一節《東畿鎮的轄區
　　　　沿革》。
〔註67〕《舊唐書》卷十二《德宗本紀上》，第322頁。
〔註68〕《舊唐書》卷十二《德宗本紀上》，第323頁。
〔註69〕郁賢皓：《唐刺史考全編》附編三四《溵州》，第3420頁。
〔註70〕《冊府元龜（校訂本）》卷一百三十九《帝王部·旌表第三》，第1556頁。

是隸屬於淮西鎮的。

建中二年（781年）四月，沔州被廢除，所轄各縣併入黃州。對於沔州被廢除的時間，《唐會要》記載為：「沔州，建中元年四月，析入黃州。」〔註71〕而《舊唐書》卻記載為：建中二年「夏四月己酉朔，省沔州。」〔註72〕《唐會要》的記載當誤。

建中二年（781年）八月，李希烈平定山南東道節度使梁崇義，率兵進入山南東道的會府襄州，本想將其據為己有。後來，朝廷另外派遣官員進入襄州，李希烈大掠襄陽之後，才率軍撤走。《資治通鑒》記載：本年，「（李）希烈既得襄陽，遂據之為己有……（九月）甲子，以（李）承為山南東道節度使。上欲以禁兵送上，承請單騎赴鎮。至襄陽，希烈置之外館，迫脅萬方，承誓死不屈，希烈乃大掠闔境所有而去。」〔註73〕

李希烈消滅梁崇義之後，謀反之心漸顯。建中三年（782年）十一月，李希烈徙鎮許州，準備進攻汴、汝等州。同年十二月，李希烈自稱天下都元帥、建興王，公然反叛朝廷。《資治通鑒》記載：建中三年十一月，「李希烈帥所部兵三萬徙鎮許州，遣所親詣李納，與謀共襲汴州。」「十二月丁丑，李希烈自稱天下都元帥、太尉、建興王。」〔註74〕

建中四年（783年）正月，李希烈派遣其部將李克誠奪得汝州，同時又派部將封有麟據有鄧州。《資治通鑒》記載：本年正月「庚寅，李希烈遣其將李克誠襲陷汝州，執別駕李元平。」〔註75〕對於李希烈奪取鄧州的時間，《讀史方輿紀要》記載：「貞元初（785年），（李）希烈陷鄧州。」〔註76〕筆者認為，李希烈奪取鄧州的時間應該更早，《讀史方輿紀要》應該是引用的《資治通鑒》的記載。其記載為：貞元元年「三月，李希烈陷鄧州。」〔註77〕但是，《資治通鑒》又有記載：建中四年正月，「（李）希烈使其將封有麟據鄧州，南路遂絕，貢獻、商旅皆不通。」〔註78〕另外，《全唐文》也記載：

〔註71〕（宋）王溥撰，牛繼清校證：《唐會要校證》卷七十一《州縣改置下》，第1088頁。

〔註72〕《舊唐書》卷十二《德宗本紀上》，第329頁。

〔註73〕《資治通鑒》卷二百二十七《建中二年》，第7308頁。

〔註74〕《資治通鑒》卷二百二十七《建中二年》，第7336～7337頁。

〔註75〕《資治通鑒》卷二百二十八《建中四年》，第7338頁。

〔註76〕（清）顧祖禹：《讀史方輿紀要》卷六《歷代州域形勢六》，第245頁。

〔註77〕《資治通鑒》卷二百三十一《貞元元年》，第7451頁。

〔註78〕《資治通鑒》卷二百二十八《建中四年》，第7341頁。

「（李）希烈無妄生釁，復以怒取，使宿賊封有麟主張焉。建中四年，希烈僭逆於梁，諸侯之師荷戟四會，有麟亦嬰城自守，連攻不拔。景寅歲，皇帝厭亂，淮西始定，連帥陳仙奇裨將李季汶來討之。季汶雅有膽略，以機擒敵，以誠誓眾，遂梟有麟以聞。」〔註79〕根據《全唐文》的記載可以看出，李希烈派遣其將封有麟奪取鄧州是在李希烈稱帝之前。因此，李希烈奪得鄧州應該是在建中四年（783年）正月。

李希烈公然反叛後，朝廷詔令諸鎮討伐。同年（783年）二月，朝廷方面的大將哥舒曜收復汝州，擒獲李希烈任命的汝州刺史周晃。三月，江西節度使曹王李皋也先後收復了淮西鎮所轄的蘄、黃二州。接著，李希烈引兵還蔡州。八月，李希烈的部將曹季昌以隨州歸降朝廷，不久其部將康叔夜又殺曹季昌，歸降於李希烈。十二月，李希烈攻陷汴州，滑州刺史李澄也歸降李希烈。繼而，李希烈軍又攻陷鄭州和宋州的襄邑縣。

對於上述史實，《資治通鑒》記載：建中四年，「（二月）丁卯，哥舒曜克汝州，擒周晃……三月戊寅，江西節度使曹王（李）皋敗李希烈將韓霜露於黃梅，斬之。辛卯，拔黃州……皋遂進拔蘄州，表伊慎為蘄州刺史。」八月，「乙卯，希烈將曹季昌以隨州降，尋復為其將康叔夜所殺。」十二月，「李希烈攻李勉於汴州，驅民運土木，築壘道，以攻城……庚午，希烈陷大梁。滑州刺史李澄以城降希烈，希烈以澄為尚書令兼永平節度使……劉洽遣其將高翼將精兵五千保襄邑，希烈攻拔之，翼赴水死。」〔註80〕另外，《新唐書》記載：建中四年十二月「庚午，李希烈陷汴、鄭二州。」〔註81〕

興元元年（784年）正月，李希烈稱帝，建國號為「楚」，改汴州為大梁府，作為都城，又分其境內為四個藩鎮。《資治通鑒》記載：本年正月，「（李）希烈遂即皇帝位，國號大楚，改元武成……以汴州為大梁府，分其境內為四節度。」〔註82〕。此時李希烈的勢力最為強盛，據有大梁府和蔡、光、申、安、隨、唐、許、滑、鄭、鄧、溵十一州。當時，淮南節度使陳少游也暗地裏向李希烈歸附。

〔註79〕（清）董誥等編：《全唐文》卷六百八十九《鄧州刺史廳壁記》，第7056頁。
〔註80〕《資治通鑒》卷二百二十八《建中四年》、卷二百二十九《建中四年》，第7342～7343、7347、7388頁。
〔註81〕《新唐書》卷七《德宗本紀》，第121頁。
〔註82〕《資治通鑒》卷二百二十九《興元元年》，第7393頁。

（四）李希烈的敗亡與淮西鎮轄區驟減

李希烈稱帝後，出兵進攻壽州、鄂州，都以失敗告終。二月，李希烈率兵進攻宋州寧陵縣，也兵敗而返。《資治通鑑》記載：興元元年正月，「（李）希烈乃以其將杜少誠為淮南節度使，使將步騎萬餘人先取壽州，後之江都，（張）建封遣其將賀蘭元均、邵怡守霍丘秋柵。少誠竟不能過，遂南寇蘄、黃，欲斷江路……曹王（李）皋遣蘄州刺史伊慎將兵七千拒之，戰於永安戍，大破之，少誠脫身走，斬首萬級……李希烈以夏口上流要地，使其驍將董侍募死士七千人襲鄂州，刺史李兼偃旗臥鼓閉門以待之。侍撤屋材以焚門，兼帥士卒出戰，大破之。上以兼為鄂、岳、沔都團練使。於是希烈東畏曹王皋，西畏李兼，不敢復有窺江、淮之志矣。」二月，「李希烈將兵五萬圍寧陵，引水灌之。濮州刺史劉昌以三千人守之。滑州刺史李澄密遣使請降，上許以澄為汴滑節度使。澄猶外事希烈，希烈疑之，遣養子六百人戍白馬，召澄共攻寧陵。澄至石柱，使其眾陽驚，燒營而遁。又諷養子令剽掠，澄悉收斬之，以白希烈，希烈無以罪也。劉昌守寧陵，凡四十五日不釋甲。韓滉遣其將王栖曜將兵助劉洽拒希烈，栖曜以強弩數千游汴水，夜入寧陵城……（希烈）遂解圍去。」〔註83〕

同年七月，朝廷方面的曹王李皋攻陷李希烈所轄的安州。此時，李希烈正派兵攻打陳州。宣武節度使劉玄佐等人率兵救援，打敗李希烈軍，又乘勝進攻汴州。同年閏十月，李澄以滑州歸降朝廷。十一月，李希烈率軍退回蔡州，宣武節度使劉玄佐趁機收復汴州。接著，朝廷方面收復鄭州。《資治通鑑》記載：本年七月，「曹王（李）皋遣其將伊慎、王鍔圍安州，李希烈遣其甥劉戒虛將步騎八千救之。皋遣別將李伯潛逆擊之於應山，斬首千餘級，生擒戒虛，徇於城下，安州遂降。以伊慎為安州刺史，又擊希烈將康叔夜於厲鄉，走之。」閏十月，「李希烈遣其將翟崇暉悉眾圍陳州，久之，不克。李澄知大梁兵少，不能制滑州，遂焚希烈所授旌節，誓眾歸國。甲午，以澄為汴滑節度使。宋亳節度使劉洽遣馬步都虞候劉昌與隴右、幽州行營節度使曲環等將兵三萬救陳州，十一月，癸卯，敗翟崇暉於州西，斬首三萬五千級，擒崇暉以獻。乘勝進攻汴州，李希烈懼，奔歸蔡州。李澄引兵趨汴州，至城北，恇怯不敢進。劉洽至城東。戊午，李希烈守將田懷珍開門納之。明日，澄入，舍於浚儀。兩軍之士，

〔註83〕《資治通鑑》卷二百二十九《興元元年》、卷二百三十《興元元年》，第7393～7394、7400～7401頁。

日有忿鬩。會希烈鄭州守將孫液降於澄，澄引兵屯鄭州。」〔註84〕至此，李希烈的敗亡之勢逐漸顯露。

據《新唐書》記載：貞元元年（785年）三月，「李希烈陷鄧州，殺唐鄧隋招討使黃金岳。」〔註85〕《資治通鑒》也記載：本年「三月，李希烈陷鄧州。」〔註86〕這說明在此前朝廷方面應該攻克過鄧州，此時又為叛軍所陷。

貞元二年（786年）四月，淮西鎮內部開始發生叛亂，李希烈部將陳仙奇殺死李希烈，向朝廷歸降。其後，淮西鎮大將也紛紛向朝廷歸降。

同年五月，李希烈部將李惠登以隨州歸降朝廷。《新唐書》記載：貞元二年（786年）「五月，李希烈將李惠登以隋州降。」〔註87〕《資治通鑒》記載：貞元元年「四月丁丑，以曹王（李）皋為荆南節度，李希烈將李思登以隨州降之。」〔註88〕《舊唐書》也記載：「（李）希烈死，李惠登為賊守隋州，（伊）慎飛書招諭，惠登遂以城降。」〔註89〕因此，《資治通鑒》的記載有誤，李思登歸降朝廷實際是在貞元二年（786年）李希烈死後。

同年（786年）七月，李希烈的部將薛翼、侯召分別以唐州、光州歸降朝廷。《新唐書》記載：貞元二年「七月，李希烈將薛翼以唐州降，侯召以光州降。」〔註90〕另外，鄧、許二州也被朝廷控制。此前，陳仙奇殺李希烈之時，鄧州仍為封有麟所據。陳仙奇派裨將李季汶斬殺封有麟，其後鄧州為朝廷所控制。《冊府元龜》記載：貞元二年「七月，以許州鎮遏使李光暉為許州刺史。」〔註91〕由此可知，許州在貞元二年（786年）也被朝廷控制。

另外，李希烈死後，溵州被廢除，其下轄的郾城縣仍歸蔡州所轄，臨潁、溵水二縣分別改隸於許州、陳州。《新唐書》記載：「建中二年以郾城、臨潁，陳州之溵水置溵州。貞元二年州廢，縣還故屬。」〔註92〕

就在同一月（七月），淮西鎮大將吳少誠以為李希烈報仇為名，殺死陳仙奇，仍然歸順於朝廷。朝廷任命虔王李諒為申、光、隨、蔡節度大使，任命吳

〔註84〕　《資治通鑒》卷二百三十一《興元元年》，第7440～7441、7446～7447頁。
〔註85〕　《新唐書》卷七《德宗本紀》，第123頁。
〔註86〕　《資治通鑒》卷二百三十一《貞元元年》，第7451頁。
〔註87〕　《新唐書》卷七《德宗本紀》，第123頁。
〔註88〕　《資治通鑒》卷二百三十一《貞元元年》，第7452頁。
〔註89〕　《舊唐書》卷一百五十一《伊慎傳》，第4055頁。
〔註90〕　《新唐書》卷七《德宗本紀》，第124頁。
〔註91〕　《冊府元龜（校訂本）》卷一百六十五《帝王部·招懷第三》，第1836頁。
〔註92〕　《新唐書》卷三十八《地理志二》，第649頁。

少誠為淮西留後。《資治通鑑》記載：貞元二年七月「己酉，以虔王（李）諒為申、光、隨、蔡節度大使，以少誠為留後。」〔註93〕由此說明，朝廷只將申、光、隨、蔡四州劃歸淮西鎮管轄。

李希烈稱帝期間，其控轄區域一度達到十二州。李希烈敗亡後，淮西鎮的轄區驟然縮減，僅轄有申、光、隨、蔡四州，治於蔡州。

（五）淮西鎮吳氏割據時期的轄區沿革

吳少誠雖然歸順朝廷，但是仍然割據一方。貞元三年（787 年），朝廷將淮西鎮所轄的隨州劃歸山南東道。對此，《舊唐書》記載：「（貞元）三年，（李皋）除襄州刺史、山南東道節度等使，割汝、隨隸焉。」〔註94〕此後，淮西鎮長期轄有申、光、蔡三州，治於蔡州。

貞元十四年（798 年）二月，朝廷賜淮西鎮軍號彰義軍。《資治通鑑》記載：本年「二月乙亥，名申、光、蔡軍曰彰義。」〔註95〕

吳少誠在位時期，一度試圖拓展淮西鎮的轄區，但是並沒有取得多大成效。貞元十四年（798 年）九月，吳少誠出兵佔據壽州霍山縣；次年三月，出兵襲擊唐州，掠百姓千餘人而去；八月，趁著陳許節度使曲環去世，出兵掠奪許州臨潁縣；九月，圍攻許州，未能攻克。在吳少誠如此肆無忌憚的情況下，朝廷才下詔討伐。十一月，山南東道節度使于頓攻取蔡州吳房、朗山二縣。其後，官軍和淮西軍屢有勝敗，討伐之事進展不大。貞元十六年（800 年）十月，吳少誠向朝廷請降，朝廷才赦免了吳少誠。

吳少誠雖然侵佔壽山縣，但壽山縣並沒有改隸於淮西鎮所轄的州。由此可知，淮西鎮並沒有長時間控制壽山縣，只是短暫控制而已。

對於這些史實，《資治通鑑》有詳細記載：貞元十四年九月，「彰義節度使吳少誠遣兵掠壽州霍山，殺鎮遏使謝詳，侵地五十餘里，置兵鎮守。」十五年，「三月甲寅，吳少誠遣兵襲唐州，殺監軍邵國朝、鎮遏使張嘉瑜，掠百姓千餘人而去。」八月，「丙申，陳許節度使曲環薨。乙未，吳少誠遣兵掠臨潁，陳州刺史上官涗知陳州留後，遣大將王令忠將兵三千救之，皆為少誠所虜。（九月）丙午，以涗為陳許節度使，少誠遂圍許州。涗欲棄城走，營田副使劉昌裔止之……少誠晝夜急攻，昌裔募勇士千人鑿城出擊少誠，大破之，城由是

〔註93〕《資治通鑑》卷二百三十二《貞元二年》，第 7470 頁。
〔註94〕《舊唐書》卷一百三十一《李皋傳》，第 3640 頁。
〔註95〕《資治通鑑》卷二百三十五《貞元十四年》，第 7580 頁。

全……少誠又寇西華，陳許大將孟元陽拒卻之……丙辰，詔削奪吳少誠官爵，令諸道進兵討之……十一月壬子，（山南東道節度使）于頔奏拔吳房、朗山。」十六年七月，「吳少誠進擊（蔡州四面行營招討使）韓全義於五樓，諸軍復大敗。全義夜遁，保溵水縣城。」九月，「癸丑，吳少誠進逼溵水數里置營，韓全義復帥諸軍退保陳州。」十月，「吳少誠引兵還蔡州……會少誠致書幣於監官軍者求昭洗，監軍奏之。戊子，詔赦少誠及彰義將士，復其官爵。」〔註96〕

元和四年（809 年），吳少誠去世，從弟吳少陽殺其子吳元慶，接任彰義軍節度使。

元和九年（814 年）閏八月，吳少陽去世，其子吳元濟請求承襲父位，沒有得到朝廷允許，於是發動叛亂。朝廷於是討伐淮西鎮，並詔令諸鎮一同出兵討伐。

元和十二年（817 年）十月，朝廷最終平定蔡、申、光三州。《資治通鑒》記載：本年十月，「（吳）元濟於城上請罪，進誠梯而下之。甲戌，（李）愬以檻車送元濟詣京師，且告於裴度。是日，申、光二州及諸鎮兵二萬餘人相繼來降。」〔註97〕

（六）朝廷討伐吳元濟期間對淮西鎮轄區的調整

這裡需要特別說明的是，朝廷在討伐吳元濟時期，也另外任命有淮西節度使。這些人當然並未實際控制淮西鎮。在此期間，朝廷還將一些州劃歸到名義上的淮西鎮管轄。

元和十年（815 年）十月，朝廷為討伐吳元濟，建置唐隨鄧三州節度使。

元和十一年（816 年）七月，朝廷廢除唐隨鄧節度使，以唐、隨、鄧三州隸屬於淮西鎮。對此，《資治通鑒》記載：本年七月，「以荊南節度使袁滋為彰義節度、申、光、蔡、唐、隨、鄧觀察使，以唐州為理所。」〔註98〕《方鎮表二》也記載：本年，「（淮西鎮）增領唐、隋、鄧三州」〔註99〕。可見，此時朝廷另外任命了袁滋為淮西節度使，並且領有申、光、蔡、唐、隨、鄧六州，治於唐州。但申、光、蔡三州為吳元濟所控制，袁滋僅僅領有唐、隨、鄧三州，

〔註96〕《資治通鑒》卷二百三十五《貞元十四年》《貞元十五年》《貞元十六年》，第 7581～7584、7590～7592 頁。
〔註97〕《資治通鑒》卷二百四十《元和十二年》，第 7741～7742 頁。
〔註98〕《資治通鑒》卷二百三十九《元和十一年》，第 7724 頁。
〔註99〕《新唐書》卷六十五《方鎮表二》，第 1209 頁。

不能算是真正意義上的淮西鎮，是實質上的唐鄧鎮〔註100〕。

同年（816年）十二月，朝廷任命李愬為唐隨鄧節度使，次年正月貶袁滋為撫州刺史。此時，朝廷復置唐隨鄧節度使，是將唐隨鄧、淮西分置為二個節度使。

元和十二年（817年）三月，朝廷於唐州東界建置行蔡州。《唐大詔令集》卷九十九《置行蔡州敕》記載：「其新除蔡州刺史楊元卿，宜令與李愬商量計會，且於唐州東界，選擇要便，權置行蔡州，如百姓官健有歸順者，便准敕優恤存撫，令知國恩，必使全活（元和十年三月）。」〔註101〕按李愬元和十二年正月才就任於唐州，這裡元和十年當為十二年之誤。

元和十二年（817年）七月，朝廷任命裴度為彰義軍節度使，繼續討伐吳元濟。但是，申、光、蔡三州仍然為吳元濟佔據。

同年（817年）十月，朝廷平定吳元濟後，廢除行蔡州。十一月，以蔡州的郾城、上蔡、西平、遂平四縣建置溵州，治於郾城縣，隸於淮西鎮。同月，任命馬總為彰義軍節度留後，十二月正授為彰義軍節度使，轄有申、光、蔡、溵四州〔註102〕，仍治於蔡州。不久後，溵州改隸於陳許鎮。對於溵州的建置，《舊唐書》有載：元和十二年十一月，「以蔡州郾城為溵州，析上蔡、西平、遂平三縣隸焉……以蔡州留後馬總檢校工部尚書、蔡州刺史、彰義軍節度使、溵州潁陳許節度使。」〔註103〕《方鎮表二》又記載：元和十二年，「彰義軍節度復為淮西節度，增領溵州，未幾，以溵州隸忠武軍節度。」由《方鎮表二》的記載亦可知，溵州初隸於淮西鎮，繼而改隸於忠武軍。

元和十三年（818年）五月，朝廷最終廢除淮西鎮。至此，蔡州改隸於陳許鎮，申州改隸於鄂岳鎮，光州改隸於淮南鎮。《方鎮表二》記載：本年，「廢淮西節度。」《資治通鑒》也記載：本年五月，「以淮西節度使馬總為忠武節度使，陳、許、溵、蔡州觀察使。以申州隸鄂岳，光州隸淮南。」〔註104〕

〔註100〕 詳見第八章第一節《唐代後期唐鄧鎮的沿革》。
〔註101〕 （宋）宋敏求編：《唐大詔令集》卷九十九《置行蔡州敕》，第500頁。
〔註102〕 《舊唐書》卷十五《憲宗本紀》第462頁記載：元和十二年「十二月壬戌，以蔡州留後馬總檢校工部尚書、蔡州刺史、彰義軍節度使、溵州潁陳許節度使。」此處記載應當有誤，陳、許二州隸屬於陳許鎮。根據淮西鎮前後轄區變革，可知淮西鎮此時轄有申、光、蔡、溵四州。
〔註103〕 《舊唐書》卷十五《憲宗本紀下》，第462頁。
〔註104〕 《資治通鑒》卷二百四十《元和十三年》，第7751頁。

綜上所述，唐代中後期淮西鎮的轄區變化可總結如表 9-2 所示。

表 9-2　唐代中後期淮西鎮轄區統計表

時　　期	轄區總計	會　府	詳細轄區
756 年～758 年	5 郡	潁川郡	義陽、弋陽、潁川、滎陽、汝南
758 年～759 年	6 州	鄭州	申、光、鄭、陳、潁、亳
759 年～761 年	7 州	壽州	申、光、壽、安、沔、蘄、黃
761 年～762 年	17 州	安州	申、光、安、沔、蘄、黃、陳、鄭、潁、亳、汴、曹、宋、泗、（豫、許、汝）〔註105〕
762 年～764 年	11 州	蔡州〔註106〕	光、安、沔、蘄、黃、許、隨、唐、（蔡、申、汝）
764 年～769 年	10 州	蔡州	光、安、蘄、黃、許、隨、唐、（蔡、申、汝）
769 年～770 年	11 州	蔡州	光、安、蘄、黃、許、隨、唐、（蔡、申、汝、仙）
770 年～773 年	10 州	蔡州	光、安、蘄、黃、許、隨、唐、（蔡、申、汝）
773 年～776 年	10 州	蔡州	蔡、光、申、安、蘄、黃、隨、唐、許、汝
776 年～779 年	11 州	汴州	蔡、光、申、安、蘄、黃、隨、唐、許、汝、汴
779 年～781 年	10 州	蔡州	蔡、光、申、安、蘄、黃、隨、唐、許、沔
781 年～782 年	10 州	蔡州	蔡、光、申、安、蘄、黃、隨、唐、許、溵
782 年～783 年	10 州	許州	蔡、光、申、安、蘄、黃、隨、唐、許、溵
783 年～784 年正月	9 州	蔡州	蔡、光、申、安、隨、唐、許、溵、鄧
784 年正月～十一月	1 府 11 州	大梁府	大梁府、蔡、光、申、安、隨、唐、許、溵、鄧、滑、鄭
784 年～786 年	8 州	蔡州	蔡、光、申、隨、唐、許、溵、鄧
786 年～787 年	4 州	蔡州	蔡、光、申、隨

〔註105〕括號內的表示是蔡汝鎮所轄有的州，從上元二年（761 年）開始，淮西節度使兼領豫許汝節度使（後改稱蔡汝節度使），直至大曆八年（773 年），蔡汝節度使被廢除，其轄區併入淮西鎮。所以，上元二年至大曆八年，蔡汝鎮為淮西鎮的附屬藩鎮。

〔註106〕上元二年（761 年）至大曆八年（773 年），淮西鎮的治所雖然在安州，但是從寶應元年（762 年）開始李忠臣一直治於蔡州。

787 年～817 年	3 州	蔡州	蔡、光、申〔註107〕
817 年 十一月～十二月	4 州	蔡州	蔡、光、申、溵
818 年	3 州	蔡州	蔡、光、申

二、唐代中期蔡汝鎮的沿革

蔡汝鎮的建置沿革為：豫許汝節度使（758～762）—蔡汝節度使（762～773）。

蔡汝鎮是由淮西鎮分割出來的一個藩鎮，轄有蔡、汝等州，故而稱為蔡汝鎮。後來，淮西節度使又兼領蔡汝節度使。最終，蔡汝鎮被廢除，轄區併入淮西鎮。

蔡汝鎮建置於乾元元年（758 年）八月，初稱豫許汝節度使，當時轄有豫、鄭、許、汝四州，治於豫州。《方鎮表二》記載：本年，「別置豫許汝節度使，治豫州。」〔註108〕《舊唐書》也記載：本年八月，「以青徐等五州節度使季廣琛兼許州刺史……（九月）命朔方節度郭子儀……鄭蔡節度使季廣琛等九節度之師，步騎二十萬。」〔註109〕「鄭蔡」是指鄭、蔡二州，蔡州當時仍稱豫州，可見當時許、鄭、蔡三州都為鄭蔡節度使季廣琛所領。因此，鄭蔡節度使就是指豫許汝節度使，只是當時不僅轄有豫、許、汝三州，還轄有鄭州。

同年（758 年），淮西鎮「徙治鄭州，增領陳、潁、亳三州。」〔註110〕鄭豫節度使因此罷領鄭州，轄區剩下豫、許、汝三州，因此稱為豫許汝節度使。

乾元二年（759 年）四月，季廣琛因為參與永王李璘的叛亂，被朝廷貶為宣州刺史。朝廷「以興平軍節度使李奐兼豫、許、汝三州節度使」〔註111〕。

上元二年（761 年），朝廷以淮西節度使來瑱兼領豫許汝節度使〔註112〕。此後，淮西節度使兼任豫許汝節度使（後改稱蔡汝節度使），蔡汝鎮成為淮西

〔註107〕 這裡只反映淮西鎮實際轄有的州。元和十一年（816 年）至元和十二年（817年）期間，朝廷為討伐吳元濟，另外任命有彰義軍節度使，曾經轄有唐、鄧、隋和行蔡州。
〔註108〕 《新唐書》卷六十五《方鎮表二》，第 1197 頁。
〔註109〕 《舊唐書》卷十《肅宗本紀》，第 253 頁。
〔註110〕 《新唐書》卷六十五《方鎮表二》，第 1197 頁。
〔註111〕 《資治通鑑》卷二百二十一《乾元二年》，第 7075 頁。
〔註112〕 關於來瑱兼領豫許汝節度使之事，在前文《唐代中後期淮西鎮的沿革》中已經論述，在此不作累述。

鎮的附屬藩鎮。

寶應元年（762年）四月，唐代宗李豫即位。六月，為避代宗的名諱，豫州改為蔡州。豫許汝節度使因此改稱為蔡汝節度使。同年，蔡汝鎮下轄的許州改隸於淮西鎮，淮西鎮下轄的申州改隸於蔡汝鎮，實則也只是淮西、蔡汝內部的變化。

同年（762年）七月，李忠臣成為淮西節度使，仍然兼領蔡汝節度使。李忠臣一直治於蔡州，而沒有就任於淮西鎮的治所安州。《新唐書》記載：「以（李）忠臣為汝、仙、蔡六州節度使，兼安州。」〔註113〕《舊唐書》也記載：「寶應元年（762年）七月，拜（李）忠臣太常卿同正、兼御史中丞、淮西十一州節度，尋加安州刺史，仍鎮蔡州……（大曆）五年（770年），加蔡州刺史……十一年（776年）十二月，加檢校司空平章事、汴州刺史。」〔註114〕

大曆四年（769年）三月，蔡汝鎮增領仙州。大曆五年（770年），仙州又被廢除。對於蔡汝節度使增領仙州的時間，《新唐書·方鎮表》記載為大曆三年（768年），應當有誤。因為新、舊《唐書》都記載，仙州建置於大曆四年三月。比如，《新唐書》記載：「大曆四年，復以（汝州）葉、襄城置仙州，又析置仙鳧縣，以許州之舞陽、蔡州之西平、唐州之方城隸之。五年州廢，省仙鳧，餘縣皆還故屬。」〔註115〕因此，蔡汝鎮增領的仙州是新置的，轄有葉縣、襄城、舞陽、西平、方城、仙鳧等縣。

另外，《唐代墓誌彙編續集》有一篇《唐故鄉貢裴秀才墓誌》記載：「余一子曰咸，字邇思……爾曾祖即吾祖，諱元撫，仙州襄城縣主簿……年二十七，開成元年二月十一日，歿於河南府洛陽縣德懋里之佛寺。」〔註116〕按誌主裴咸開成元年（836年）為二十七歲，其曾祖為「仙州襄城縣主簿」大約就在大曆年間。

大曆八年（773年），蔡汝鎮被廢除，正式併入淮西鎮。《方鎮表二》記載：本年，「淮西節度使徙治蔡州，廢蔡汝節度使，所管州皆隸淮西節度。」

綜上所述，蔡汝鎮的轄區沿革可總結如表9-3所示。

〔註113〕《新唐書》卷二百二十四下《李忠臣傳》，第4838頁。
〔註114〕《舊唐書》卷一百四十五《李忠臣傳》，第3941～3942頁。
〔註115〕《新唐書》卷三十八《地理志二》，第647頁。
〔註116〕周紹良、趙超主編：《唐代墓誌彙編續集》開成〇〇二《唐故鄉貢裴秀才墓誌》，第925頁。

表 9-3　蔡汝鎮轄區統計表

時　　期	轄區總計	會　府	詳細轄區
758 年～762 年	3 州	豫州	豫、許、汝
762 年～769 年	3 州	蔡州	蔡、汝、申
769 年～770 年	4 州	蔡州	蔡、汝、申、仙
770 年～773 年	3 州	蔡州	蔡、汝、申

三、唐末淮西鎮的轄區沿革

　　唐末，秦宗權割據於蔡州，被朝廷任命為奉國軍節度使。其後，秦宗權逐漸拓展轄區，稱帝建國。秦宗權敗亡後，申叢、郭璠、崔洪先後任淮西節度留後、奉國軍節度使。因而，蔡州在唐末復建為藩鎮，將其稱為唐末淮西鎮。

（一）秦宗權興盛時期奉國軍的轄區沿革

　　各種史籍關於唐末淮西鎮轄區的記載都非常少，《方鎮表二》僅有兩條記載：中和二年（882 年），「蔡州置奉國軍節度」；乾寧四年（897 年），「奉國軍節度增領申、和二州。」〔註 117〕筆者將綜合各類記載，對唐末淮西鎮的轄區沿革做出探討。

　　廣明元年（880 年）九月，秦宗權驅逐蔡州刺史，開始據有蔡州。其後，朝廷授予秦宗權為奉國軍防禦使，接著又升為節度使。《資治通鑒》記載：中和元年（881 年）八月，「楊復光奏升蔡州為奉國軍，以秦宗權為防禦使。」〔註 118〕《方鎮表二》記載：中和二年，「升蔡州防禦使為奉國軍節度。」

　　此時，秦宗權轄有蔡、光、壽、申四州。《新唐書》記載：「高駢表（李罕之）知光州事。為秦宗權所迫，奔項城。」〔註 119〕《資治通鑒》也記載：中和元年（881 年）八月，「壽州屠者王緒與妹夫劉行全聚眾五百，盜據本州，月餘，復陷光州，自稱將軍，有眾萬餘人。秦宗權表為光州刺史。」〔註 120〕由這兩處記載可知，李罕之因為受到秦宗權的脅迫，棄光州而奔項城。其後王緒據有壽、光二州，秦宗權表王緒為光州刺史。可見，王緒雖然據有壽、光二州，但此二州仍屬秦宗權管轄，因此才會有秦宗權表王緒為光州刺史。《新唐書》

〔註 117〕　《新唐書》卷六十五《方鎮表二》，第 1218、1221 頁。
〔註 118〕　《資治通鑒》卷二百五十四《中和元年》，第 8256 頁。
〔註 119〕　《新唐書》卷一百八十七《李罕之傳》，第 4194 頁。
〔註 120〕　《資治通鑒》卷二百五十四《中和元年》，第 8256～8257 頁。

記載：「（趙德諲）從秦宗權為右將，以討黃巢功，授申州刺史。」〔註121〕趙
德諲是秦宗權的部將，在秦宗權歸降黃巢之前就被授予申州刺史，可見申州當
時也在秦宗權的管轄之下。因此，唐末淮西鎮成立之初，轄有蔡、光、壽、申
四州。其中，光、壽二州為王緒所據。

中和三年（883年）五月，黃巢進攻蔡州，秦宗權戰敗，從此與黃巢聯合，
反叛朝廷。中和四年（884年），黃巢死後，秦宗權出兵，四處攻城略地。《資
治通鑒》記載：「秦宗權攻鄰道二十餘州，陷之。」〔註122〕至於秦宗權攻陷的
二十餘州，能在史籍中找到記載的只有其中一部分。《資治通鑒》又記載：「秦
誥陷襄、唐、鄧，孫儒陷東都、孟、陝、虢，張晊陷汝、鄭」。〔註123〕接下來
對秦宗權奪取這些州的時間進行論述。

中和四年（884年）十一月，秦宗權的部將秦誥、趙德諲攻取山南東道的
會府襄州，以趙德諲為山南東道節度留後。《資治通鑒》記載：「秦宗權遣其將
秦誥、趙德諲將兵會之，共攻襄州，陷之・」〔註124〕同時，山南東道下轄的
唐、鄧等州也被秦誥、趙德諲攻取。但值得注意的是，趙德諲實際管轄著山南
東道，秦宗權只是間接控制山南東道。

光啟元年（885年）正月，秦宗權向光州刺史王緒徵收賦稅。王緒自知力
量薄弱，於是率領光、壽二州兵南遷。王緒南遷之後，秦宗權直接控制著光、
壽二州。但是不久後，壽州又被張翱佔據。《新唐書》記載：「時張敖（張翱）
據壽州，許勍據滁州，與（楊）行密犄戰。」〔註125〕《資治通鑒》記載：光
啟二年（886年）十二月，「壽州刺史張翱遣其將魏虔將萬人寇廬州，廬州刺
史楊行愍遣其將田頵、李神福、張訓拒之，敗虔於褚城。」〔註126〕這說明在
光啟二年（886年）十二月之前，壽州就已經被張翱佔據。

光啟元年（885年）三月，秦宗權稱帝。同年六月，秦宗權的部將孫儒攻
克東都，東都留守李罕之逃走。同年七月，孫儒佔據東都一個多月後，燒殺搶
掠，棄城而去。李罕之再次引兵進入東都。《資治通鑒》記載：本年六月，「東
都留守李罕之與秦宗權將孫儒相拒數月，罕之兵少食盡，棄城，西保澠池，宗

〔註121〕《新唐書》卷一百八十六《趙德諲傳》，第4182頁。
〔註122〕《資治通鑒》卷二百五十六《光啟元年》，第8324頁。
〔註123〕《資治通鑒》卷二百五十六《中和四年》，第8318頁。
〔註124〕《資治通鑒》卷二百五十六《中和四年》，第8315頁。
〔註125〕《新唐書》卷一百八十八《楊行密傳》，第4201頁。
〔註126〕《資治通鑒》卷二百五十六《光啟二年》，第8343頁。

權陷東都。」七月,「孫儒據東都月餘,燒宮室、官寺、民居,大掠席卷而去,城中寂無雞犬。李罕之復引其眾入東都,築壘於市西而居之。」〔註127〕

光啟二年（886年）七月,秦宗權攻克忠武鎮的會府許州,殺忠武軍節度使鹿晏弘。《資治通鑒》記載:本年「七月,秦宗權陷許州,殺節度使鹿晏弘。」〔註128〕

同年十一月,孫儒攻陷鄭州,鄭州刺史李璠逃往大梁。《舊唐書》記載:「蔡賊孫儒陷鄭州,刺史李璠遁免。」〔註129〕十二月,孫儒攻克河陽鎮,逼迫河陽留後諸葛仲方逃往大梁。孫儒自稱河陽節度使,佔據孟州、東都。河陽鎮原轄有的懷、澤二州分別被張全義、李罕之佔據。《資治通鑒》記載:「（孫）儒進陷河陽,留後諸葛仲方奔大梁。儒自稱節度使,張全義據懷州,李罕之據澤州以拒之。」〔註130〕另外,孫儒還攻陷了陝、虢二州。《全唐文》記載:「（秦）宗權復遣賊將圍逼陝郊,虢州刺史張存背陝迎降。」〔註131〕關於孫儒攻陷陝州的記載,《資治通鑒》有兩處記載:「孫儒陷東都、孟、陝、虢」,「蔡人之守東都、河陽、許、汝、懷、鄭、陝、虢者,聞（秦）宗權敗,皆棄去」〔註132〕。由以上的記載亦知,秦宗權軍還曾攻佔汝州,至於具體的時間也無從考證。

雖然史籍都記載秦宗權攻陷鄰鎮二十多個州,但是能找到具體記載的只有襄、唐、鄧、許、鄭、河南府（東都）、孟、陝、虢、汝十州,加上秦宗權之前所管轄的蔡、光、申、壽四州,也才十四個州。

（二）邊孝村之戰後奉國軍的轄區沿革

光啟三年（887年）五月,邊孝村之戰中,秦宗權被朱全忠等人的聯軍打得大敗。接著,秦宗權、孫儒分別在鄭州、河陽屠殺百姓,燒毀房屋後,率軍南下淮西鎮。河南府（東都）、孟、許、汝、鄭、陝、虢等地的蔡州守兵都逃走。秦宗權因此而失去河南府、孟、許、汝、鄭、陝、虢等州。《新唐書》記載:「（秦）宗權忿,過鄭,焚郛舍,驅民入淮西,（朱）全忠遂有鄭、許、河

〔註127〕 《資治通鑒》卷二百五十六《光啟元年》,第8323～8324頁。
〔註128〕 《資治通鑒》卷二百五十六《光啟二年》,第8338頁。
〔註129〕 《舊唐書》卷十九下《僖宗本紀》,第725頁。
〔註130〕 《資治通鑒》卷二百五十六《光啟二年》,第8342頁。
〔註131〕 （清）董誥等編:《全唐文》卷八百十《華帥許國公德政碑》,第8520頁。
〔註132〕 《資治通鑒》卷二百五十六《中和四年》、卷二百五十七《光啟三年》,第8318、8357頁。

陽、東都。」〔註133〕此後，秦宗權的勢力逐漸衰落。

光啟三年（887年）十一月，秦宗權的部將孫儒一部脫離秦宗權。同月，秦宗權再次攻取鄭州。十二月，秦宗權部屬的山南東道留後趙德諲攻陷荊南，殺荊南節度使張瓌，以部將王建肇留守荊南。《資治通鑑》記載：本年十一月，「己亥，秦宗權陷鄭州。」十二月，「癸巳，秦宗權所署山南東道留後趙德諲陷荊南，殺節度使張瓌，留其將王建肇守城而去。」〔註134〕

文德元年（888年）四月，歸州刺史郭禹率兵進攻荊南，王建肇棄城逃往黔州。趙德諲失去對荊南的控制。同年五月，趙德諲預料秦宗權即將敗亡，以山南東道歸降於朱全忠。至此，趙德諲所領的山南東道也脫離秦宗權的控制〔註135〕。

趙德諲歸降朝廷後，朱全忠率大軍進攻蔡州，秦宗權逐漸敗亡。同年十一月，秦宗權趁許州防備空虛，再次攻取許州，俘獲忠武軍留後王蘊。《資治通鑑》記載：文德元年十一月「丙申，秦宗權別將攻陷許州，執忠武留後王蘊，復取許州。」〔註136〕

同年十二月，秦宗權被部將申叢囚禁。申叢向朱全忠投降，被朝廷任命為淮西留後。申叢投降後，肯定放棄了對許州、鄭州〔註137〕。

龍紀元年（889年）正月，申叢被部將郭璠殺死。郭璠派人將秦宗權押送到汴州，朱全忠上表朝廷，以郭璠為淮西留後。

秦宗權死後，淮西鎮逐漸沒落，光州也被淮南節度使楊行密奪取。對此，《舊五代史》記載：「太祖（朱溫）令（馬嗣勳）往光州，說刺史劉存背淮賊以向國。」〔註138〕《資治通鑑》記載，乾寧三年（896年）五月，「（朱）延壽進拔光州，殺刺史劉存。」〔註139〕說明光州在乾寧三年就已經被淮南楊行密奪取。

乾寧四年（897年），時任奉國軍節度使的是崔洪，崔洪與淮南楊行密交好。前文已經提及，《方鎮表二》記載：乾寧四年，「奉國軍節度增領申、和二

〔註133〕《新唐書》卷二百二十五下《秦宗權傳》，第4890頁。
〔註134〕《資治通鑑》卷二百五十七《光啟三年》，第8366、8372頁。
〔註135〕詳見第八章第一節《山南東道的轄區沿革》。
〔註136〕《資治通鑑》卷二百五十七《文德元年》，第8382頁。
〔註137〕《資治通鑑》卷二百五十七《文德元年》，第8382頁。
〔註138〕《舊五代史》卷二十《梁書·馬嗣勳傳》，第274頁。
〔註139〕《資治通鑑》卷二百六十《乾寧三年》，第8487頁。

州」〔註140〕。和州當時處於淮南楊行密的實際控制下，朝廷將和州劃歸淮西崔洪治下，應該是朱全忠為了離間崔洪與楊行密。至於申州，史籍的記載非常少，或許之前就是一直屬淮西鎮轄有。

光化二年（899 年）二月，崔洪投奔淮南，蔡州最終被朱全忠佔據。《資治通鑒》記載：光化元年十一月，「朱全忠以奉國節度使崔洪與楊行密交通，遣其將張存敬攻之。洪懼，請以弟都指揮使賢為質……全忠許之，召存敬還。」光化二年二月，「蔡將崔景思等殺（崔）賢，劫崔洪，悉驅兵民渡淮奔楊行密。兵民稍稍遁歸，至廣陵者不滿二千人。（朱）全忠命許州刺史朱友裕守蔡州。」〔註141〕至此，唐末淮西鎮的歷史宣告結束。

綜上所述，唐末淮西鎮的轄區沿革可總結如表 9-4 所示。

表9-4　唐末淮西鎮轄區統計表

時　期	轄區總計	會　府	直接轄區	附屬藩鎮
880 年～884 年	4 州	蔡州	蔡、申、光、壽	—
885 年～886 年	/	蔡州	蔡、申、光〔註142〕	山南東道
886 年～887 年	/	蔡州	蔡、申、光、許、鄭、孟、陝、虢、汝、河南府	山南東道
887 年～888 年	/	蔡州	蔡、申、光、鄭	山南東道、荊南鎮
889 年～899 年	/	蔡州	蔡、申〔註143〕	—

四、淮西鎮下轄州縣沿革

李忠臣、李希烈割據時期，淮西鎮的轄區較廣，曾經主要轄有蔡、光、申、安、蘄、黃、隨、唐、許、汝、汴、沔、仙、潁等州。李希烈敗亡之後，吳少誠、吳少陽家族割據淮西鎮，轄區大為縮減，僅轄有蔡、光、申三州。唐末，秦宗權等人割據淮西鎮，雖然一度擴大轄區，但長期轄有的也僅有蔡、光、申等州而已。

（一）淮西鎮長期轄有的州

蔡州（豫州）：761 年～817 年屬淮西鎮，881 年～899 年屬奉國軍，長期

〔註140〕《新唐書》卷六十五《方鎮表二》，第 1221 頁。
〔註141〕《資治通鑒》卷二百六十一《光化元年》《光化二年》，第 8520、8522 頁。
〔註142〕唐末淮西鎮在大多數時間具體轄有哪些州很難考證，表中所列出的是淮西鎮肯定轄有或實際控制的州。
〔註143〕淮西鎮失去光州的時間不詳，但在乾寧三年（896 年）之前。

為會府。天寶元年（742 年），豫州改為汝南郡，至德元載（756 年）隸於淮西鎮，乾元元年（758 年）復為豫州，改隸於豫許汝節度使。上元二年（761 年），淮西節度使開始兼任豫許汝節度使。此後，豫州實際已隸屬於淮西鎮。寶應元年（762 年），豫州改為蔡州。同年，李忠臣成為淮西節度使，治於蔡州。大曆八年（773 年），蔡汝節度使被廢除，蔡州正式成為淮西鎮的會府。十一年（776 年），李忠臣徙淮西鎮治於汴州。十四年（779 年），淮西鎮罷領汴、汝等州，還治於蔡州。建中三年（782 年），李希烈徙治於許州，次年又徙治蔡州。興元元年（784 年）正月，李希烈稱帝，改汴州為大梁府，作為都城。同年十一月，李希烈還治於蔡州。吳氏割據淮西鎮後，仍以蔡州為會府。元和十二年（817 年），淮西鎮被朝廷平定。十三年（818 年），淮西鎮最終被朝廷廢除，蔡州改隸於陳許鎮。廣明元年（880 年），秦宗權開始佔據蔡州。中和元年（881 年），蔡州建置為奉國軍防禦使，二年（882 年）升為節度使。光啟元年（885 年），秦宗權稱帝，以蔡州為都城。文德元年（888 年），秦宗權敗亡，蔡州建置淮西節度使，其後仍為奉國軍節度使。光化二年（899 年），蔡州為宣武節度使朱溫攻取。

轄有汝陽、吳房、西平、上蔡、郾城、汝南、平輿、郎山、新息、真陽、新蔡、褒信十二縣，治於汝陽縣。

吳房縣：元和十二年（817 年）十月，朝廷平定淮西鎮後，吳房縣改為遂平縣，隸屬於唐州，不久又以郾城、上蔡、西平、遂平四縣建置溵州，長慶元年（821 年）五月，溵州廢，遂平縣仍隸於蔡州〔註 144〕。

西平縣：大曆四年（769 年），改隸於仙州，五年（770 年），仙州廢，西平縣復隸於蔡州〔註 145〕。元和十二年（817 年）十一月，朝廷平定淮西鎮後，以蔡州郾城、上蔡、西平、遂平四縣置溵州，長慶元年（821 年）五月，溵州廢，西平縣仍隸於蔡州〔註 146〕。

上蔡縣：元和十二年（817 年）十一月，朝廷平定淮西鎮後，以蔡州的郾城、上蔡、西平、遂平四縣建置溵州〔註 147〕，長慶元年（821 年）五月，溵州

〔註 144〕《舊唐書》卷三十八《地理志一》，第 1435 頁。
〔註 145〕《新唐書》卷三十八《地理志二》第 647 頁記載：「大曆四年復以葉、襄城置仙州，又析置仙鳧縣，以許州之舞陽、蔡州之西平、唐州之方城隸之，五年廢，省仙鳧，餘縣皆還故屬」。
〔註 146〕《舊唐書》卷三十八《地理志一》，第 1435 頁。
〔註 147〕《舊唐書》卷十五《憲宗本紀下》，第 462 頁。

廢，上蔡縣仍隸於蔡州。

郾城縣：建中二年（781 年）三月〔註 148〕，以蔡州的郾城、許州的臨潁、陳州的溵水三縣建置溵州。貞元二年（786 年），李希烈之亂結束後，廢溵州，縣還故屬。吳元濟叛亂後，元和十二年（817 年）四月，朝廷收復郾城縣〔註 149〕。同年七月，改隸於行蔡州，為州治〔註 150〕。十一月，朝廷平定淮西鎮後，以郾城、上蔡、西平、遂平四縣建置溵州。長慶元年（821 年）五月，溵州廢，郾城縣復隸於蔡州。同年，郾城改隸於許州〔註 151〕。

汝南縣：貞元七年（791 年），析汝陽、朗山、上蔡、吳房四縣地置汝南縣，元和十三年（818 年）省〔註 152〕。

行吳房縣：朝廷討伐吳元濟，於文城柵南新城內建置行吳房縣，隸於蔡州。元和十二年（817 年）四月，行吳房縣改為遂平縣，治於文城柵南新城內，權隸於唐州。同年十月，吳元濟被平定，廢此遂平縣〔註 153〕。

行郾城縣：朝廷討伐吳元濟，置行郾城縣於行營〔註 154〕，元和十二年（817 年）十月平定吳元濟，廢行郾城縣。

申州：756 年～817 年屬淮西鎮，881 年～899 年屬奉國軍。天寶元年（742 年），申州改為義陽郡，至德元載（756 年）始隸於淮西鎮，乾元元年（758 年）復為申州。寶應元年（762 年），申州改隸於蔡汝鎮。但蔡汝節度使由淮西節度使兼任，申州實則也隸屬於淮西鎮。大曆八年（773 年），申州正式併入淮西鎮。元和十三年（818 年），淮西鎮最終被朝廷廢除，申州改隸於鄂岳鎮。中和元年（881 年），申州改隸於奉國軍。

〔註 148〕 《舊唐書》卷十二《德宗本紀上》328 頁記載：建中二年三月，「又於郾城置溵州」。
〔註 149〕 《舊唐書》卷十五《憲宗本紀下》第 459 頁記載：元和十二年四月「丁卯，賊郾城守將鄧懷金與縣令董昌齡以郾城降。」
〔註 150〕 《舊唐書》卷十五《憲宗本紀下》第 460 頁記載：元和十二年七月，「詔以郾城為行蔡州治所。」
〔註 151〕 《新唐書》卷三十八《地理志二》，第 649 頁。
〔註 152〕 《新唐書》卷三十八《地理志二》，第 650 頁。
〔註 153〕 （宋）宋敏求編：《唐大詔令集》卷九十九《置遂平縣敕》，第 500 頁。其中記載：「其蔡州行吳房縣宜改為遂平縣，仍於文城柵南新城內置，便為上縣，權隸唐州（元和十二年四月）。」
〔註 154〕 《新唐書》卷二百一十四《吳元濟傳》第 4576 頁記載：「（吳）元濟食盡，士卒食菱芡魚鱉皆竭，至斸草根以給者……帝始僑置郾城、吳房於行營，以綏新附。」

轄有義陽、鍾山、羅山三縣，治於義陽縣。

光州：756 年～817 年屬淮西鎮，881 年～896 年前屬奉國軍。天寶元年（742 年），光州改為弋陽郡，至德元載（756 年）始隸於淮西鎮，乾元元年（758 年）復為光州。元和十三年（818 年），淮西鎮最終被朝廷廢除，光州改隸於淮南鎮。中和元年（881 年），光州改隸於奉國軍。乾寧三年（896 年）之前，光州被淮南節度使楊行密攻取。

轄有定城、殷城、固始、光山、仙居五縣，治於定城縣。

（二）淮西鎮短期轄有的州

安州：759 年～784 年屬淮西鎮。天寶元年（742 年），安州改為安陸郡，至德元載（756 年）始隸於淮南鎮，二載（757 年）改隸於山南東道，乾元元年（758 年）復為安州，二年（759 年）改隸於淮西鎮。上元二年（761 年），淮西鎮徙治於安州，寶應元年（762 年）徙治於蔡州。興元元年（784 年），朝廷取得安州，其後將其劃歸山南東道。

轄有安陸、應山、雲夢、孝昌、吉陽、應城六縣，治於安陸縣。

許州：761 年～786 年屬淮西鎮。天寶元年（742 年），許州改為潁川郡。至德元載（756 年），始隸於淮西鎮。同年十一月，陷於安祿山政權，改為許州。二載（757 年），收復，仍改為潁川郡。乾元元年（758 年），復為許州，同年改隸於豫許汝節度使。二年（759 年），陷於史思明政權，改為潁川郡。寶應元年（762 年），收復，仍改為許州，復隸於淮西鎮。建中三年（782 年），淮西節度使李希烈徙治於許州，四年（783 年）復治於蔡州。

轄有長社、臨潁、舞陽、長葛、許昌、鄢陵、扶溝七縣，治於長社縣。

臨潁縣：建中二年（781 年）三月，以蔡州郾城、許州臨潁、陳州溵水三縣置溵州，治於郾城縣。貞元二年（786 年），李希烈之亂結束後，廢溵州，縣還故屬〔註155〕。

舞陽縣：大曆四年（769 年），置仙州，舞陽縣改隸於仙州。五年（770 年），仙州廢，舞陽縣復隸於許州〔註156〕。

〔註155〕《新唐書》卷三十八《地理志二》，第 649 頁。
〔註156〕《新唐書》卷三十八《地理志二》第 647 頁記載：「大曆四年復以葉、襄城置仙州，又析置仙鳧縣，以許州之舞陽、蔡州之西平、唐州之方城隸之，五年廢，省仙鳧，餘縣皆還故屬」。下文方城、葉、襄城三縣沿革同出自於此，不再引注。

隨州：762 年～787 年屬淮西鎮。隨州原隸於山南東道，寶應元年（762年）改隸於淮西鎮，貞元三年（787 年）復隸於山南東道。

轄有隨、光化、棗陽、唐城四縣，治於隨縣。

唐州：762 年～786 年屬淮西鎮。唐州原隸於山南東道，寶應元年（762年）改隸於淮西鎮，貞元二年（786 年），唐州為朝廷所取，三年（787 年）復隸於山南東道。

轄有比陽、方城、慈丘、桐柏、平氏、湖陽、泌陽七縣，治於比陽縣。

方城縣：大曆四年（769 年），置仙州，方城縣改隸於仙州。五年（770 年），仙州廢，方城縣復隸於唐州。

汴州：776 年～779 年屬淮西鎮，為會府。上元二年（761 年）至寶應元年（762 年）期間，汴州曾短期隸屬於淮西鎮。大曆十一年（776 年），汴宋留後李靈曜叛亂，淮西節度使李忠臣率軍討伐，攻取汴州，並徙淮西鎮治於汴州。十四年（779 年），淮西將領李希烈驅逐李忠臣，朝廷趁機將汴州劃歸永平鎮。建中四年（783 年）十二月，淮西節度使李希烈再次攻佔汴州。興元元年（784年）正月，李希烈稱帝，改汴州為大梁府，作為都城。同年十一月，李希烈敗逃回蔡州，汴州被宣武節度使劉玄佐奪取，改隸於宣武鎮。

轄有浚儀、開封、陳留、雍丘、封丘、尉氏六縣，治於浚儀縣。

汝州：761 年～779 年屬淮西鎮。汝州原隸於豫許汝節度使，上元二年（761年），淮西節度使開始兼任豫許汝節度使（後改稱蔡汝節度使），汝州因此隸屬於淮西鎮。大曆八年（773 年），蔡汝鎮最終併入淮西鎮，汝州正式隸屬於淮西鎮。十四年（779 年），汝州改隸於東畿鎮。

轄有梁、葉、襄城、臨汝、魯山、郟城、龍興七縣，治於梁縣。

葉縣：大曆四年（769 年）三月，葉縣改隸於仙州。五年（770 年），仙州廢，葉縣復隸於汝州。

襄城縣：大曆四年，改隸於仙州。五年（770 年），仙州廢，襄城縣復隸於汝州。

黃州：759 年～783 年屬淮西鎮。天寶元年（742 年），黃州改為齊安郡。至德元載（756 年），始隸於淮南鎮。乾元元年（758 年），復為黃州。二年（759年），改隸於淮西鎮。建中四年（783 年），改隸於鄂岳鎮。

轄有黃岡、黃陂、麻城三縣，治於黃岡縣。

蘄州：759 年～783 年屬淮西鎮。天寶元年（742 年），蘄州改為蘄春郡。

至德元載（756 年），始隸於淮南鎮，乾元元年（758 年），復為蘄州。二年（759年），改隸於淮西鎮。建中四年（783 年），改隸於鄂岳鎮。

　　轄有蘄春、黃梅、蘄水、廣濟四縣，治於蘄春縣。

圖 9-2　淮西鎮轄區圖（776 年）

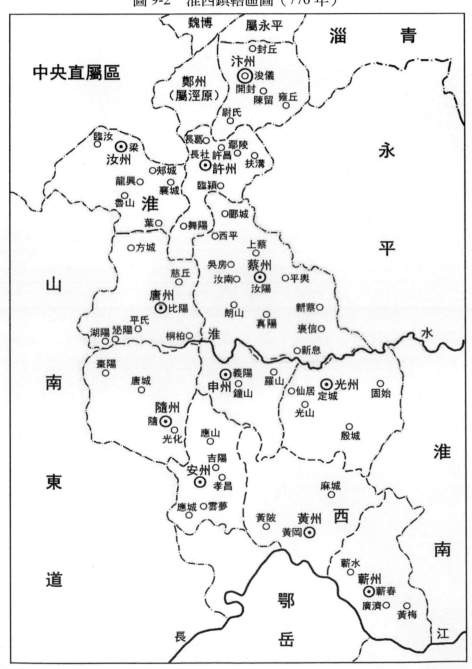

沔州：759 年～764 年、779 年～781 年屬淮西鎮。天寶元年（742 年），沔州改為漢陽郡。至德元載（756 年），始隸於淮南鎮。乾元元年（758 年），復為沔州。二年（759 年），改隸於鄂岳鎮，同年改隸於淮西鎮。廣德二年（764 年），復隸於鄂岳鎮。大曆十四年（779 年），復隸於淮西鎮。建中二年（781 年），沔州廢。

轄有漢陽、汊川二縣，治於漢陽縣。

漢陽縣：建中二年（781 年）〔註 157〕，沔州廢，漢陽縣改隸於黃州〔註 158〕。

汊川縣：建中二年（781 年），沔州廢，汊川縣改隸於黃州〔註 159〕。

溵州：781 年～786 年、817 年～817 年屬淮西鎮。建中二年（781 年）三月，以蔡州郾城、許州臨潁、陳州溵水三縣建置溵州，治於郾城縣，隸於淮西鎮。貞元二年（786 年），李希烈之亂結束，廢除溵州，縣歸故屬。元和十二年（817 年）十一月，以蔡州郾城、上蔡、西平三縣和唐州遂平縣建置溵州，治郾城縣，隸於淮西鎮。同年，改隸於陳許鎮。長慶元年（821 年）五月〔註 160〕，溵州廢除，四縣復隸於蔡州〔註 161〕。

轄有郾城、臨潁、溵水三縣，治於郾城縣。

臨潁縣：原屬許州，建中二年（781 年），改隸於溵州。貞元二年（786 年），溵州廢，臨潁縣復隸於許州。

溵水縣：原屬陳州，建中二年（781 年），改隸於溵州。貞元二年（786 年），溵州廢，溵水縣復隸於陳州。

仙州：769 年～770 年屬淮西鎮。大曆四年（769 年），以汝州之葉、襄城二縣、許州之舞陽縣、蔡州之西平縣、唐州之方城縣建置仙州，又置仙鳧縣，治於葉縣，隸於蔡汝節度使。五年（770 年），廢仙州及仙鳧縣，其餘轄縣復還故屬〔註 162〕。

〔註 157〕 《舊唐書》卷十二《德宗本紀上》，第 329 頁。

〔註 158〕 （宋）王溥撰，牛繼清校證：《唐會要校證》卷七十一《州縣改置下》，第 1088 頁。對於沔州被廢除的時間，文中記載為建中元年，當誤，據《舊唐書》卷十二《德宗本紀上》的記載更正。

〔註 159〕 （宋）王溥撰，牛繼清校證：《唐會要校證》卷七十一《州縣改置下》，第 1088 頁。同上，年代誤作為「建中元年」。

〔註 160〕 《舊唐書》卷十六《穆宗本紀》第 489 頁記載：長慶元年五月「癸亥，敕先置溵州於郾城，宜廢。」

〔註 161〕 溵州的建置情況，詳見前文考述，此處不再累述。

〔註 162〕 仙州的建置，詳見前文相關各縣的沿革。

行蔡州：元和十二年（817 年）三月，朝廷於唐州東界建置行蔡州，隸屬於淮西鎮〔註163〕。同年（817 年）七月，徙治於郾城縣〔註164〕。十月，朝廷平定吳元濟，收復蔡州，廢除行蔡州。

圖 9-3　淮西鎮轄區圖（787 年）

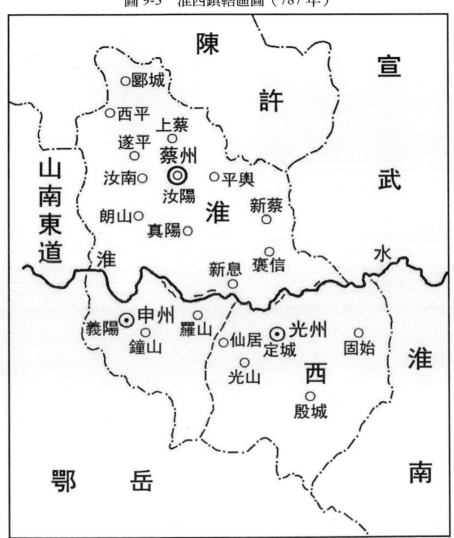

〔註163〕（宋）宋敏求編：《唐大詔令集》卷九十九《置行蔡州敕》，第 500 頁。文中記載：「其新除蔡州刺史楊元卿，宜令與李愬商量計會，且於唐州東界，選擇要便，權置行蔡州……元和十年三月。」前文論述，此「元和十年」當為「元和十二年」之誤。

〔註164〕《舊唐書》卷十五《憲宗本紀下》第 460 頁記載：元和十二年七月，「詔以郾城為行蔡州治所。」

第十章　江南東道藩鎮

　　江南東道簡稱為江東道，此道內長期存在有浙西、浙東、福建三個藩鎮。

　　浙西鎮全稱為浙江西道，始建於乾元元年（758 年），至大曆十四年（779年）與浙東、宣歙二鎮合併為浙江鎮。貞元三年（787 年），浙江鎮分置為浙西、浙東、宣歙三鎮。此後，浙西鎮長期轄有潤、蘇、常、杭、湖、睦六州，治於潤州。光啟三年（887 年），潤州之浙西鎮最終被廢除。唐末，浙西鎮下轄各州紛紛割據，甚至建置為藩鎮。其中，錢鏐據有蘇、杭等州，治於杭州，稱為杭州鎮，後取代潤州浙西鎮成為新的浙西鎮，先後有武勝、鎮海等軍號。五代初期，錢鏐以浙西鎮為基礎，建立吳越國政權。另外，湖州建置有忠國軍節度使，昇州建置有武寧軍節度使。

　　浙東鎮全稱為浙江東道，始置於乾元元年（758 年），至大曆十四年（779年）併入浙江鎮。貞元三年（787 年），浙東鎮復建，此後長期轄有越、婺、衢、處、溫、台、明七州，治於越州。唐末，劉漢宏、董昌先後割據於浙東鎮，軍號先後為義勝軍、威勝軍。乾寧二年（895 年），董昌稱帝，建立大越羅平國，次年為錢鏐所滅。另外，浙東鎮下轄各州也在唐末紛紛實行割據。

　　福建鎮建置於至德元載（756 年），延續至唐末，長期轄有福、建、泉、汀、漳五州，治於福州。唐末，王潮割據於福建鎮，軍號威武軍。五代時期，王潮之弟王審知以福建鎮建立閩國。

　　這一章主要研究江南東道的浙西、浙東、福建三個藩鎮，其中還涉及江東、浙江、杭州、武寧（昇州）、忠國（湖州）等藩鎮。

第一節　浙西鎮

浙西鎮，是浙江西道的簡稱，長期轄有潤、蘇、常、杭、湖、睦六州，治於潤州。唐末，周寶據有浙西鎮，後被攻滅。另外，錢鏐佔據浙西鎮下轄的杭州，逐漸成為浙西最大的割據勢力，後被朝廷任命為浙西觀察使，成為新的浙西鎮。其後，錢鏐兼併浙東鎮，據有兩浙之地，建立吳越國。

唐末，浙西鎮分裂，形成了杭州、湖州、昇州、睦州等割據勢力。其中，杭州後升為鎮海軍節度使；湖州後升為忠國軍節度使；昇州升為武寧軍節度使。

學術界對於浙西鎮的研究相對較少，目前筆者僅見李碧妍女士的碩士論文《唐鎮海軍研究》〔註1〕和任記國先生的碩士論文《唐代浙江西道研究》〔註2〕。《唐鎮海軍研究》主要側重於政治史的研究，《唐代浙江西道研究》對浙西鎮的政治史、軍事、地理、經濟、文化等方面進行了研究，但對其轄區沿革的研究較為薄弱。

一、浙西鎮的轄區沿革

浙西鎮的建置沿革為：江南東道節度使（756～757）—丹陽防禦使（757）—江南防禦使（757）—江東防禦使（757）—浙江西道節度使（757）—江東防禦使（757～758）—江南東道節度使（758）—浙江西道節度使（758～759）—浙江西道都團練觀察使（759～779）—浙江東西道都團練觀察使（779～780）—浙江西道都團練觀察使（780～781）—鎮海軍節度使（781～787）—浙江西道都團練觀察使（787～805）—鎮海軍節度使（805～809）—浙江西道都團練觀察使（809～834）—鎮海軍節度使（834～835）—浙江西道都團練觀察使（835）—鎮海軍節度使（835）—浙江西道都團練觀察使（835～858）—鎮海軍節度使（858～859）—浙江西道都團練觀察使（859～862）—鎮海軍節度使（862～867）—浙江西道都團練觀察使（867～870）—鎮海軍節度使（870～887）。

浙西鎮建置之前，江南東道已經建置有江東鎮。至德元載（756 年），朝廷於江南東道建置江東鎮。乾元元年（758 年），江東鎮分置為浙西、浙東二

〔註1〕 李碧妍：《唐鎮海軍研究》，碩士學位論文，上海大學歷史系，2008 年。
〔註2〕 任記國：《唐代浙江西道研究》，碩士學位論文，浙江大學歷史系，2009 年，
　　　　第 19～21 頁。

個藩鎮。

　　浙西鎮建置初期，主要轄有蘇、潤、常、杭、湖等州，先後治於潤、昇、宣、蘇四州。建中之後，浙西鎮長期治於潤州。貞元之後，浙西鎮長期轄有潤、蘇、常、杭、湖、睦六州，治於潤州。唐末，浙西鎮下轄各州紛紛割據，形成了杭州、湖州、昇州、睦州等割據勢力。最終，杭州割據勢力取代潤州，成為新的浙西鎮。

（一）江東鎮的沿革

　　江東鎮全稱為江南東道，延續時間較為短暫，但是其變革卻是十分頻繁。對於江東鎮的沿革，賴青壽先生的博論《唐後期方鎮建置沿革研究》有了比較詳細的考證〔註3〕。這裡不再一一考述，僅簡要敘述江東鎮的沿革情況。

　　江東鎮始建於至德元載（756年）七月，時稱江南東道節度使，初治餘杭郡，不久徙治於丹陽郡，轄有丹陽、宣城、新安、吳、晉陵、餘杭、吳興、會稽、新定、信安、東陽、臨海、餘姚、縉雲、永嘉十五郡。

　　至德二載（757年）正月，江東節度使改為丹陽防禦使，同年二月，又改為江南防禦使，並增置江寧郡。八月，江南防禦使徙治於餘杭郡，改稱為江東防禦使。

　　同年（757年）十月，江東防禦使分置為浙東、浙西二節度使。其中，浙西節度使轄有丹陽、宣城、新安、吳、晉陵、餘杭、吳興、江寧八郡，徙治於丹陽郡。不久，朝廷廢除浙東、浙西二節度使，仍置江東防禦使，治於丹陽郡。

　　乾元元年（758年）三月，江東防禦使升為江南東道節度使。同年，朝廷改郡為州，江東鎮下轄的丹陽郡改為潤州，宣城郡改為宣州，新安郡為歙州，吳郡為蘇州，晉陵郡為常州，餘杭郡為杭州，吳興郡為湖州，會稽郡為越州，新定郡為睦州，信安郡為衢州，東陽郡為婺州，臨海郡為台州，餘姚郡為明州，縉雲郡為括州，永嘉郡為溫州，江寧郡為昇州。

　　直至同年（758年）十二月，江南東道節度使再次分置為浙西、浙東二節度使〔註4〕。至此，江東鎮最終被廢除。

〔註3〕賴青壽：《唐後期方鎮建置沿革研究》第十章第一節《浙西觀察使沿革（含杭州防禦使、蘇杭等州都團練觀察使、忠武軍節度使）》，第141～142頁。

〔註4〕以上內容均可見於賴青壽先生的博士論文《唐後期方鎮建置沿革研究》第十章第一節《浙西觀察使沿革（含杭州防禦使、蘇杭等州都團練觀察使、忠武軍節度使）》，第141～142頁。

（二）浙西鎮初期的轄區沿革

浙西鎮始置於至德二載（757年）十月，當時轄有丹陽、宣城、新安、吳、晉陵、餘杭、吳興、江寧八郡，治於丹陽郡。不久，浙西節度使就被廢除了。對此，上文已經提及。

直至乾元元年（758年）十二月，朝廷分江南東道節度使置為浙西、浙東二節度使，再次建置浙西鎮。當時，浙江西道節度使轄有昇、潤、宣、歙、饒、江、蘇、常、杭、湖十州，治於昇州，不久徙治於蘇州，又罷領宣、歙、饒、江四州。對此這些史實，《資治通鑒》記載：本年十二月，「置浙江西道節度使，領蘇、潤等十州，以昇州刺史韋黃裳為之。」〔註5〕《方鎮表五》也記載：本年，「置浙江西道節度兼江寧軍使，領昇、潤、宣、歙、饒、江、蘇、常、杭、湖十州，治昇州，尋徙治蘇州，未幾，罷領宣、歙、饒三州，副使兼餘杭軍使，治杭州。」〔註6〕另外，賴青壽先生在其博論《唐後期方鎮建置沿革研究》中認為，江州在此時改隸於洪吉防禦使。其依據為，宣、歙、饒三州另置為藩鎮之後，江州被阻隔，不可能隸屬浙西鎮〔註7〕，此說可取，因而江州此時也應該改隸於洪吉防禦使。

乾元二年（759年），浙西鎮徙治於昇州，又復領宣、歙、饒三州。對此，《方鎮表五》記載：本年，「廢浙江西道節度使，置觀察處置都團練守捉及本道營田使，更領丹陽軍使，治蘇州，復領宣、歙、饒三州。」此條記載有誤，據《舊唐書》記載：本年六月，「以饒州刺史顏真卿為昇州刺史，充浙江西道節度使。」〔註8〕賴青壽先生考證，浙西鎮此年徙治於昇州，而非蘇州。但其又認為，饒州此時並沒有隸屬於浙西鎮，而是改隸於江南西道〔註9〕。這點似乎並不可取，因為沒有確切的記載來論證這一點。其依據是饒州此後沿革不明，據此而否定《方鎮表五》的記載，似乎欠妥。

上元元年（760年），朝廷復置宣歙節度使，轄有宣、歙、饒三州。因而，浙西鎮罷領三州。同年十二月，宣歙節度使廢，三州復隸於浙西鎮。《資治通

〔註5〕《資治通鑒》卷二百二十《乾元元年》，第7063頁。

〔註6〕《新唐書》卷六十八《方鎮表五》，第1293～1305頁。下文同，不再引注。

〔註7〕賴青壽：《唐後期方鎮建置沿革研究》第十章第一節《浙西觀察使沿革（含杭州防禦使、蘇杭等州都團練觀察使、忠武軍節度使）》，第142頁。

〔註8〕《舊唐書》卷十《肅宗本紀》，第256頁。

〔註9〕賴青壽：《唐後期方鎮建置沿革研究》第十章第一節《浙西觀察使沿革（含杭州防禦使、蘇杭等州都團練觀察使、忠武軍節度使）》，第142～143頁。

鑒》記載：本年十二月，「（劉）展遣其將傅子昂、宗犀攻宣州，宣歙節度使鄭
炅之棄城走，李峘奔淇〔洪〕州。」胡注：「宣歙節度使領宣、歙、饒三州。」
〔註10〕由此記載可知，在上元元年確實建置有宣歙節度使。劉展叛亂後，佔據
宣州，宣歙節度使又被廢除。

　　上元二年（761年）正月，浙西鎮徙治於宣州，同年昇州也被廢除。《方
鎮表五》記載：本年，「浙江西道觀察使徙治宣州，罷領昇州。」《舊唐書》也
記載：本年正月，「溫州刺史季廣琛為宣州刺史，充浙江西道節度使。」〔註11〕

　　寶應元年（762年），朝廷再次分浙西鎮建置宣歙鎮，以季廣琛為宣州刺史、
宣歙觀察使，轄有宣、歙、饒三州；以李丹為浙西觀察使，治於蘇州。《唐刺史
考全編》考證，李丹在寶應元年（762年）至廣德元年（763年）為蘇州刺史〔註
12〕，又言「是時浙西觀察使正駐蘇州，兼蘇州刺史。」同書又推斷，季廣琛在
宣州任上的時間是從上元二年（761年）到永泰元年（765年）〔註13〕。由此來
看，李丹、季廣琛二人任職的時間有重疊，但是不可能同時存在兩個浙西觀察使。
那麼，宣州的季廣琛必然不會再是浙西觀察使了，而應該是宣歙觀察使。

　　《唐刺史考全編》又引《全唐詩續拾》卷二七裴丹《重建東峰亭序》的記
載：「唐永泰元年春二月，江西帥御史中丞季公廣琛嘗遊屬城。」〔註14〕由此
來看，季廣琛在永泰元年為「江西帥」。當時，洪吉都防禦團練觀察使還沒有
改稱江南西道觀察使。這裡的「江西」必然是指的是「宣歙」。同書又考證，
殷日用在季廣琛之後繼任宣州。其中引《舊唐書》的記載：「宣州觀察使殷日
用奏為判官，宣慰使李季卿又以表薦，連授大理評事、兼監察御史。」〔註15〕
又引《姓纂》卷四《陳郡長平殷氏》的記載：「（殷）日用，宣歙觀察、御史中
丞。」由此記載來看，宣州確實另置有觀察使。這也能夠解釋李丹、季廣琛二
人為什麼同時稱為觀察使。

　　永泰元年（765年），宣歙觀察使被廢除，浙西鎮復領宣、歙、饒三州。據
《唐刺史考全編》考證，殷日用之後的宣州刺史李侁不帶觀察使的稱號〔註16〕，

〔註10〕《資治通鑒》卷二百二十一《上元元年》，第7100～7101頁。
〔註11〕《舊唐書》卷十《肅宗本紀》，第260頁。
〔註12〕郁賢皓：《唐刺史考全編》卷一三九《蘇州（吳郡）》，第1911頁。
〔註13〕郁賢皓：《唐刺史考全編》卷一五六《宣州（宣城郡）》，第2223頁。
〔註14〕郁賢皓：《唐刺史考全編》卷一五六《宣州（宣城郡）》，第2223頁。
〔註15〕《舊唐書》卷一百五十三《劉乃傳》，第4084頁。
〔註16〕郁賢皓：《唐刺史考全編》卷一五六《宣州（宣城郡）》，第2223頁。

可知宣州又罷鎮。

此後，浙西鎮長期治於蘇州。《全唐文》記載：「永泰元年……十一月……乃白本道觀察使兼御史中丞韋公元甫。」〔註17〕《舊唐書》記載：「（韋元甫）累遷蘇州刺史、浙江西道都團練觀察等使」〔註18〕。由以上記載也可以看出，浙西鎮已經徙治於蘇州。

大曆元年（766 年），朝廷復置宣歙池觀察使，浙西鎮因此罷領宣、歙二州。與此同時，饒州由於宣歙鎮的阻隔，必然不可能再隸屬於浙西鎮。因此，浙西鎮同時還罷領了饒州〔註19〕。

（三）浙西、浙東、宣歙三鎮的合併與分置

大曆十四年（779 年）六月，朝廷廢除宣歙鎮，宣歙鎮所轄的宣、歙、池三州改隸於浙西鎮。《舊唐書》記載：本年六月，「辛酉，罷宣歙池、鄂岳沔二都團練觀察使、陝虢都防禦使，以其地分隸諸道。」〔註20〕

同年十一月，朝廷廢除浙東鎮，所轄州歸於浙西鎮。至此，浙江西道觀察使因此改稱為浙江東西道都團練觀察使。《資治通鑑》記載：本年「十一月丁丑，以晉州刺史韓滉為蘇州刺史、浙江東、西觀察使。」〔註21〕《李文公集》卷十三《平原郡王柏公（良器）碑》也記載：「其年（大曆十四年）冬，遂並宣、越與浙西為一，而以晉州刺史韓滉代（李）道昌」。此前，浙東鎮轄有越、睦、衢、婺、台、明、處、溫八州，加上浙西鎮之前轄有蘇、潤、常、杭、湖、宣、歙、池八州。至此，浙江鎮轄有十六州，仍然治於蘇州。

建中元年（780 年），朝廷又分浙江為浙東、浙西二鎮。此次分置後，浙西鎮轄有蘇、潤、常、杭、湖、宣、歙、池八州，治於蘇州。《方鎮表五》記載：本年，「分浙江東、西道都團練觀察使為二道。」

建中二年（781 年）六月，朝廷再次將浙西、浙東二鎮合併。此次二鎮合併之後，治所由蘇州遷到了潤州，並有軍號鎮海軍。《資治通鑑》記載：本年「六月庚寅，以浙江東、西觀察使、蘇州刺史韓滉為潤州刺史、浙江東、西節

〔註17〕（清）董誥等編：《全唐文》卷三百十四《潤州丹陽縣復練塘頌並序》，第 3193 頁。

〔註18〕《舊唐書》卷一百一十五《韋元甫傳》，第 3376 頁。

〔註19〕關於浙西鎮罷領饒州之事，詳見第十一章第二節《江西鎮的轄區沿革》。

〔註20〕《舊唐書》卷十二《德宗本紀上》，第 322 頁。

〔註21〕《資治通鑒》卷二百二十六《大曆十四年》，第 7272 頁。

度使，名其軍曰鎮海。」〔註22〕《方鎮表五》也記載：本年，「合浙江東、西二道觀察置節度使，治潤州，尋賜號鎮海軍節度」。

貞元三年（787年）二月，鎮海軍節度使韓滉去世後，朝廷再次將浙江鎮分為浙西、浙東、宣歙三鎮，鎮海軍的軍號也被取締。分割之後，浙西鎮轄有潤、江、常、蘇、杭、湖、睦七州，仍然治於潤州。《資治通鑑》記載：本年二月「戊寅，鎮海節度使、同平章事、充江、淮轉運使韓滉薨……分浙江東、西道為三：浙西，治潤州；浙東，治越州；宣歙池，治宣州；各置觀察使以領之。」〔註23〕《方鎮表五》記載：本年，「復置浙江西道都團練觀察使，領潤、江、常、蘇、杭、湖、睦七州，治蘇州。」這裡「治蘇州」的記載是錯誤的，浙西鎮從此一直治於潤州。另外，需要注意的是，江州原本隸屬於鄂岳鎮，至此改隸於浙西鎮。

貞元四年（788年），江州改隸於江西鎮。《方鎮表五》江東欄記載：本年，「江州隸江西觀察使」。此後，浙西鎮長期轄有潤、常、蘇、杭、湖、睦六州。

（四）浙西鎮的割據與鎮海軍的廢置

貞元十五年（799年）二月，朝廷任命李錡為浙西觀察使。此後，李錡逐漸萌生割據浙西之志，最終為朝廷所平定。

永貞元年（805年）三月，朝廷升浙西觀察使李錡為鎮海軍節度使。對此，《方鎮表五》記載為元和二年（807年），當誤。據《資治通鑑》記載：永貞元年三月丙戌，「以浙西觀察使李錡為鎮海節度使，解其鹽轉運使。」〔註24〕《新唐書》也記載：「帝於是復鎮海軍，以（李）錡為節度使，罷領鹽鐵轉運。」〔註25〕

元和二年（807年）十月，李錡叛亂，最終被朝廷平定。《資治通鑑》記載：本年「十月己未，詔徵（李）錡為左僕射，以御史大夫李元素為鎮海節度使。庚申，錡表言軍變，殺留後、大將。先是，錡選腹心五人為所部五州鎮將，姚志安處蘇州，李深處常州，趙惟忠處湖州，丘自昌處杭州，高蕭處睦州，各有兵數千，伺察刺史動靜。至是，錡各使殺其刺史，遣牙將庚伯良將兵三千治石頭城……乙丑，制削李錡官爵及屬籍，以淮南節度使王鍔統諸道兵為招討處

〔註22〕　《資治通鑑》卷二百二十七《建中二年》，第7301頁。
〔註23〕　《資治通鑑》卷二百三十二《貞元三年》，第7481頁。
〔註24〕　《資治通鑑》卷二百三十六《永貞元年》，第7612頁。
〔註25〕　《新唐書》卷二百二十四上《李錡傳》，第4834頁。

置使，徵宣武、義寧、武昌兵併淮南、宣歙兵俱出宣州，江西兵出信州，浙東兵出杭州，以討之……左右執錡，裹之以幕，縋於城下，檻送京師。」〔註26〕

元和四年（809 年），朝廷降鎮海軍節度使為浙西觀察使。《方鎮表五》記載：本年，「廢浙江西道節度使，復置觀察使，領鎮海軍使。」

大和八年（834 年）十一月，浙西觀察使升為鎮海軍節度使。次年四月，降為浙西觀察使。同月，又升為鎮海軍節度使，不久又降為浙西觀察使。對此，《方鎮表五》記載：大和九年，「復置鎮海軍節度使，數日廢，既而復置，逾月又廢」。這樣的記載並不準確。根據《舊唐書》記載：大和八年十一月「乙亥，以兵部尚書李德裕檢校右僕射，充鎮海軍節度、浙江西道觀察等使」；九年四月，「以鎮海軍節度使、浙西觀察等使李德裕為太子賓客，分司東都。辛卯，以京兆尹賈餗為浙西觀察使……丙申，以太子太師、門下侍郎、平章事路隨為鎮海軍節度、浙西觀察等使。戊戌，詔以新浙西觀察使賈餗為中書侍郎、同中書門下平章事……（七月）辛酉，以鄂岳觀察使崔鄲充浙西觀察使」〔註27〕。

大中十二年（858 年），浙西觀察使升為鎮海軍節度使，次年又降為觀察使。咸通三年（862 年）又升為鎮海軍節度使，咸通八年（867 年）降為觀察使。咸通十一年（870 年）升為鎮海軍節度使，此後一直保持鎮海軍節度使的建置〔註28〕。對此，不僅可見於《方鎮表五》的記載，還可見於《舊唐書》《資治通鑒》等相關史料的記載。

（五）唐末浙西鎮的分裂與廢除

唐末，周寶割據於浙西鎮，浙西鎮下轄各州也紛紛陷入分裂割據的局面。

乾符六年（879 年）十月，周寶成為鎮海軍節度使，割據於浙西鎮。其後，浙西鎮下轄的睦、杭、湖三州先後脫離浙西鎮的實際控制，各自為政。

中和元年（881 年）二月，餘杭鎮使陳晟佔據睦州。同年八月，石鏡鎮將董昌佔據杭州。光啟元年（885 年）八月，李師悅佔據湖州。《嚴州圖經》記載：「（睦州刺史）陳晟，中和元年二月二十日……拜。」《資治通鑒》記載：中和元年，「（董）昌自稱杭州都押牙、知州事，遣將吏請於周寶。寶不能制，表為杭州刺史。」〔註29〕《嘉泰吳興志》記載：「（湖州刺史）李師悅，光啟元

〔註26〕《資治通鑒》卷二百三十七《元和二年》，第 7640～7642 頁。
〔註27〕《舊唐書》卷十七下《文宗本紀下》，第 556～559 頁。
〔註28〕上述未注出處記載均見於《新唐書》卷六十八《方鎮表五》，第 1302～1310 頁。
〔註29〕《資治通鑒》卷二百五十四《中和元年》，第 8258 頁。

年八月自工部尚書授，累加檢校太保、忠國軍節度使。」〔註30〕

　　光啟二年（886年）正月，鎮海軍牙將張郁作亂，佔據常州。同年六月，周寶派部將丁從實進攻常州，驅逐張郁，以丁從實為常州刺史。十月，感化鎮將領張雄因為得罪感化節度使時溥，率軍南下襲取蘇州，自稱刺史，又以蘇州號稱天成軍。

　　光啟三年（887年）三月，浙西度支催勤使薛朗和軍將劉浩作亂，節度使周寶逃往常州，薛朗自稱節度留後。四月，周寶誘使淮南節度使高駢的部將徐約進攻蘇州，刺史張雄敗逃，徐約取得蘇州，成為蘇州刺史。

　　浙西鎮動亂的同時，佔據杭州的董昌也在與浙東觀察使劉漢宏爭戰。光啟二年（886年）十月，董昌打敗劉漢宏，成為浙東觀察使，以部將錢鏐接任杭州刺史。

　　光啟三年（887年）十月，錢鏐派部將杜稜攻取常州，刺史丁從實逃往揚州海陵，錢鏐奉周寶歸杭州。同年十一月，錢鏐又攻取潤州，殺薛朗〔註31〕。此後，潤州成為錢鏐的轄區。

　　錢鏐攻取潤州，也標誌著潤州浙西鎮的最終廢除。後來，錢鏐被朝廷任命為浙西觀察使，但錢鏐所領的浙西鎮一直治於杭州，這將在唐末杭州鎮的沿革中論及。

　　綜上所述，浙西鎮的轄區沿革可總結如表10-1所示。

表10-1　浙西鎮轄區統計表

時　　期	轄區總計	會　　府	詳細轄區
757年～757年	8郡	丹陽郡	丹陽、宣城、新安、吳、晉陵、餘杭、吳興、江寧
758年～759年	6州	蘇州	昇、潤、蘇、常、杭、湖
759年～761年	9州	昇州	昇、潤、蘇、常、杭、湖、宣、歙、饒
761年～762年	8州	宣州	潤、蘇、常、杭、湖、宣、歙、饒
762年～765年	5州	蘇州	蘇、潤、常、杭、湖
765年～766年	8州	蘇州	蘇、潤、常、杭、湖、宣、歙、饒

〔註30〕（宋）李景和等修，談鑰纂：《嘉泰吳興志》卷十四《郡守題名》，《宋元方志叢刊》第五冊，北京：中華書局，1990年，第4777頁。
〔註31〕以上四段內容史料記載均可見於《資治通鑑》卷二百五十六、卷二百五十七，第8318～8372頁。

766 年~779 年	5 州	蘇州	蘇、潤、常、杭、湖
779 年~780 年	16 州	蘇州	蘇、潤、常、杭、湖、越、睦、衢、婺、台、明、處、溫、宣、歙、池
780 年~781 年	8 州	蘇州	蘇、潤、常、杭、湖、宣、歙、池
781 年~787 年	16 州	潤州	潤、蘇、常、杭、湖、越、睦、衢、婺、台、明、處、溫、宣、歙、池
787 年~788 年	7 州	潤州	潤、蘇、常、杭、湖、睦、江
788 年~881 年	6 州	潤州	潤、蘇、常、杭、湖、睦
881 年~885 年	4 州	潤州	潤、蘇、常、湖、〔杭、睦〕
885 年~886 年	3 州	潤州	潤、蘇、常、〔杭、睦、湖〕
886 年~887 年	2 州	潤州	潤、常、〔杭、睦、湖、蘇〕
887 年~887 年	1 州	潤州	潤、〔杭、睦、湖、蘇、常〕〔註32〕

二、唐末杭州鎮的沿革

杭州鎮的建置沿革為：杭州防禦使（889～892）—武勝軍防禦使（892～893）—蘇杭觀察使（893）—鎮海軍節度使（893～896）。

杭州原是浙西鎮下轄的一個州，唐末被董昌佔據。董昌攻取浙東鎮後，以部將錢鏐為杭州刺史。其後，錢鏐後又攻取蘇州等地。龍紀元年（889 年），朝廷建置杭州防禦使。景福元年（892 年）四月，杭州建置為武勝軍防禦使。景福二年（893 年），錢鏐被朝廷任命為蘇杭觀察使，接著升任鎮海軍節度使、浙西觀察使。浙東鎮董昌稱帝後，錢鏐脫離並攻滅董昌，兼併浙東鎮。

中和元年（881 年）九月，石鏡鎮將董昌佔據杭州，被任命為杭州刺史。《資治通鑑》記載：本年九月，「會杭州刺史路審中將之官，行至嘉興，（董）昌自石鏡引兵入杭州，審中懼而還。昌自稱杭州都押牙、知州事，遣將吏請於周寶。寶不能制，表為杭州刺史。」〔註33〕

董昌割據杭州之後，浙東觀察使劉漢宏屢次派兵進攻杭州，都被董昌的部將錢鏐擊退。中和四年（884 年）三月，浙東鎮婺州人王鎮抓捕婺州刺史黃碣，向錢鏐投降。劉漢宏派部將婁賓殺死王鎮，鎮守婺州。浦陽鎮將蔣瓌聯合錢鏐，進攻婁賓，婁賓兵敗被擒。蔣瓌佔據婺州後，實則是獨據一州，沒有在董昌的

〔註32〕中和元年（881 年），睦州、杭州分別為陳晟、董昌所據；光啟元年（885 年），湖州為李師悅所據；光啟二年（886 年）之後，蘇州先後為張雄、徐約所據；光啟三年（887 年），常州為錢鏐所攻取。

〔註33〕《資治通鑑》卷二百五十四《中和元年》，第 8258 頁。

直接控制之下。

光啟二年（886 年），董昌派錢鏐率兵大舉進攻浙東鎮。同年十一月，錢鏐攻克浙東鎮的會府越州，劉漢宏逃往台州。十二月，台州刺史杜雄以劉漢宏歸降錢鏐。董昌於是移鎮越州，出任浙東觀察使，以錢鏐為杭州刺史。《資治通鑒》記載：本年十二月，「台州刺史杜雄誘劉漢宏，執送董昌，斬之。昌徙鎮越州，自稱知浙東軍府事，以錢鏐知杭州事。」〔註34〕

錢鏐任杭州刺史之後，積極拓展勢力。光啟三年（887 年）十月，錢鏐派部將杜稜攻取常州，刺史丁從實逃往揚州海陵，錢鏐以杜稜為常州制置使。當時浙西鎮的會府潤州發生軍亂，節度使周寶逃到了常州，錢鏐於是奉周寶歸杭州。同年十二月，錢鏐又派部將阮結攻取浙西鎮的會府潤州，殺潤州留後薛朗，以阮結為潤州制置使。《資治通鑒》記載：光啟三年十月，「杜稜等拔常州，丁從實奔海陵。」十二月，「（錢鏐）命阮結等進攻潤州，丙申，克之，劉浩走，擒薛朗以歸。」〔註35〕至此，錢鏐作為浙東鎮董昌的附屬勢力，已經佔據了杭、常、潤三州。

龍紀元年（889 年）三月，錢鏐派部將錢銶攻取蘇州，刺史徐約敗逃，錢鏐以部將沈粲為蘇州制置指揮使。《資治通鑒》記載：本年三月，「錢銶拔蘇州，徐約亡入海而死。錢鏐以海昌都將沈粲權知蘇州。」〔註36〕

同年（889 年）七月，朝廷以錢鏐為杭州防禦使。《方鎮表五》記載：龍紀元年，「置杭州防禦使」。〔註37〕《吳越備史》也記載：本年「秋七月，敕授王（指錢鏐）金紫光祿大夫、檢校司空、本州防禦使。」〔註38〕至此，杭州建置為藩鎮。

同年（889 年）十一月，常州被宣歙觀察使楊行密的部將田頵攻取。十二月，常、潤二州又被淮南節度使孫儒攻取。《資治通鑒》記載：龍紀元年十一月，「田頵攻常州，為地道入城。中宵，旌旗甲兵出於制置使杜稜之寢室，遂虜之，以兵三萬戍常州。」十二月，「孫儒自廣陵引兵度江，壬午，逐田頵，取常州，以劉建鋒守之。儒還廣陵，建鋒又逐成及，取潤州。」〔註39〕

〔註34〕《資治通鑒》卷二百五十六《光啟二年》，第 8341 頁。
〔註35〕《資治通鑒》卷二百五十七《光啟三年》，第 8363、8372 頁。
〔註36〕《資治通鑒》卷二百五十八《龍紀元年》，第 8386 頁。
〔註37〕《新唐書》卷六十八《方鎮表五》，第 1312 頁。
〔註38〕傅璇琮、徐海榮、徐吉軍主編，（宋）范坰，林禹撰：《五代史書彙編拾·吳越備史》卷一《武肅王上》，杭州：杭州出版社，2004 年，第 6179～6180 頁。
〔註39〕《資治通鑒》卷二百五十八《龍紀元年》，第 8391～8392 頁。

　　大順元年（890 年）八月，蘇州被楊行密攻取，後又被孫儒奪取。大順二年（891 年）十二月，孫儒焚毀蘇州，率兵與楊行密決戰，錢鏐趁機派兵再次佔據蘇州。據《資治通鑒》記載：大順元年八月，「會楊行密將李友拔蘇州，（沈）粲歸杭州。」大順二年十二月，「孫儒焚掠蘇、常，引兵逼宣州，錢鏐復遣兵據蘇州。」〔註40〕

　　景福元年（892 年）四月，朝廷於杭州建置武勝軍防禦使。《資治通鑒》記載：本年四月，「置武勝軍於杭州，以錢鏐為防禦使。」〔註41〕至此，杭州藩鎮有軍號為武勝軍。

　　景福二年（893 年）閏五月，錢鏐被朝廷任命為蘇杭觀察使，九月又升任為鎮海軍節度使、浙西觀察使。《資治通鑒》記載：本年閏五月，「以武勝防禦使錢鏐為蘇杭觀察使」；「九月，丁卯，以錢鏐為鎮海節度使。」〔註42〕至此，杭州成為新的浙西鎮，軍號鎮海軍。

　　乾寧二年（895 年）二月，浙東節度使董昌不顧部眾反對，公然稱帝，建大越羅平國。錢鏐隨即率兵三萬抵達越州城下，說服董昌放棄稱帝。董昌開始懼怕，歸罪於部下吳瑤等人，並將其執送給錢鏐，又上表向朝廷請罪，錢鏐這才退兵。

　　接著，朝廷赦免董昌之罪。但錢鏐早有脫離董昌之心，不聽從朝廷號令，率兵討伐，將董昌圍困於越州城。董昌只好向淮南楊行密求救。同年十月，楊行密派田頵、安仁義進攻杭州，迫使錢鏐回軍救援，董昌也派徐淑與淮南將領魏約圍攻蘇州嘉興，但都被錢鏐軍擊敗。

　　乾寧三年（896 年）正月，安仁義率軍抵達湖州，錢鏐派顧全武、許再思鎮守西陵，阻止安仁義渡江。董昌於是派湯臼、袁邠分別守衛石城、餘姚。二月，顧全武、許再思在石城打敗湯臼，進攻餘姚。三月，董昌派徐章救援餘姚，被顧全武擒獲。四月，袁邠也投降錢鏐，顧全武、許再思進圍越州城。五月，董昌去帝號，復稱節度使。不久，顧全武等人攻克越州城，擒殺董昌。

　　錢鏐攻滅董昌之後，佔據浙東鎮，兼任鎮海軍、鎮東軍兩鎮節度使。後來，錢鏐以浙西、浙東兩鎮，建立吳越國。但這屬於吳越國的範疇，在此不再論述。

　　綜上所述，杭州鎮建置前後的轄區沿革可總結如表 10-2 所示。

〔註40〕《資治通鑒》卷二百五十八《大順元年》《大順二年》，第 8402、8422 頁。
〔註41〕《資治通鑒》卷二百五十九《景福元年》，第 8429 頁。
〔註42〕《資治通鑒》卷二百五十九《景福二年》，第 8444、8448 頁。

表 10-2　杭州鎮轄區統計表

時　　期	轄區總計	會　府	詳細轄區
881 年～887 年	1 州	杭州	杭
887 年～889 年	3 州	杭州	杭、常、潤
889 年	4 州	杭州	杭、常、潤、蘇
889 年～890 年	2 州	杭州	杭、蘇
890 年～891 年	1 州	杭州	杭
891 年～896 年	2 州	杭州	杭、蘇

三、湖州忠國軍的沿革

　　湖州原為浙西鎮下轄的一個州，唐末為李師悅所據，後來曾經短暫建置為忠國軍節度使。

　　光啟元年（885 年）八月，武寧鎮將領李師悅因為在平定黃巢中立功，被朝廷任命為湖州刺史，其後又授予防禦使。《新唐書》記載：「徐州小史李師悅得（黃）巢偽符璽，上之，拜湖州刺史」〔註43〕。《全唐文》也記載：「甲辰年（884 年），今太守（李師悅）以彭門之師，擒（黃）巢於萊蕪。提其顓薦於成都。明年春，玉鑾還闕，遂以功牧於吳興（即湖州）。帝念殊庸，位不配德，詔加防禦，以高其位。」〔註44〕《嘉泰吳興志》記載：「（湖州刺史）李師悅，光啟元年八月自工部尚書授。」

　　乾寧三年（896 年），朝廷以湖州建置為一個藩鎮，任命李師悅為忠國軍節度使。關於忠國軍的建置時間，《方鎮表五》記載為：文德元年（888 年），「置忠國軍節度使，治湖州。」〔註45〕而《佛祖統紀》記載為：「（李師悅）乾寧三年正月加太保，五月加忠國軍節度使」。《資治通鑒》記載為：乾寧三年十一月，「湖州刺史李師悅求旌節，詔置忠國軍於湖州，以師悅為節度使。賜告身旌節者未入境，戊子，師悅卒。」〔註46〕因此，《方鎮表五》的記載是錯誤的，湖州建置忠國軍應該是發生在乾寧三年（896 年）。

　　乾寧三年（896 年）十一月，李師悅去世。其子李繼徽繼任湖州刺史、忠

〔註43〕《新唐書》卷二百二十五下《黃巢傳》，第 4889 頁。
〔註44〕（清）董誥等編：《全唐文》卷八百六十六《湖州錄事參軍新廳記》，第 9077～9078 頁。
〔註45〕《新唐書》卷六十八《方鎮表五》，第 1312 頁。
〔註46〕《資治通鑒》卷二百六十《乾寧三年》，第 8495 頁。

國軍節度使。

乾寧四年（897 年）九月，李繼徽想要歸附於淮南楊行密，湖州將士不從。李繼徽感到威脅，於是逃往廣陵。湖州都指揮使沈攸以湖州歸降於鎮海軍節度使錢鏐。

錢鏐得到湖州後，以海昌鎮將高彥為湖州刺史、制置使。至此，忠國軍節度使被廢除。

天祐三年（906 年）十一月，高彥去世，第三子高灃繼任湖州刺史。

高灃生性殘暴，他在湖州強徵民兵，有人不滿便被他殺死，後來民兵反叛，他又誅殺三千多人。此時，錢鏐已經建立吳越國，錢鏐知道高灃殘暴，準備誅殺他。

後梁開平三年（909 年）十月，高灃以湖州歸附於南吳。於是，錢鏐派部將錢鏢討伐高灃。高灃不敵，向南吳求救。開平四年（910 年）二月，南吳派出兵救援高灃，但湖州將領盛師友、沈行思閉城不納。高灃率領五千部眾逃往南吳，湖州最終被吳越控制。

綜上所述，光啟元年（885 年），李師悅開始割據於湖州。乾寧三年（896 年），湖州建置為忠國軍節度使。乾寧四年（897 年），忠國軍節度使被廢除。此後，高彥、高灃父子割據於湖州，直至開平四年（910 年），湖州最終被吳越控制。

四、昇州武寧軍的沿革

提到武寧軍，大多數時候人們只會想到徐州的武寧鎮。實際上，唐末馮弘鐸所佔據的昇州也曾經短暫建置為武寧軍節度使。

光啟二年（886 年）十月，武寧鎮（即徐州鎮）牙將張雄、馮弘鐸因為得罪節度使時溥，聚眾三百，南下攻取蘇州。張雄佔據蘇州後，自稱蘇州刺史，又以蘇州稱天成軍。張雄在蘇州很快就發展到擁兵五萬，戰艦千餘艘。

光啟三年（887 年）四月，浙西節度使周寶逃往常州後，周寶知道淮南六合鎮遏使徐約兵力精銳，於是誘使徐約進攻蘇州，許諾以其為蘇州刺史。徐約於是出兵進攻蘇州，張雄、馮弘鐸等人兵敗，逃往海上。

隨後，張雄率領其軍隊從海上沿江而上，駐紮於揚州東塘，又派部將趙暉佔據潤州上元縣。同年十月，周寶兵敗，浙西的軍隊大多歸附於趙暉，趙暉因此有五萬兵力。於是，張雄私自以上元縣為西州。《新唐書》記載：「（張）雄

即以上元為西州，負其才，欲治臺城為府，旌旗衣服僭王者。」〔註47〕

十一月，趙暉不服從張雄的號令，張雄率兵沿江而上，趙暉派兵阻礙。張雄大怒，於是率軍進攻上元。趙暉兵敗，上元被攻克，趙暉向宣州當塗縣逃去。還沒到當塗，趙暉即被部將殺死，其部眾歸降張雄，全被張雄坑殺。

此後，張雄駐紮於上元縣。楊行密與孫儒爭奪淮南的時候，張雄屢次出兵援助楊行密。

大順元年（890年），朝廷以上元縣建置昇州，任命張雄為刺史。關於昇州的建置時間和轄區，《新唐書·地理志》記載為：「光啟三年（887年）復以上元、句容、溧水、溧陽四縣置（昇州）」〔註48〕。而《新唐書·張雄傳》記載卻是：「大順初，以上元為昇州，詔授（張）雄刺史」〔註49〕。《資治通鑑》也記載為：「是歲（大順元年），置昇州於上元縣，以張雄為刺史。」〔註50〕《讀史方輿紀要》也記載：「昇州……大順初復置，領上元等縣四。」〔註51〕綜上所述，昇州建置於大順元年（890年），轄有上元、句容、溧水、溧陽四縣。

景福二年（893年）八月，張雄去世，部將馮弘鐸繼任為昇州刺史。楊行密成為淮南節度使後，馮弘鐸歸附於楊行密。

天復二年（902年）三月，朝廷以昇州建置一個藩鎮，以馮弘鐸為武寧軍節度使。據《資治通鑑》記載：本年三月，「馮弘鐸為武寧節度使」〔註52〕。這就是昇州武寧軍的由來。

昇州介於淮南和宣州兩鎮之間，馮弘鐸常常感到不安。宣州寧國節度使田頵又覬覦昇州，天復二年（902年）六月，田頵招募工匠製造戰艦，準備進攻昇州。馮弘鐸率先起兵沿江南上，聲言進攻洪州，實則是偷襲宣州。田頵率領水軍在葛山阻擊馮弘鐸，大敗馮弘鐸。馮弘鐸兵敗後，率領餘眾沿江而下，準備入海，到達東塘的時候，楊行密招納馮弘鐸，馮弘鐸於是率眾歸附於楊行密，昇州也為楊行密所取。

綜上所述，光啟三年（887年），張雄開始據有上元縣。大順元年（890年），上元縣建置為昇州。天復二年（902年），昇州建置為武寧軍節度使。同年，昇

〔註47〕　《新唐書》卷一百九十《張雄傳》，第4228頁。

〔註48〕　《新唐書》卷四十一《地理志五》，第695頁。

〔註49〕　《新唐書》卷一百九十《張雄傳》，第4228頁。

〔註50〕　《資治通鑑》卷二百五十八《大順元年》，第8410頁。

〔註51〕　（清）顧祖禹：《讀史方輿紀要》卷五《歷代州域形勢五》，第217頁。

〔註52〕　《資治通鑑》卷二百六十三《天復二年》，第8573頁。

州為楊行密所取，武寧軍節度使被廢除。

五、唐末睦州的割據史

　　睦州原為浙西鎮下轄的一個州，唐末先後為陳晟、陳詢兄弟所割據，脫離浙西鎮的控制，後為淮南節度使楊行密攻取。

　　中和元年（881年）二月，餘杭鎮使陳晟佔據睦州，自稱刺史。關於陳晟佔據睦州的時間，《新唐書》記載為：本年二月，「清平鎮使陳晟執睦州刺史韋諸，自稱刺史。」〔註53〕《嚴州圖經》也記載為：「（睦州刺史）陳晟，中和元年二月二十日……拜。」《資治通鑒》則記載為：中和四年（884年），「是歲，餘杭鎮使陳晟逐睦州刺史柳超……領州事，朝廷因命為刺史。」〔註54〕《資治通鑒》的記載是錯誤的。據《唐刺史考全編》所考，陳晟佔據睦州的時間應該是中和元年（881年）二月，陳晟驅逐的前任刺史也不是柳超，而應該是韋諸〔註55〕。

　　光化三年（900年），陳晟去世，其弟陳詢繼任為睦州刺史。

　　天復三年（903年）七月，陳詢反叛錢鏐，出兵進攻婺州的蘭溪縣，錢鏐派遣指揮使方永珍討伐，陳詢退軍。天祐二年（905年）正月，錢鏐再次出兵圍攻睦州，淮南楊行密派部將陶雅率兵救援。錢鏐則派部將錢鎰、顧全武、王球等人率兵抵禦陶雅。陶雅打敗兩浙兵，俘虜了錢鎰、王球。

　　同年十二月，陳詢無法守住睦州，放棄睦州，遷往廣陵，淮南將領陶雅進入睦州。

　　綜上所述，從中和元年（881年）陳晟佔據睦州，到天祐二年（905年）陳詢放棄睦州，陳氏兄弟據有睦州長達二十五年。

六、浙西鎮下轄州縣沿革

　　浙西鎮早期曾經幾度與浙東、宣歙二鎮合併，這是其初期轄區變化的主要原因。大曆元年（766年）後，浙西鎮轄區開始穩定，轄有蘇、潤、常、杭、湖五州。大曆末，浙西鎮又和浙東、宣歙二鎮合併。貞元三年，三鎮又分置。貞元之後，浙西鎮長期轄有潤、蘇、常、杭、湖、睦六州，治於潤州。

〔註53〕《新唐書》卷九《僖宗本紀》，第173頁。
〔註54〕《資治通鑒》卷二百五十六《中和四年》，第8317頁。
〔註55〕郁賢皓：《唐刺史考全編》卷一四七《睦州（新定郡）》，第2111頁。

（一）浙西鎮長期轄有的州

潤州：758 年～887 年屬浙西鎮，長期為會府。天寶元年（742 年），潤州改為丹陽郡，至德元載（756 年）建置江南東道節度使，為治所。二載（757年）正月，江東節度使改為丹陽防禦使，二月改為江南防禦使，八月徙治於餘杭郡，改為江東防禦使。十月，分置為浙西、浙東二節度使，丹陽郡為浙西鎮治所。同年，浙西、浙東二鎮合併，復為江東防禦使，仍治於丹陽郡。乾元元年（758 年），丹陽郡改為潤州。同年三月，江東防禦使升為江南東道節度使，仍治於潤州。十二月，江南東道節度使分置為浙西、浙西二節度使。浙西節度使治於昇州，不久徙治於蘇州。乾元二年（759 年）又徙治於昇州，上元二年（761 年）徙治於宣州，寶應元年（762 年）復治於蘇州。大曆十四年（779 年）六月，宣歙鎮併入浙西鎮。同年十一月，浙東、浙西二鎮合併，改稱為浙江東西道觀察使。建中元年（780 年），分置為浙西、浙東二觀察使，建中二年（781年）又合併，升為鎮海軍節度使，徙治於潤州。貞元三年（787 年），鎮海軍節度使分置為浙西、浙東、宣歙三觀察使，浙西觀察使治於潤州。其後，浙西觀察使屢次升為鎮海軍節度使。唐末，光啟三年（887 年），潤州為錢鏐所攻取。龍紀元年（889 年），潤州先後為楊行密、孫儒所攻取。其後，潤州成為楊行密的勢力範圍。

轄有丹徒、丹陽、金壇、延陵、上元、句容六縣，治於丹徒縣。

常州：758 年～887 年屬浙西鎮。天寶元年（742 年），常州改為晉陵郡，至德元載（756 年）始隸於江東鎮，二載（757 年）改隸於浙西鎮，繼而復隸於江東鎮。乾元元年（758 年），晉陵郡復為常州，改隸於浙西鎮。大曆十四年（779 年），浙西、浙東二鎮合併為浙江鎮，常州隸之。建中元年（780 年），隸於浙西鎮。建中二年（781 年），隸於鎮海軍。貞元三年（787 年），隸於浙西鎮。唐末，光啟三年（887 年），常州為錢鏐所攻取。龍紀元年（889 年），常州先後為楊行密、孫儒所攻取。其後，常州成為楊行密的勢力範圍。

轄有晉陵、武進、江陰、無錫、義興五縣，治於晉陵縣。

蘇州：758 年～886 年屬浙西鎮，758 年～759 年、762 年～781 年為會府。天寶元年（742 年），蘇州改為吳郡，至德元載（756 年）始隸於江東鎮，二載（757 年）改隸於浙西鎮，繼而復隸於江東鎮。乾元元年（758 年），吳郡復為蘇州，始為浙西鎮會府。二年（759 年），浙西鎮徙治於昇州，上元二年（761年）徙治於宣州。寶應元年（762 年），浙西鎮又徙治於蘇州。大曆十四年（779

年），蘇州隸於浙江鎮，為會府。建中元年（780年），隸於浙西鎮，為會府。建中二年（781年），隸於鎮海軍，鎮海軍徙治於潤州。貞元三年（787年），隸於浙西鎮。唐末，光啟二年（886年），蘇州被張雄佔據，三年（887年）被徐約佔據。龍紀元年（889年），蘇州為錢鏐所攻取，成為錢鏐的轄區。

轄有吳、長洲、嘉興、海鹽、常熟、崑山、華亭七縣，治於吳縣。

杭州：758年～881年屬浙西鎮。天寶元年（742年），杭州改為餘杭郡，至德元載（756年）始隸於江東鎮。二載（757年）八月，餘杭郡為江東鎮治所。同年十月，餘杭郡改隸於浙西鎮，繼而復隸於江東鎮。乾元元年（758年），餘杭郡復為杭州，改隸於浙西鎮。大曆十四年（779年），杭州隸於浙江鎮。建中元年（780年），隸於浙西鎮。二年（781年），隸於鎮海軍。貞元三年（787年），隸於浙西鎮。唐末，中和元年（881年），杭州為石鏡鎮將董昌所據。光啟二年（886年），董昌成為浙東觀察使，以錢鏐為杭州刺史。龍紀元年（889年），杭州建置防禦使。景福元年（892年），建置武勝軍防禦使。二年（893年），建置為蘇杭觀察使，同年升為鎮海軍節度使、浙西觀察使。

轄有錢塘、餘杭、臨安、富陽、於潛、鹽官、新城、唐山八縣，治於錢塘縣。

唐山縣：大曆二年（767年）廢，長慶初（821年）復置〔註56〕。

湖州：758年～885年屬浙西鎮。天寶元年（742年），湖州改為吳興郡，至德元載（756年）始隸於江東鎮，二載（757年）改隸於浙西鎮，繼而復隸於江東鎮。乾元元年（758年），吳興郡復為湖州，改隸於浙西鎮。大曆十四年（779年），湖州隸於浙江鎮。建中元年（780年），隸於浙西鎮。二年（781年），隸於鎮海軍。貞元三年（787年），隸於浙西鎮。唐末，光啟元年（885年），李師悅成為湖州刺史，割據於此。乾寧三年（896年），湖州建置為忠國軍節度使。四年（897年），湖州為鎮海軍節度使錢鏐所取，忠國軍節度使被廢除。錢鏐以高彥為湖州刺史、制置使，此後高彥、高澧父子割據於湖州。開平四年（910年），湖州最終為吳越國所取。

轄有烏程、長城、安吉、武康、德清五縣，治於烏程縣。

睦州：779年～881年屬浙西鎮。天寶元年（742年），睦州改為新定郡，至德元載（756年）始隸於江東鎮，二載（757年）改隸於浙東鎮，繼而復隸於江東鎮。乾元元年（758年），新定郡復為睦州，改隸於浙東鎮。大曆十四年（779年），浙東、浙西二鎮合併，睦州隸於浙江鎮。建中元年（780年），隸

〔註56〕《新唐書》卷四十一《地理志五》，第696頁。

於浙東鎮。二年（781 年），隸於鎮海軍。貞元三年（787 年），隸於浙西鎮。
唐末，中和元年（881 年），餘杭鎮使陳晟開始割據於睦州。天祐二年（905 年），
睦州為淮南節度使楊行密所取。

　　轄有建德、桐廬、遂安、分水、壽昌、清溪六縣，治於建德縣。

　　清溪縣：原為還淳縣，永貞元年（805 年）十二月，避唐憲宗諱，改為清
溪縣〔註 57〕。

圖 10-1　浙西鎮轄區圖（822 年）

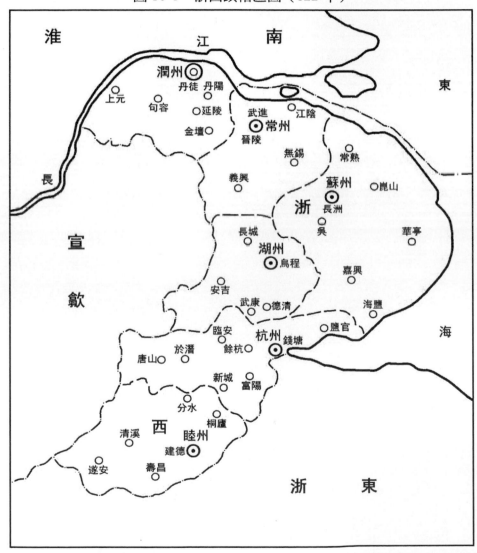

（二）浙西鎮短期轄有的州

昇州：757年～761年屬浙西鎮。至德二載（757年）二月，以丹陽郡的句容、江寧二縣、宣城郡的當塗、溧水二縣建置江寧郡，隸屬於江南防禦使，後改隸於浙西節度使。乾元元年（758年），江寧郡改為昇州，二年（759年）作為浙西鎮會府。上元二年（761年），昇州廢，下轄各縣復隸舊屬。光啟三年（887年），張雄據有上元縣，號曰西州。大順元年（890年）〔註58〕，以上元、句容、溧水、溧陽四縣建置昇州。天復二年（902年），昇州建置為武寧軍節度使。同年，昇州為淮南節度使楊行密所取，武寧軍節度使被廢除。

圖 10-2　唐末浙西地區割據勢力圖（893年）

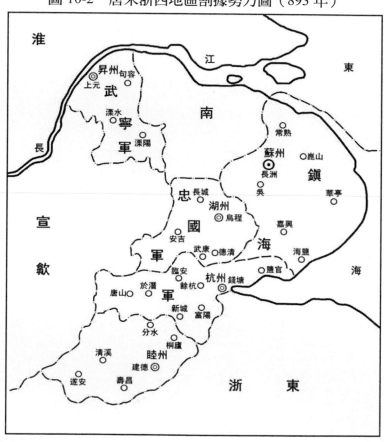

唐末，原浙西地區主要存在四個割據勢力。蘇、杭二州為錢鏐所據，治於杭州，後升為鎮海軍節度使；昇州先後被張雄、馮弘鐸割據，後升為武寧軍節度使；湖州為李氏所割據，後升為忠國軍節度使；睦州為陳氏所割據。另外，原浙西鎮所轄的潤、常二州被淮南鎮佔據。

〔註58〕昇州的建置時間，詳見本節前文《昇州武寧軍的沿革》。

　　轄有上元、句容、溧水、溧陽四縣，治於上元縣。

　　上元縣：原為江寧縣，隸潤州（丹陽郡）；至德二載（757年）二月，置江寧郡（昇州）；上元二年（761年），昇州廢，江寧縣改為上元縣，還隸於潤州〔註59〕；光啟三年（887年），張雄據上元縣，號為西州；大順元年（890年），朝廷以上元縣建置昇州。

　　句容縣：原屬潤州，至德二載（757年）改隸於江寧郡（昇州），上元二年（761年）復隸於潤州〔註60〕，大順元年（890年）改隸於昇州。

　　溧水縣：原屬宣州，至德二載（757年）改隸於江寧郡（昇州），上元二年（761年）復隸於宣州〔註61〕，大順元年（890年）改隸於昇州。

　　溧陽縣：原屬宣州，至德二載（757年）改隸於江寧郡（昇州），上元二年（761年）復隸於宣州，大順元年（890年）改隸於昇州。

　　宣州：759年～762年屬浙西鎮，779年～787年屬浙江鎮。

　　轄有宣城、南陵、涇、寧國、太平、當塗、溧陽、溧水、廣德、旌德十縣，治於宣城縣。

　　當塗縣：至德二載（757年）改隸於江寧郡（昇州）。上元二年（761年）復隸於宣州〔註62〕。

　　溧水縣：至德二載（757年）改隸於江寧郡（昇州），上元二年（761年）復隸於宣州。

　　廣德縣：原為綏安縣，至德二載（757年）改為廣德縣〔註63〕。

　　歙州：759年～762年屬浙西鎮，779年～787年屬浙江鎮。

　　轄有歙、黟、休寧、婺源、績溪、祁門六縣，治於歙縣。

　　池州：779年～787年屬浙江鎮。

　　轄有秋浦、青陽、至德、石埭四縣，治於秋浦縣。

〔註59〕《舊唐書》卷四十《地理志三》，第1584頁。
〔註60〕《舊唐書》卷四十《地理志三》，第1584～1585頁。文中記載：「句容縣……乾元元年，屬昇州，寶應元年，州廢，屬潤州。」而該書前文又記載：「上元縣……乾元元年，於江寧置昇州……上元二年，復為上元縣，還潤州。」由此可知，前者記載有誤，昇州上元二年已廢，句容縣復隸於潤州也在上元二年。
〔註61〕至德至寶應年間，溧水、溧陽二縣的相關記載矛盾重重，此處以至德二載（757年）昇州的建置時間為溧水、溧陽二縣改隸於昇州的時間，以上元二年（761年）為昇州廢除的時間。下同。
〔註62〕《新唐書》卷四十一《地理志五》，第701頁。
〔註63〕《新唐書》卷四十一《地理志五》，第701頁。

第二節　浙東鎮

浙東鎮，全稱為浙江東道，長期轄有越、婺、衢、處、溫、台、明七州。唐末，劉漢宏、董昌先後割據於浙東鎮。董昌後來稱帝，以浙東鎮建立大越羅平國，後被鎮海軍節度使錢鏐消滅，浙東鎮也被錢鏐兼併。另外，浙東鎮在唐末先後有軍號義勝、威勝、鎮東。

學界對浙東鎮的個案研究較少，目前僅見于歡的碩士論文《唐代浙江東道研究（758～907）——以中央與地方關係為中心》〔註64〕。

一、浙東鎮的轄區沿革

浙東鎮的建置沿革為：浙江東道節度使（757、758～770）——浙江東道都團練觀察使（770～779、780～781、787～883）——義勝軍節度使（883～887）——威勝軍節度使（887～896）。

浙東鎮的轄區沿革較為簡單，建中之前轄有越、睦、衢、婺、台、明、括（處）、溫八州，貞元之後長期轄有越、婺、衢、處、溫、台、明七州，治於越州。

（一）唐代中期浙東鎮的轄區沿革

浙東鎮始置於至德二載（757 年）十月。是時，朝廷分江東防禦使為浙西、浙東二節度使。其中，浙東節度使轄有會稽、新定、信安、東陽、臨海、餘姚、縉雲、永嘉八郡，治於會稽郡。同年，浙東、浙西二鎮廢除，復併入江東鎮。對此，《方鎮表》失載。賴青壽先生的博論《唐後期方鎮建置沿革研究》進行了考證〔註65〕。

乾元元年（758 年）十二月，朝廷復置浙東鎮，轄有越、睦、衢、婺、台、明、括、溫八州，治於越州。《資治通鑒》記載：本年十二月「庚戌，置浙江東道節度使，領越、睦等八州，以戶部尚書李峘為之，兼淮南節度使。」〔註66〕《方鎮表五》也記載：本年，「置浙江東道節度使，領越、睦、衢、婺、台、明、處、溫八州，治越州。」〔註67〕其中，處州為括州之誤，當時還沒有改為處州。

〔註64〕于歡：《唐代浙江東道研究（758～907）——以中央與地方關係為中心》，碩士學位論文，遼寧大學歷史系，2014 年。

〔註65〕賴青壽：《唐後期方鎮建置沿革研究》第十章第一節《浙西觀察使沿革（含杭州防禦使、蘇杭等州都團練觀察使、忠武軍節度使）》，第 141～142 頁。

〔註66〕《資治通鑒》卷二百二十《乾元元年》，第 7063 頁。

〔註67〕《新唐書》卷六十八《方鎮表五》，第 1293～1299 頁。下文同，不再引注。

　　大曆五年（770年），朝廷將浙江東道節度使降為浙江東道都團練觀察使。
《方鎮表五》記載：本年，「廢浙江東道節度使，置都團練守捉及觀察處置等
使，領州如故」。

　　大曆十四年（779年）五月，括州因避唐德宗之諱而改為處州。《舊唐書》
記載：本年五月「癸未，改括州為處州，括蒼縣為麗水縣。」〔註68〕

　　同年十一月，朝廷將浙東、浙西二鎮合併為一個藩鎮，治於蘇州。《方鎮
表五》對此有載。另外，《資治通鑒》也記載：大曆十四年「十一月丁丑，以
晉州刺史韓滉為蘇州刺史、浙江東、西觀察使。」〔註69〕

　　建中元年（780年），復置浙東鎮，仍稱浙江東道都團練觀察使，轄區如
故。建中二年（781年），朝廷再次將浙東、浙西合併為一個藩鎮，治於潤州。
《方鎮表五》記載：建中元年，「分浙江東、西道都團練觀察使為二道」；建中
二年，「合浙江東、西二道觀察置節度使，治潤州，尋賜號鎮海軍節度」。《資
治通鑒》也記載：建中二年「六月庚寅，以浙江東、西觀察使、蘇州刺史韓滉
為潤州刺史、浙江東、西節度使，名其軍曰鎮海。」〔註70〕

　　貞元三年（787年）二月，朝廷再次劃分鎮海軍為浙東、浙西、宣歙三鎮。
此次劃分後，浙東鎮此前轄有的睦州改隸於浙西鎮。《方鎮表五》記載：本年，
「復置浙江西道都團練觀察使，領潤、江、常、蘇、杭、湖、睦七州」。《資治
通鑒》也記載：本年二月，「分浙江東、西道為三：浙西，治潤州；浙東，治
越州；宣歙池，治宣州，各置觀察使以領之。」〔註71〕

　　至此，浙東鎮轄有越、衢、婺、台、明、處、溫七州，仍然治於越州。此
後，浙東鎮長期都轄有這七個州。

（二）唐末浙東鎮的割據

　　唐末，浙東鎮成為割據一方的藩鎮，劉漢宏、董昌先後割據於此。董昌甚
至在浙東鎮稱帝，建立大越羅平國。另外，浙東鎮下轄各州在唐末紛紛實行割
據。

　　廣明元年（880年）正月，劉漢宏成為浙東觀察使，開始其在浙東鎮的割
據。中和三年（883年），朝廷升浙東觀察使為義勝軍節度使。值得注意的是，

〔註68〕《舊唐書》卷十二《德宗本紀上》，第320頁。
〔註69〕《資治通鑒》卷二百二十六《大曆十四年》，第7272頁。
〔註70〕《資治通鑒》卷二百二十七《建中二年》，第7301頁。
〔註71〕《資治通鑒》卷二百三十二《貞元三年》，第7481頁。

《舊唐書》中有的地方將劉漢宏、董昌記載為鎮東軍節度使。其實這是錯誤的，二人擔任浙東觀察使之時，浙東鎮並沒有鎮東軍的稱號，而應該稱為義勝軍或威勝軍。

當時，浙東鎮下轄各州也實行割據。鍾季文佔據明州，盧約佔據處州，杜雄佔據台州，朱褒佔據溫州。《新唐書》記載：「時鍾季文守明州，盧約處州，蔣瓌婺州，杜雄台州，朱褒溫州。」〔註72〕對於鍾季文等人割據各州的時間，下文有具體考述。鍾季文等人雖然仍受劉漢宏節制，但這種隸屬關係已經較為薄弱。

劉漢宏割據浙東鎮以後，想要吞併浙西鎮，屢次出兵進攻杭州。在杭州刺史董昌的部將錢鏐的抵禦下，劉漢宏屢遭慘敗。此後，錢鏐長期與劉漢宏爭戰。

中和四年（884年）三月，婺州人王鎮抓捕婺州刺史黃碣，降於錢鏐。劉漢宏派部將婁贇殺死王鎮，奪回婺州，以婁贇鎮守。浦陽鎮將蔣瓌聯合錢鏐，進攻婁贇，婁贇兵敗被擒。此後，婺州被蔣瓌佔據〔註73〕。

光啟二年（886年），錢鏐大舉進攻浙東鎮，在曹娥大敗劉漢宏的部將韓公汶，又挫敗溫州刺史朱褒的水師。十一月，劉漢宏的部將施堅實投降錢鏐。劉漢宏逃往台州，越州被錢鏐佔據。同年十二月，台州刺史杜雄抓捕劉漢宏，歸降於董昌，劉漢宏被董昌斬殺。

董昌取得越州之後，自稱知浙東軍府事，以部將錢鏐為杭州刺史，留守杭州。光啟三年（887年）正月，朝廷任命董昌為浙東觀察使、威勝軍節度使。《方鎮表五》記載：本年，「改義勝軍節度為威勝軍節度。」至此，浙東鎮的軍號改為威勝軍。

此後，錢鏐在杭州積極發展勢力。光啟三年（887年）十月，錢鏐派部將杜稜攻取常州，奉浙西節度使周寶歸杭州。十一月，又攻取潤州，殺潤州留後薛朗。至此，錢鏐已經佔據了浙西鎮的杭、常、潤三州，成為浙西地區最大的勢力。此後，錢鏐雖然仍然附屬於董昌，但已經具有一定的獨立性。

龍紀元年（889年）三月，錢鏐取得蘇州。十一月，常州被宣歙鎮楊行密攻取。十二月，潤州被淮南鎮孫儒攻取。大順元年（890年）八月，蘇州被楊行密攻取。大順二年（891年）十二月，錢鏐再次取得蘇州。景福元年（892年）四月，朝廷任命錢鏐為武勝軍防禦使。景福二年（893年），朝廷任命錢鏐

〔註72〕《新唐書》卷一百九十《劉漢宏傳》，第4228頁。
〔註73〕詳見本節下文《唐末婺州的割據》。

為蘇杭觀察使，同年升為鎮海軍節度使、浙西觀察使〔註74〕。

董昌佔據兩浙之地後，逐漸萌生稱帝之心。乾寧二年（895年）二月，董昌稱帝，建立大越羅平國，定都越州，改年號為順天〔註75〕。

董昌稱帝之後，錢鏐率兵三萬到越州城下，對董昌曉以利害。董昌於是歸罪於部下吳瑤等人，又上表向朝廷請罪，錢鏐這才退兵。其後，朝廷赦免董昌之罪。但是，錢鏐早有脫離董昌的意圖，於是再度舉兵討伐董昌。

董昌被錢鏐圍困於越州，向淮南節度使楊行密求救。同年（895年）十月，楊行密派部將田頵、安仁義進攻杭州的各個鎮戍，迫使錢鏐回軍救援，董昌也派部將徐淑與淮南將領魏約圍攻蘇州嘉興，但是都被錢鏐軍擊敗。

乾寧三年（896年）正月，安仁義率兵抵達湖州，想渡江接應董昌。錢鏐派部將顧全武、許再思鎮守西陵，阻止安仁義渡江。董昌於是派部將湯臼、袁邠分別守衛石城、餘姚。二月，顧全武、許再思在石城打敗湯臼，進軍餘姚。三月，董昌派徐章救援餘姚，被顧全武擒獲。四月，袁邠以餘姚投降錢鏐，顧全武、許再思進圍越州城。五月，董昌出戰失敗，閉城固守，由於懼怕，去除帝號，復稱節度使。顧全武等人很快攻克越州，董昌被擒獲，不久被殺。

董昌被殺後，錢鏐佔據浙東鎮，被朝廷任命為鎮東軍節度使。此後，錢鏐憑藉兩浙之地，割據一方，建立吳越國。

綜上所述，浙東鎮的轄區沿革可總結如表10-3所示。

表10-3　浙東鎮轄區統計表

時　　期	轄區總計	會　府	詳細轄區
757年～757年	8郡	會稽郡	會稽、新定、信安、東陽、臨海、餘姚、縉雲、永嘉
758年～779年	8州	越州	越、睦、衢、婺、台、明、括、溫
780年～781年	8州	越州	越、睦、衢、婺、台、明、處、溫
787年～886年	7州	越州	越、婺、衢、處、溫、台、明
887年～887年	7州	越州	越、婺、衢、處、溫、台、明、（杭）〔註76〕

〔註74〕詳見本章上一節《唐末杭州鎮的沿革》。
〔註75〕《資治通鑑》卷二百六十《乾寧二年》第8464頁記載：「董昌即皇帝位……乃自稱大越羅平國，改元順天。」
〔註76〕光啟二年（886年），董昌割據於浙東鎮，杭州錢鏐成為浙東鎮的附屬勢力。光啟三年（887年），錢鏐又取得常、潤二州，成為浙西地區最大的割據勢力。景福二年（893年），朝廷任命錢鏐為鎮海軍節度使。直至乾寧二年（895年），錢鏐正式脫離董昌。

887年～889年	7 州	越州	越、婺、衢、處、溫、台、明 （浙西：杭、常、潤）
889年～889年	7 州	越州	越、婺、衢、處、溫、台、明 （浙西：杭、常、潤、蘇）
889年～890年	7 州	越州	越、婺、衢、處、溫、台、明、（浙西：杭、蘇）
890年～891年	7 州	越州	越、婺、衢、處、溫、台、明、（浙西：杭）
892年～895年	7 州	越州	越、婺、衢、處、溫、台、明、（浙西：杭、蘇）
895年～896年	7 州	越州	越、婺、衢、處、溫、台、明

二、唐末浙東鎮諸州的割據

唐末，浙東鎮下轄各州紛紛實行割據，名義上仍然隸屬於浙東鎮，但這種隸屬關係變得比較薄弱。其中，盧約割據於處州，後又取得溫州；鍾季文、黃晟先後割據於明州；陳儒、陳岌兄弟先後割據於衢州；蔣瓌、王壇先後割據於婺州；朱褒、朱敖、丁章、張惠等人先後割據於溫州。另外，杜雄從中和三年（883年）開始割據於台州，直至乾寧四年（897年）十月去世，台州為錢鏐所控制〔註77〕。杜雄割據台州之事較為簡略，下面不再詳述。

（一）唐末處州的割據

中和元年（881年），盧約開始佔據處州，自稱處州刺史。《新唐書》記載：本年十一月，「遂昌賊盧約陷處州」〔註78〕。《資治通鑒》也有同樣記載〔註79〕。

盧約佔據處州之時，劉漢宏割據於浙東鎮，盧約歸附於劉漢宏。光啟三年（887年），董昌取代劉漢宏成為浙東觀察使，盧約又歸附於董昌。乾寧三年（896年），錢鏐消滅董昌，佔據浙東鎮，盧約又歸附於錢鏐。

天祐二年（905年）八月，盧約派其弟盧佶攻取溫州，刺史張惠逃往福州。盧約於是以盧佶為溫州刺史，因此據有處、溫二州之地。

後梁開平元年（907年）三月，吳越王錢鏐派其子錢傳璙、錢傳瓘率兵進攻溫州。四月，盧佶率領水軍精銳在青澳進行抵禦，錢傳璙避開盧佶，取道突襲溫州。盧佶回軍救援，兵敗被殺，溫州被吳越佔據。錢傳璙攻取溫州之後，又移兵進攻處州。盧約自知實力懸殊，於同年五月以處州降於吳越。

〔註77〕杜雄割據台州的時間，詳見於郁賢皓《唐刺史考全編》卷一四四《台州（臨海郡）》，第 2055 頁。
〔註78〕《新唐書》卷九《僖宗本紀》，第 174 頁。
〔註79〕《資治通鑒》卷二百五十四《中和元年》，第 8260 頁。

對於上述史實，《資治通鑒》記載：天祐二年八月，「處州刺史盧約使其弟佶攻陷溫州，張惠奔福州。」開平元年三月，「鎮海、鎮東節度使吳王錢鏐遣其子傳璙、傳瓘討盧佶於溫州。」四月，「盧佶聞錢傳璙等將至，將水軍拒之於青澳……（錢傳瓘）乃自安固捨舟，間道襲溫州。戊午，溫州潰，擒佶斬之。吳王鏐以都監使吳璋為溫州制置使，命傳璙等移兵討盧約於處州。」五月，「盧約以處州降吳越。」〔註80〕

綜上所述，盧約從唐中和元年（881年）開始佔據處州，到後梁開平元年（907年）歸降吳越，據有處州長達二十六年。

（二）唐末明州的割據

中和元年（881年），鍾季文開始佔據明州，自稱明州刺史。《新唐書》記載：中和元年，「六月，鄞賊鍾季文陷明州。」〔註81〕「鍾季文」，有的記載又作「鍾文季」，如《新唐書》又記載：「是歲（景福元年），明州刺史鍾文季卒，其將黃晟自稱刺史。」〔註82〕《資治通鑒》也有同樣的記載〔註83〕，應該是沿用《新唐書》的記載。除了上述記載，《新唐書·劉漢宏傳》〔註84〕《九國志》〔註85〕也記載為「鍾季文」。因此，鍾季文這個名字應該才是正確的。

其後，鍾季文也先後依附於劉漢宏、董昌，得以長期據有明州。後來，餘姚鎮將相嘉進攻越州，鍾季文曾經派部將黃晟援助董昌，擒殺相嘉。

景福元年（892年），鍾季文去世，部將黃晟繼任明州刺史。其後，錢鏐消滅董昌，奪取浙東鎮，黃晟又歸附於錢鏐。

後梁開平三年（909年）五月，黃晟去世，主動放棄讓兒子承襲明州。《九國志》記載：「（黃晟）在任十八年，開平三年卒。時屬郡刺史卒，多遺疏請立其子。晟疾亟，獨上疏不請以子為嗣。」〔註86〕《吳越備史》也記載：本年「五

〔註80〕《資治通鑒》卷二百六十五《天祐二年》、卷二百六十六《開平元年》，第 8645、8670、8672、8681 頁。
〔註81〕《新唐書》卷九《僖宗本紀》，第 173 頁。
〔註82〕《新唐書》卷十《昭宗本紀》，第 184 頁。
〔註83〕《資治通鑒》卷二百五十九《景福元年》，第 8438 頁。
〔註84〕《新唐書》卷一百九十《劉漢宏傳》，第 4228 頁。
〔註85〕傅璇琮、徐海榮、徐吉軍主編，（宋）路振撰：《五代史書彙編陸·九國志》卷五《黃晟傳》，第 3279 頁。
〔註86〕傅璇琮、徐海榮、徐吉軍主編，（宋）路振撰：《五代史書彙編陸·九國志》卷五《黃晟傳》，第 3279 頁。

月……是月丁巳，明州刺史黃晟卒。」〔註87〕

綜上所述，從唐中和元年（881年）至後梁開平三年（909年），鍾季文、黃晟先後割據明州長達二十八年。

（三）唐末衢州的割據

光啟三年（887年），饒州刺史陳儒率兵進攻衢州，斬殺刺史元泰，佔據衢州，自稱刺史。《吳越備史》記載：「（陳）儒，本黃巢之黨，尋降朝廷，授以饒州。光啟三年，率其部伍……既而徑趨衢州，知州玄（元）泰迎於郊……遂斬之而自據焉。」〔註88〕

乾寧二年（895年）十一月，陳儒病重，為了讓其弟陳岌順利繼承衢州，誅殺十幾名軍校。陳儒死後，陳岌繼任衢州刺史。《吳越備史》記載：本年「十一月，衢州刺史陳儒卒，弟岌嗣。」〔註89〕《資治通鑒》也記載：本年十一月，「衢州刺史陳儒卒，弟岌代之。」〔註90〕

光化元年（898年）閏十月，婺州刺史王壇反叛錢鏐，陳岌也歸附於淮南楊行密。錢鏐派部將顧全武率兵討伐。光化二年（899年）正月，陳岌在龍丘被錢鏐軍打得大敗。

光化三年（900年）九月，錢鏐再次派兵進攻衢州。陳岌兵敗，向錢鏐投降，衢州為錢鏐所取。《吳越備史》記載：本年九月，「王復巡衢州，陳岌降。王以岌為浙東安撫副使，命顧全武權知衢州事。」〔註91〕

綜上所述，從光啟三年（887年）陳儒佔據衢州，到光化三年（900年）陳岌降於錢鏐，陳氏兄弟割據衢州長達十八年。

（四）唐末婺州的割據

中和四年（884年），浦陽鎮將蔣瓌聯合杭州刺史董昌的部將錢鏐，進攻婺州，擒獲浙東觀察使劉漢宏任命的婺州刺史王鎮。蔣瓌佔據婺州，自稱婺州刺

〔註87〕傅璇琮、徐海榮、徐吉軍主編，（宋）范坰，林禹撰：《五代史書彙編拾·吳越備史》卷二《武肅王下》，第6201頁。

〔註88〕傅璇琮、徐海榮、徐吉軍主編，（宋）范坰，林禹撰：《五代史書彙編拾·吳越備史》卷一《武肅王上》，第6192頁。

〔註89〕傅璇琮、徐海榮、徐吉軍主編，（宋）范坰，林禹撰：《五代史書彙編拾·吳越備史》卷一《武肅王上》，第6184頁。

〔註90〕《資治通鑒》卷二百六十《乾寧二年》，第8478頁。

〔註91〕傅璇琮、徐海榮、徐吉軍主編，（宋）范坰，林禹撰：《五代史書彙編拾·吳越備史》卷一《武肅王上》，第6192頁。

史。《資治通鑑》記載：本年三月，「婺州人王鎮執刺史黃碣，降於錢鏐。劉漢宏遣其將婁賫殺鎮而代之，浦陽鎮將蔣瓌召鏐兵共攻婺州，擒賫而還。」〔註92〕

光啟三年（887年），董昌取代劉漢宏，成為浙東觀察使，蔣瓌歸附於董昌。

景福元年（892年）十一月，原孫儒的部將王壇進攻婺州，蔣瓌逃往越州。王壇佔據婺州，自稱婺州刺史。《新唐書》記載：本年十一月，「孫儒將王壇陷婺州」〔註93〕。

乾寧三年（896年），錢鏐奪取浙東鎮，王壇歸附於錢鏐。

光化元年（898年）閏十月，王壇反叛錢鏐，遭到錢鏐舉兵討伐。《吳越備史》記載：本年「閏十月，婺州王壇抗命，王遣使伐之。」〔註94〕次年（899年）三月，王壇向淮南節度使楊行密求救。四月，楊行密派部將康儒率兵抵達婺州東陽，錢鏐則派部將方密、羅聚率兵進軍婺州蘭溪、義烏等縣。光化三年（900年）三月，康儒、徐從皋大敗，錢鏐又派兵斷其糧道，迫使康儒、徐從皋退兵。同年九月，王壇棄婺州，逃往宣州，婺州被錢鏐奪取。

綜上所述，蔣瓌、王壇先後割據於婺州，前後共計十六年。

（五）唐末溫州的割據

中和元年（881年）九月，朱褒佔據溫州，次年被朝廷任命為溫州刺史。《資治通鑑》記載：本年九月，「永嘉賊朱褒陷溫州」〔註95〕。

天復二年（902年）四月，朱褒去世，其兄長朱敖繼任溫州刺史。《資治通鑑》記載：本年「五月庚戌，溫州刺史朱褒卒，兄敖自稱刺史。」〔註96〕

同年十二月，朱敖被部將丁章驅逐，丁章佔據溫州。天復三年（903年）四月，丁章被木工李彥殺死，部將張惠佔據溫州。

天祐二年（905年）八月，處州刺史盧約派其弟盧佶攻陷溫州，張惠逃往福州〔註97〕。溫州因此被盧約兼併。

〔註92〕《資治通鑑》卷二百五十五《中和四年》，第8303頁。

〔註93〕《新唐書》卷十《昭宗本紀》，第184頁。

〔註94〕傅璇琮、徐海榮、徐吉軍主編，（宋）范坰，林禹撰：《五代史書彙編拾·吳越備史》卷一《武肅王上》，第6191頁。

〔註95〕《資治通鑑》卷二百五十四《中和元年》，第8259頁。

〔註96〕《資治通鑑》卷二百六十三《天復二年》，第8574頁。

〔註97〕上一段落及本段落記載可見於《資治通鑑》卷二百六十三《天復二年》、卷二百六十四《天復三年》、卷二百六十五《天祐二年》，第8588、8606、8645頁。

綜上所述，從中和元年（881 年）朱褒佔據溫州開始，到天祐二年（905年）溫州被處州刺史盧約兼併，朱氏兄弟及其部將割據溫州長達二十四年。

三、浙東鎮下轄州縣沿革

浙東鎮的轄區較為穩定，早期轄有越、婺、衢、處、溫、台、明、睦八州，貞元之後，長期轄有越、婺、衢、處、溫、台、明七州。

（一）浙東鎮長期轄有的州

越州：758 年～779 年、787 年～896 年屬浙東鎮，為會府。天寶元年（742年），越州改為會稽郡，至德元載（756 年）始隸於江東鎮。二載（757 年）十月，江東鎮分置為浙西、浙東二鎮，會稽郡為浙東鎮治所。同年，二鎮合併為江東鎮。乾元元年（758 年），會稽郡復為越州。同年十二月，江東鎮又分置為浙東、浙西二鎮，越州為浙東鎮會府。大曆十四年（779 年），浙東、浙西二鎮合併為浙江鎮，越州隸於浙江鎮。建中元年（780 年），浙東鎮復置，仍治越州。二年（781 年），浙東、浙西二鎮又合併，越州又隸於浙江鎮。貞元三年（787 年），浙東鎮復置，仍治於越州。

轄有會稽、諸暨、餘姚、蕭山、上虞、剡、山陰七縣，治於會稽縣。

山陰縣：大曆二年（767 年）省，七年（772 年）復置；元和七年（812 年）省，十年（815 年）復置〔註98〕。

婺州：758 年～779 年、787 年～896 年屬浙東鎮。天寶元年（742 年），婺州改為東陽郡，至德元載（756 年）始隸於江東鎮，二載（757 年）改隸於浙東鎮，繼而復隸於江東鎮。乾元元年（758 年），東陽郡復為婺州，復隸於浙東鎮。大曆十四年（779 年），婺州隨浙東鎮廢除而隸於浙江鎮。建中元年（780年），浙東鎮復置，婺州仍隸之。二年（781 年），婺州又隸於浙江鎮。貞元三年（787 年），浙東鎮復置，婺州仍隸之。中和四年（884 年），蔣瓌割據於婺州，其後歸附於董昌。景福元年（892 年），王壇驅逐蔣瓌，割據婺州。光化三年（900 年），婺州為錢鏐所取。

轄有金華、義烏、永康、武義、東陽、蘭溪、浦陽七縣，治於金華縣。

衢州：758 年～779 年、787 年～896 年屬浙東鎮。天寶元年（742 年），衢州改為信安郡，至德元載（756 年）始隸於江東鎮，二載（757 年）改隸於浙東鎮，繼而復隸於江東鎮。乾元元年（758 年），信安郡復為衢州，復隸於浙

〔註98〕《新唐書》卷四十一《地理志五》，第 697 頁。

東鎮。大曆十四年（779年），衢州隨浙東鎮廢除而隸於浙江鎮。建中元年（780年），浙東鎮復置，衢州仍隸之。二年（781年），衢州又隸於浙江鎮。貞元三年（787年），浙東鎮復置，衢州仍隸之。光啟三年（887年），陳儒割據於衢州。陳儒去世後，其弟陳岌繼任刺史，並於光化元年（898年）歸附於淮南楊行密。光化三年（900年），衢州為錢鏐所取。

轄有信安、常山、龍丘、須江、盈川五縣，治於信安縣。

盈川縣：元和七年（812年），併入信安縣〔註99〕。

常山縣：乾元元年（758年），改隸於信州，後復隸於衢州〔註100〕。

處州（括州）：758年～779年、787年～896年屬浙東鎮。天寶元年（742年），括州改為縉雲郡，至德元載（756年）始隸於江東鎮，二載（757年）改隸於浙東鎮，繼而復隸於江東鎮。乾元元年（758年），縉雲郡復為括州，復隸於浙東鎮。大曆十四年（779年），括州避唐德宗之諱，改為處州，同年隨浙東鎮廢除而改隸於浙江鎮。建中元年（780年），浙東鎮復置，處州仍隸之。二年（781年），處州又隸於浙江鎮。貞元三年（787年），浙東鎮復置，處州仍隸之。中和元年（881年），盧約割據處州，歸附於浙東觀察使劉漢宏。其後，董昌、錢鏐先後佔據浙東，盧約也先後附於董昌、錢鏐。天祐二年（905年），盧約派其弟盧佶攻取溫州，據有處、溫二州。後梁開平元年（907年），處、溫二州為錢鏐所取。

轄有麗水、龍泉、松陽、縉雲、遂昌、青田六縣，治於麗水縣。

麗水縣：原為括蒼縣，大曆十四年（779年）改為麗水縣〔註101〕。

龍泉縣：乾元二年（759年），分遂昌、松陽二縣置〔註102〕。

溫州：758年～779年、787年～896年屬浙東鎮。天寶元年（742年），溫州改為永嘉郡，至德元載（756年）始隸於江東鎮，二載（757年）改隸於浙東鎮，繼而復隸於江東鎮。乾元元年（758年），永嘉郡復為溫州，復隸於浙東鎮。大曆十四年（779年），溫州隨浙東鎮廢除而隸於浙江鎮。建中元年（780年），浙東鎮復置，溫州仍隸之。二年（781年），溫州又隸於浙江鎮。貞元三年（787年），浙東鎮復置，溫州仍隸之。中和元年（881年），

〔註99〕　《新唐書》卷四十一《地理志五》，第698頁。
〔註100〕　《新唐書》卷四十一《地理志五》，第698頁。
〔註101〕　《新唐書》卷四十一《地理志五》，第698頁。
〔註102〕　《新唐書》卷四十一《地理志五》，第698頁。

朱褒割據溫州。天復二年（902 年），朱褒去世，其弟朱敖繼任刺史，為部將丁章驅逐。三年（903 年），丁章被殺，部將張惠佔據溫州。天祐二年（905 年），處州刺史盧約派其弟盧佶攻陷溫州。後梁開平元年（907 年），溫州為吳越所取。

轄有永嘉、安固、橫陽、樂成四縣，治於永嘉縣。

台州：758 年～779 年、787 年～896 年屬浙東鎮。天寶元年（742 年），台州改為臨海郡，至德元載（756 年）始隸於江東鎮，二載（757 年）改隸於浙東鎮，繼而復隸於江東鎮。乾元元年（758 年），臨海郡復為台州，復隸於浙東鎮。大曆十四年（779 年），台州隨浙東鎮廢除而隸於浙江鎮。建中元年（780 年），浙東鎮復置，台州仍隸之。二年（781 年），台州又隸於浙江鎮。貞元三年（787 年），浙東鎮復置，台州仍隸之。中和三年（883 年），杜雄割據於台州。乾寧四年（897 年），杜雄去世，台州為錢鏐所取。

轄有臨海、唐興、黃巖、樂安、寧海五縣，治於臨海縣。

明州：758 年～779 年、787 年～896 年屬浙東鎮。天寶元年（742 年），明州改為餘姚郡，至德元載（756 年）始隸於江東鎮，二載（757 年）改隸於浙東鎮，繼而復隸於江東鎮。乾元元年（758 年），餘姚郡復為明州，復隸於浙東鎮。大曆十四年（779 年），明州隨浙東鎮廢除而隸於浙江鎮。建中元年（780 年），浙東鎮復置，明州仍隸之。二年（781 年），明州又隸於浙江鎮。貞元三年（787 年），浙東鎮復置，明州仍隸之。中和元年（881 年），鍾季文割據明州，先後附於浙東觀察使劉漢宏、董昌。鍾季文去世後，部將黃晟繼任明州刺史，又附於錢鏐。後梁開平三年（909 年），黃晟去世，放棄以其子繼任為刺史。

轄有鄮、奉化、慈溪、翁山、象山五縣，治於鄮縣。

象山縣：原隸於台州，廣德二年（764 年）改隸於明州〔註103〕。

翁山縣：大曆六年（771 年），省入鄮縣〔註104〕。

（二）浙東鎮短期轄有的州

睦州：758 年～779 年屬浙東鎮。天寶元年（742 年），睦州改為新定郡，至德元載（756 年）始隸於江東鎮，二載（757 年）改隸於浙東鎮，繼而復隸於江東鎮。乾元元年（758 年），新定郡復為睦州，復隸於浙東鎮。大曆十四年

〔註103〕郭聲波：《中國行政區劃通史·唐代卷》上編第八章《江南東道》，第 495 頁。
〔註104〕郭聲波：《中國行政區劃通史·唐代卷》上編第八章《江南東道》，第 493 頁。

（779年），睦州隨浙東鎮廢除而隸於浙江鎮。建中元年（780年），浙東鎮復置，睦州仍隸之。二年（781年），睦州又隸於浙江鎮。貞元三年（787年），浙江鎮分置為浙東、浙西二鎮，睦州改隸於浙西鎮。

　　轄有建德、桐廬、遂安、分水、壽昌、清溪六縣，治於建德縣。

圖 10-3　浙東鎮轄區圖（810年）

第三節　福建鎮

　　福建鎮長期轄有福、泉、建、汀、漳五州，治於福州。唐末，陳巖割據於福建鎮。其後，王潮、王審知兄弟佔據福建鎮，建立閩國。

一、福建鎮的轄區沿革

　　福建鎮的建置沿革為：長樂經略使（756～758）—福建經略使（758）—福建都防禦使（758～760）—福建節度使（760～771）—福建都團練觀察使（771～893）。

福建鎮存在的時間很長，但其轄區變革卻很簡單。建置初期，福建鎮轄有福、泉、建、汀、漳五州。至遲在上元二年（761年），福建鎮增領潮州。至遲在大曆六年（771年），福建鎮罷領潮州。此後，福建鎮長期轄有福、泉、建、汀、漳五州。

（一）福建經略使的轄區沿革

福建鎮的前身是福建經略使，建置於開元十三年（725年）。本年，朝廷建置福建經略使，領有福、泉、建、漳、潮五州，治於福州。《方鎮表五》記載：開元二十一年，「置福建經略使，領福、泉、建、漳、潮五州，治福州。」〔註105〕而賴青壽先生據《元和郡縣圖志》等書的記載考證，福建經略使實際建置於開元十三年〔註106〕。

開元二十二年（734年），福建經略使其所轄的漳、潮二州改隸於嶺南經略使。

開元二十四年（736年），福建經略使增領汀州。對於福建經略使增領汀州的時間，《方鎮表五》記載為開元二十二年，其實有誤。據賴青壽先生考證，汀州建置於開元二十四年〔註107〕。

天寶元年（742年），福建經略使復領漳、潮二州，《方鎮表五》對此有載。

同年，朝廷改州為郡。福建經略使下轄的福州改為長樂郡，泉州改為清源郡，建州改為建安郡，汀州改為臨汀郡，漳州改為漳浦郡，潮州改為潮陽郡。由於福州改為長樂郡，福建經略使也改稱為長樂經略使。

天寶十載（751年），漳浦、潮陽二郡改隸於嶺南經略使。《方鎮表五》記載：本年，「漳、潮二州隸嶺南經略使。」〔註108〕漳州、潮州時為漳浦郡、潮陽郡。

（二）福建鎮的轄區沿革

至德元載（756年），朝廷在全國已廣泛建置了節度使、經略使、都防禦使（防禦使）。這裡將至德元載看作福建鎮成為藩鎮的開始。

〔註105〕《新唐書》卷六十八《方鎮表五》，第1289頁。
〔註106〕賴青壽：《唐後期方鎮建置沿革研究》第十章第四節《福建觀察使沿革（含福建經略使）》，第150頁。
〔註107〕賴青壽：《唐後期方鎮建置沿革研究》第十章第四節《福建觀察使沿革（含福建經略使）》，第150～151頁。
〔註108〕《新唐書》卷六十八《方鎮表五》，第1291頁。

　　同年（756年），長樂經略使復領漳浦郡。《方鎮表六》記載：至德元載，「升五府經略討擊使為嶺南節度使，領廣、韶、循、潮、康、瀧、端、新、封、春、勤、羅、潘、高、恩、雷、崖、瓊、振、儋、萬安、藤二十二州」。〔註109〕由此記載可知，嶺南節度使在至德元載（756年）轄有潮州（潮陽郡），不轄漳州（漳浦郡）。根據漳浦郡的地理位置來看，漳浦郡應該又改隸於長樂經略使。

　　至此，福建鎮轄有長樂、清源、建安、臨汀、漳浦五郡，治於長樂郡。

　　乾元元年（758年），朝廷改郡為州。長樂經略使所轄的郡恢復使用州名，長樂經略使也復稱為福建經略使。

　　同年，朝廷改福建經略使為都防禦使，仍然轄有福、泉、建、汀、漳五州，治於福州。《方鎮表五》記載：乾元元年，「改福建經略使為都防禦使、兼寧海軍使。」

　　上元元年（760年），朝廷升福建都防禦使為節度使。《三山志》記載：上元二年，「以御史中丞（李）承昭為福、建、泉、汀、漳、潮六州節度使」〔註110〕。這條記載不僅可以說明福建都防禦使升為節度使，亦可知福建鎮至遲在上元二年（761年）增領潮州。

　　大曆六年（771年），朝廷降福建節度使為團練觀察使。《三山志》記載：大曆六年，「廢福建節度使，置都團練觀察處置使，管福、建、泉、汀、漳五州。」〔註111〕《全唐文》也記載：「大曆七年冬十有一月，加（李椅）御史大夫持節都督福建泉汀漳五州軍事，領觀察處置都防禦等使」〔註112〕。由以上記載可知，至遲在大曆六年（771年），福建鎮罷領潮州。至此，福建鎮轄有福、泉、建、汀、漳五州。此後，福建鎮長期轄有這五個州。

（三）唐末福建鎮的割據

　　唐末，福建鎮實行割據。中和四年（884年）十二月，福建團練副使陳巖驅逐福建觀察使鄭鎰，自稱觀察使，開始割據於福建鎮。

　　光啟二年（886年）八月，由光州南下的王潮攻佔泉州，殺刺史廖彥若。

〔註109〕　《新唐書》卷六十九《方鎮表六》，第1322頁。
〔註110〕　（宋）梁克家：《三山志》卷二十一《秩官類二》，中國國家圖書館藏清代抄本。
〔註111〕　（宋）梁克家：《三山志》卷二十一《秩官類二》，中國國家圖書館藏清代抄本。
〔註112〕　（清）董誥等編：《全唐文》卷三百九十《福州都督府新學碑銘（並序）》，第3964頁。

王潮畏於陳巖的威名，於是歸附於陳巖。陳巖上表朝廷，以王潮為泉州刺史。

景福元年（892 年）正月，福建觀察使陳巖去世。《唐代墓誌彙編》有《陳巖墓誌》記載：「府君（陳巖）以大順三年正月二十九日薨變」〔註 113〕。陳巖本來準備讓位於泉州刺史王潮，但其去世時，王潮還沒有到達福州。陳巖妻子的弟弟范暉自稱留後，派兵阻礙王潮進入福州。

范暉統治福建鎮以後，驕橫奢侈，不得民心。同年二月，王潮以從弟王彥復為都統，弟弟王審知為都監，率兵進攻福州。景福二年（893 年）四月，范暉向浙東鎮董昌求救，董昌派兵五千救援福州。但援兵未到，范暉已經無法堅守福州，於同年五月棄城而逃，在海都為部下所殺。

范暉死後，王潮進入福州，自稱福建留後。此後，王潮割據於福建鎮。王潮去世後，其弟王審知接掌福建鎮，並以此為基地，建立閩國。

綜上所述，福建鎮的轄區沿革可總結如表 10-4 所示。

表 10-4　福建鎮轄區統計表

時期	轄區總計	會府	詳細轄區
756 年～758 年	5 郡	長樂郡	長樂、清源、建安、臨汀、漳浦
758 年～約 761 年	5 州	福州	福、泉、建、汀、漳
約 761 年～約 771 年	6 州	福州	福、泉、建、汀、漳、潮
約 771 年～893 年	5 州	福州	福、泉、建、汀、漳

二、福建鎮下轄州縣沿革

福建鎮的轄區變革較為簡單，長期轄有福、建、泉、漳、汀五州，也曾短期轄有潮州。在此，對這六州及其下轄縣的沿革進行簡述。

（一）福建鎮長期轄有的州

福州：756 年～893 年為福建鎮會府。開元十三年（725 年），福州始置福建經略使。天寶元年（742 年），福州改為長樂郡，福建經略使改為長樂經略使。至德元載（756 年），長樂經略使始為藩鎮。乾元元年（758 年），長樂郡復為福州，長樂經略使復為福建經略使，同年升為福建都防禦使，上元元年（760 年）升為福建節度使，大曆六年（771 年）降為福建都團練觀察使。

〔註 113〕周紹良主編：《唐代墓誌彙編》景福〇〇三《潁川郡陳府君墓誌》，第 2528 頁。

轄有閩、候官、福唐、連江、長溪、尤溪、古田、永泰、長樂、梅溪十縣，治於閩縣。

永泰縣：永泰二年（766年）置，隸於福州〔註114〕。

長樂縣：元和三年（808年）省入福唐縣，五年（810年）復置〔註115〕。

候官縣：元和三年（808年）省入福唐縣，五年（810年）復置〔註116〕。

梅溪縣：咸通二年（861年）置，隸於福州〔註117〕。

建州：756年～893年屬福建鎮。開元二十一年（733年），建州始隸於福建經略使。天寶元年（742年），改為建安郡。至德元載（756年），長樂經略使始為藩鎮，建安郡隸之。乾元元年（758年），復為建州。

轄有建安、浦城、邵武、建陽、將樂五縣，治於建安縣。

將樂縣：元和三年（808年）省，五年（810年）復置〔註118〕。

泉州：756年～893年屬福建鎮。開元二十一年（733年），泉州始隸於福建經略使，天寶元年（742年），改為清源郡。至德元載（756年），長樂經略使始為藩鎮，清源郡隸之。乾元元年（758年），復為泉州。光啟二年（886年）八月，泉州為王潮所據。景福二年（893年），王潮成為福建觀察使。

轄有晉江、南安、莆田、仙遊四縣，治於晉江縣。

漳州：756年～893年屬福建鎮。開元二十一年（733年），漳州始隸於福建經略使，二十二年（734年）改隸於嶺南經略使。天寶元年（742年），漳州復隸於福建經略使，改為漳浦郡，十載（751年）改隸於嶺南鎮。至德元載（756年），長樂經略使始為藩鎮，漳浦郡隸之。乾元元年（758年），復為漳州。

轄有龍溪、漳浦、龍巖三縣，原治於漳浦縣，乾元二年（759年）移州治於龍溪縣。

龍巖縣：原屬汀州，大曆十二年（777年）改隸於漳州〔註119〕。

〔註114〕《舊唐書》卷四十《地理志三》，第1599頁。
〔註115〕《新唐書》卷四十一《地理志五》，第699頁。
〔註116〕《新唐書》卷四十一《地理志五》，第699頁。
〔註117〕郭聲波：《中國行政區劃通史·唐代卷》上編第八章《江南東道》，第509～510頁。
〔註118〕《新唐書》卷四十一《地理志五》，第700頁。
〔註119〕《新唐書》卷四十一《地理志五》，第700頁。

汀州：756 年～893 年屬福建鎮。開元二十四年（736 年），置汀州〔註 120〕，隸於福建經略使；又置新羅、長汀、黃連三縣，隸於汀州。天寶元年（742 年），汀州改為臨汀郡。至德元載（756 年），長樂經略使始為藩鎮，臨汀郡隸之。乾元元年（758 年），復為汀州。唐末，鍾全慕據有汀州〔註 121〕，歸附於福建觀察使王潮。

轄有長汀、寧化、沙三縣，治於長汀縣。

龍巖縣：開元二十四年（736 年）置新羅縣，為汀州州治；天寶元年（742 年）改為龍巖縣；大曆四年（769 年），汀州徙治於長汀縣〔註 122〕；十二年（777 年），龍巖縣改隸於漳州〔註 123〕。

長汀縣：開元二十四年（736 年）置，隸汀州；大曆十四年（779 年），汀州徙治長汀縣〔註 124〕。

寧化縣：開元二十四年（736 年）置黃連縣，隸汀州；天寶元年（742 年）改為寧化縣〔註 125〕。

沙縣：原屬建州，開元二十三年（735 年）改隸於汀州〔註 126〕。

（二）福建鎮短期轄有的州

潮州：約 761 年～771 年屬福建鎮。開元二十一年（733 年），潮州始隸於福建經略使，二十二年（734 年）改隸於嶺南經略使。天寶元年（742 年），潮州復隸於福建經略使，改為潮陽郡，十載（751 年）改隸於嶺南鎮。乾元元年（758 年），潮陽郡復為潮州，約上元二年（761 年）改隸於福建鎮，至遲在大曆六年（771 年）改隸於嶺南鎮。

轄有海陽、潮陽、程鄉三縣，治於海陽縣。

〔註 120〕 汀州的建置時間，賴青壽《唐後期方鎮建置沿革研究》第 150～151 頁、郭聲波《中國行政區劃通史‧唐代卷》上編第八章《江南東道》第 513 頁均考證為開元二十四年（736 年）。

〔註 121〕 景福二年（893 年）之前，鍾全慕已經據有汀州，王潮割據福建鎮，鍾全慕歸附於王潮。後梁貞明元年（915 年）去世，鍾全慕去世，其孫鍾翱繼任汀州刺史。直至後唐天成元年（926 年），鍾翱卸任汀州刺史。鍾全慕、鍾翱祖孫二人據有汀州長達三十餘年。

〔註 122〕 郭聲波：《中國行政區劃通史‧唐代卷》上編第八章《江南東道》，第 513 頁。

〔註 123〕 《新唐書》卷四十一《地理志五》，第 700 頁。

〔註 124〕 郭聲波：《中國行政區劃通史‧唐代卷》上編第八章《江南東道》，第 514 頁。

〔註 125〕 郭聲波：《中國行政區劃通史‧唐代卷》上編第八章《江南東道》，第 514 頁。

〔註 126〕 （唐）李吉甫：《元和郡縣圖志》卷二十九《江南道五》，第 723 頁。

圖 10-4　福建鎮轄區圖（810 年）

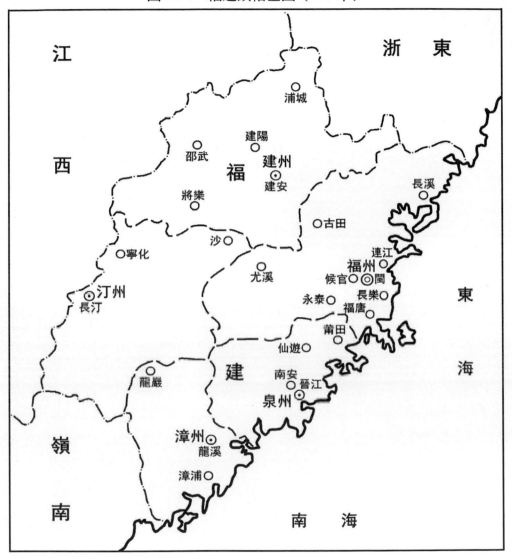

第十一章　江南西道藩鎮

　　江南西道，簡稱江西道，其下主要有宣歙、江西、鄂岳、湖南四個藩鎮。

　　宣歙鎮長期轄有宣、歙、池三州，治於宣州。唐末，秦彥、楊行密先後割據於宣歙鎮，軍號寧國軍。景福元年（892 年），楊行密成為淮南節度使，宣歙鎮成為淮南鎮的附屬藩鎮。

　　江西鎮，全稱江南西道，長期轄有洪、吉、虔、撫、袁、信、饒、江八州，治於洪州，後有軍號鎮南軍。唐末，鍾傳、鍾匡時父子割據於江西鎮。另外，江西鎮在唐末還分裂出虔州、撫州等割據勢力。其中，盧光稠家族割據於虔、韶二州，軍號百勝軍；危全諷、危仔倡兄弟割據於撫、信二州。最終，江西、虔州、撫州三個割據勢力都為南吳政權所滅。

　　鄂岳鎮長期轄有鄂、岳、蘄、黃、安、申六州，治於鄂州，後期軍號為武昌軍。唐末，杜洪割據於武昌鎮，直至天祐二年（905 年）為南吳政權所滅。另外，鄂岳鎮在唐代中後期曾經分置安黃鎮，軍號為奉義軍，後復併入鄂岳鎮。唐末，鄂岳鎮下轄的岳州實行割據。

　　湖南鎮長期轄有潭、衡、邵、永、道、郴、連七州，治於潭州。唐末，閔勖、周岳、鄧處訥等人先後割據於湖南鎮，軍號先後為欽化軍、武安軍。其後，馬殷據有湖南鎮，並以其為基礎，建立南楚政權。

　　這一章主要研究江南西道的宣歙、江西、鄂岳、湖南四個藩鎮，其中還涉及百勝、撫州、安黃、岳州等藩鎮或割據勢力。

第一節　宣歙鎮

　　宣歙鎮，長期轄有宣、歙、池三州。唐末，秦彥、楊行密先後割據於宣歙

鎮，軍號寧國軍。楊行密以宣歙鎮為根據地，奪取淮南鎮，後來建立南吳政權。因此，宣歙鎮也成為南吳政權控制的一個藩鎮。

一、宣歙鎮的轄區沿革

宣歙鎮的建置沿革為：宣歙饒觀察使（758～759）—宣歙節度使（760）—宣歙觀察使（762～765）—宣歙池都團練觀察使（766～779、787～890）—寧國軍節度使（890～892）。

宣歙鎮曾經多次廢置，建置初期轄有宣、歙、饒三州，治於宣州。大曆元年（766年）之後，宣歙鎮長期轄有宣、歙、池三州，治於宣州。

（一）唐代中期宣歙鎮的轄區沿革

宣歙鎮的建置歷史可以追溯到乾元元年（758年）。本年十二月，朝廷建置宣歙饒觀察使，轄有宣、歙、饒三州，治於宣州。但是，此次宣歙鎮存在非常短暫。乾元二年（759年），朝廷就廢除了宣歙饒觀察使。《方鎮表五》記載：乾元元年，「置宣歙饒觀察使，治宣州」；乾元二年，「廢宣歙饒觀察使」〔註1〕。

上元元年（760年），朝廷復置宣歙節度使，仍然轄有宣、歙、饒三州，治於宣州。同年十二月，宣歙節度使又被廢除，三州復隸於浙西鎮。《資治通鑒》記載：本年十二月，「（劉）展遣其將傅子昂、宗犀攻宣州，宣歙節度使鄭炅之棄城走（胡注：宣歙節度使領宣、歙、饒三州），李峘奔淇〔洪〕州……展以李晃為泗州刺史，宗犀為宣州刺史。」〔註2〕由此記載可知，在上元元年確實建置有宣歙節度使。劉展佔據宣州之後，宣歙節度使又被廢除。

寶應元年（762年），朝廷分浙西鎮建置宣歙鎮，以季廣琛為宣州刺史、宣歙觀察使，轄有宣、歙、饒三州。據《唐刺史考全編》推斷，季廣琛在宣州任上的時間是上元二年（761年）至永泰元年（765年）〔註3〕。書中引《全唐詩續拾》卷二七裴丹《重建東峰亭序》的記載：「唐永泰元年春二月，江西帥御史中丞季公廣琛嘗遊屬城。」由此來看，季廣琛在永泰元年為江西帥。當時，洪吉都防禦團練觀察使還沒有改稱江南西道觀察使。這裡的「江西」應該是指「宣歙」。《唐刺史考全編》又考證，殷日用在季廣琛之後繼任宣州〔註4〕。其

〔註1〕《新唐書》卷六十八《方鎮表五》，第1293～1315頁。下同，不再引注。
〔註2〕《資治通鑒》卷二百二十一《上元元年》，第7100～7101頁。
〔註3〕郁賢皓：《唐刺史考全編》卷一五六《宣州（宣城郡）》，第2223頁。
〔註4〕郁賢皓：《唐刺史考全編》卷一五六《宣州（宣城郡）》，第2223頁。

中引《舊唐書》的記載：「宣州觀察使殷日用奏為判官，宣慰使李季卿又以表薦。」〔註5〕《唐刺史考全編》又引《姓纂》卷四《陳郡長平殷氏》的記載：「（殷）日用，宣歙觀察、御史中丞。」由此記載來看，宣州確實另置有觀察使。

永泰元年（765年），宣歙觀察使被廢除。據《唐刺史考全編》的考證，殷日用之後的宣州刺史李佚不帶觀察使的稱號〔註6〕，可知宣州又罷鎮。

大曆元年（766年），朝廷復置宣歙鎮，此次轄有宣、歙、池三州，仍治於宣州。《方鎮表五》記載：本年，「復置宣歙池等州都團練守捉觀察處置使，兼採石軍使」。

大曆十四年（779年）六月，朝廷廢除宣歙鎮，宣、歙、池三州改隸於浙西鎮。《舊唐書》記載：本年六月「辛酉，罷宣歙池、鄂岳沔二都團練觀察使、陝虢都防禦使，以其地分隸諸道。」〔註7〕同年十一月，浙西、浙東二鎮合併為一鎮，改稱為浙江鎮。《資治通鑑》記載：本年「十一月丁丑，以晉州刺史韓滉為蘇州刺史、浙江東、西觀察使。」〔註8〕

貞元三年（787年）二月，朝廷再次建置宣歙鎮，仍轄有宣、歙、池三州，治於宣州。《資治通鑑》記載：本年二月，「分浙江東、西道為三：浙西，治潤州；浙東，治越州；宣歙池，治宣州；各置觀察使以領之。」〔註9〕此後，宣歙鎮長期存在，且轄有宣、歙、池三州。

（二）唐末宣歙鎮的割據與轄區沿革

唐末，宣歙鎮成為割據一方的藩鎮，秦彥、趙鍠、楊行密先後割據於此。

中和二年（882年），和州刺史秦彥進攻宣州，驅逐宣歙觀察使竇潏，被朝廷授予宣歙觀察使。此後，秦彥割據於宣歙鎮。《資治通鑑》記載：本年，「和州刺史秦彥使其子將兵數千襲宣州，逐觀察使竇潏而代之。」〔註10〕

光啟三年（887年）四月，當時淮南鎮大亂，淮南將領畢師鐸向秦彥請求援助，進攻淮南鎮的會府揚州，並且許諾成功之後擁立他為淮南節度使。秦彥於是派部將秦稠率領三千人援助畢師鐸。不久，畢師鐸、秦稠便攻下揚州，殺

〔註5〕《舊唐書》卷一百五十三《劉乃傳》，第4084頁。
〔註6〕郁賢皓：《唐刺史考全編》卷一五六《宣州（宣城郡）》，第2223頁。
〔註7〕《舊唐書》卷十二《德宗本紀上》，第322頁。
〔註8〕《資治通鑑》卷二百二十六《大曆十四年》，第7272頁。
〔註9〕《資治通鑑》卷二百三十二《貞元三年》，第7481頁。
〔註10〕《資治通鑑》卷二百五十五《中和二年》，第8287頁。

淮南節度使高駢。同年五月，秦彥率軍進入揚州，自稱淮南節度使，以部將趙鍠為宣歙觀察使，留守宣州。緊接著，廬州刺史楊行密進攻揚州，秦彥兵敗，困守揚州城。十一月，秦彥放棄揚州城，投奔孫儒，後為孫儒所殺。楊行密進入揚州後，被孫儒逼迫，率軍退回廬州。

文德元年（888年）八月，楊行密以部將蔡儔留守廬州，親率大軍聯合和州刺史孫端、上元張雄等人進攻宣州。宣歙觀察使趙鍠擊敗孫端、張雄，派部將蘇塘、漆朗率兵二萬駐紮於曷山。楊行密堅壁自守，拒不出戰，等到宣歙軍怠慢之時，出兵大敗宣歙軍。趙鍠的兄長趙乾之從池州出兵，救援宣州。楊行密的部將陶雅擊敗趙乾之，奪取池州，被楊行密任命為池州制置使。《資治通鑒》記載：本年八月，「（趙）鍠兄乾之自池州帥眾救宣州，（楊）行密使其將陶雅擊乾之於九華，破之。乾之奔江西，以雅為池州制置使。」〔註11〕

龍紀元年（889年）六月，楊行密攻克宣州，俘獲趙鍠，楊行密於是自稱宣歙觀察使。孫儒趁楊行密進攻宣州之機，派兵進攻廬州，蔡儔投降。

同年（889年）十一月，楊行密攻取常州。十二月，常州又被孫儒攻取。

大順元年（890年）二月，楊行密攻取孫儒佔據的潤、常二州。同年三月，朝廷賜宣歙鎮軍號寧國軍，以楊行密為寧國軍節度使。關於賜號寧國軍的時間，《資治通鑒》記載：大順元年三月，「賜宣歙軍號寧國，以楊行密為節度使。」〔註12〕《新唐書》也記載：大順元年，「以宣州號寧國軍，授（楊）行密節度使。」〔註13〕《方鎮表五》記載為景福元年（892年），當誤。因此，賜號寧國軍的時間應該是大順元年（890年）三月。

同年八月，楊行密攻取蘇州。閏九月，常州被孫儒攻取。十二月，蘇、潤二州也被孫儒攻取。大順二年（891年）七月，孫儒想要一舉消滅楊行密，於是棄揚州南下蘇州。楊行密派部將張訓、李德誠進入揚州。景福元年（892年）三月，楊行密奪取常、潤二州。四月，楊行密又攻取楚州。六月，楊行密斬殺孫儒〔註14〕。

楊行密任宣歙觀察使期間，其佔據的州當屬宣歙鎮管轄，故下表將楊行密任割據宣歙鎮期間所佔據的各州都計入宣歙鎮的所轄州之內。

〔註11〕《資治通鑒》卷二百五十七《文德元年》，第8381頁。
〔註12〕《資治通鑒》卷二百五十八《大順元年》，第8395頁。
〔註13〕《新唐書》卷一百八十八《楊行密傳》，第4202頁。
〔註14〕楊行密和孫儒對淮南、江南地區的爭奪，考述詳見第九章第一節《淮南鎮的轄區沿革》。

楊行密消滅孫儒後，回到揚州，稱淮南節度使，以部將田頵為宣州留後。此後，宣歙鎮成為淮南鎮的附屬藩鎮。田頵雖然長期佔據宣州，後來也反叛楊行密，但是已經是屬於五代十國南吳政權的歷史範疇，在此不作考述。

綜上所述，宣歙鎮的轄區沿革可總結如表 11-1 所示。

表 11-1　宣歙鎮轄區統計表

時　期	轄區總計	會　府	詳細轄區
758 年～759 年 760 年～760 年 762 年～765 年	3 州	宣州	宣、歙、饒
766 年～779 年 787 年～888 年	3 州	宣州	宣、歙、池
888 年～889 年	2 州	宣州	宣、歙
889 年～890 年	3 州	宣州	宣、歙、池
890 年二月～八月	5 州	宣州	宣、歙、池、(潤、常)〔註15〕
891 年～892 年	3 州	宣州	宣、歙、池〔註16〕

二、宣歙鎮下轄州縣沿革

宣歙鎮始置於乾元元年（758 年），當時轄有宣、歙、饒三州，治於宣州。次年，朝廷廢除宣歙鎮。上元元年（760 年），朝廷復置宣歙鎮，仍轄宣、歙、饒三州。同年，宣歙鎮又廢。寶應元年（762 年），復置宣歙鎮，仍然以上三州。永泰元年（765 年），宣歙鎮又廢。大曆元年（766 年），又置宣歙鎮，轄有宣、歙、池三州。大曆十四年（779 年），宣歙鎮又廢，貞元三年（787 年）復置。此後，宣歙鎮長期轄有宣、歙、池三州。

宣州：758 年～759 年、760 年、762 年～765 年、766 年～779 年、787 年～892 年屬宣歙鎮，為會府。天寶元年（742 年），宣州改為宣城郡，至德元載（756 年）隸屬於江東鎮，二載（757 年）改隸於浙西鎮，又復隸於江東鎮。乾元元年（758 年），宣城郡改為宣州，建置為宣歙饒觀察使，二年（759 年）廢，宣州仍隸浙西鎮。上元元年（760 年），宣州建置為宣歙饒節度使，同年

〔註15〕大順元年（890 年）二月，宣歙觀察使楊行密攻取潤、常二州。同年八月，楊行密攻取蘇州。閏九月，失常州。十二月，失蘇、潤二州。

〔註16〕大順二年（891 年）至景福元年（892 年）期間，寧國軍節度使楊行密曾經奪取和失去常、潤、蘇等州，詳見於正文。

廢，宣州復隸於浙西鎮。二年（761 年），浙西鎮徙治於宣州。寶應元年（762年），宣州復置宣歙觀察使，至永泰元年（765 年）廢除。大曆元年（766 年），宣州復置宣歙觀察使。大曆十四年（779 年）六月，宣歙鎮廢，宣州改隸於浙西鎮，同年十一月隸於浙江鎮。貞元三年（787 年），復置為宣歙觀察使。

轄有宣城、南陵、涇、寧國、太平、當塗、溧陽、溧水、廣德、旌德十縣，治於宣城縣。

當塗縣：至德二載（757 年）〔註 17〕，改隸於江寧郡（昇州）；上元二年（761 年），復隸於宣州〔註 18〕。

溧陽縣：至德二載（757 年），改隸於江寧郡（昇州）；上元二年（761 年），復隸於宣州；大順元年（890 年），改隸於昇州。

溧水縣：至德二載（757 年），改隸於江寧郡（昇州）；上元二年（761 年），復隸於宣州；大順元年（890 年），改隸於昇州〔註 19〕。

廣德縣：原為綏安縣，至德二載（757 年）改為廣德縣〔註 20〕。

旌德縣：本太平縣之地，永泰初（765 年），土賊王方據險叛亂，詔討平之，分太平縣置旌德縣〔註 21〕。

歙州：758 年～759 年、760 年、762 年～765 年、766 年～779 年、787 年～892 年屬宣歙鎮。天寶元年（742 年），歙州改為新安郡，至德元載（756 年）隸於江東鎮，二載（757 年）改隸於浙西鎮，同年復隸於江東鎮。乾元元年（758年），新安郡改為歙州，改隸於宣歙鎮。二年（759 年），仍隸浙西鎮。上元元年（760 年），復隸於宣歙鎮，同年改隸於浙西鎮。寶應元年（762 年），復隸於宣歙鎮。永泰元年（765 年），又隸於浙西鎮。大曆元年（766 年），復隸於宣歙鎮。大曆十四年（779 年），改隸於浙江鎮。貞元三年（787 年）復隸於宣歙鎮。

轄有歙、黟、休寧、婺源、績溪、祁門六縣，治於歙縣。

祁門縣：本黟縣之地，永泰元年（765 年），土賊方清於此建置昌門縣，刺史長孫全緒討平之，改為祁門縣〔註 22〕。

〔註 17〕當塗縣改隸於昇州的時間，《新唐書》卷四十一《地理志五》第 700 頁作乾元元年。按江寧郡建置於至德二載，乾元元年改為昇州。當塗縣至德二載當已改隸於江寧郡。

〔註 18〕《新唐書》卷四十一《地理志五》，第 700～701 頁。

〔註 19〕溧陽、溧水二縣改隸於昇州之事，詳見第十章第一節《浙西鎮下轄州縣沿革》。

〔註 20〕《新唐書》卷四十一《地理志五》，第 701 頁。

〔註 21〕（唐）李吉甫：《元和郡縣圖志》卷二十八《江南道四》，第 685 頁。

〔註 22〕（唐）李吉甫：《元和郡縣圖志》卷二十八《江南道四》，第 688 頁。

　　池州：766 年～779 年、787 年～892 年屬宣歙鎮。永泰元年（765 年），
江西觀察使李勉奏請以宣州的秋浦、青陽二縣和饒州的至德縣建置池州，隸屬
於江西鎮。大曆元年（766 年），池州改隸於宣歙鎮。大曆十四年（779 年），
改隸於浙江東西道，貞元三年（787 年）復隸於宣歙鎮。

　　轄有秋浦、青陽、至德、石埭四縣，治於秋浦縣。

　　秋浦縣：原屬宣州，永泰元年（765 年）建置池州，秋浦縣為州治〔註23〕。

　　青陽縣：原屬宣州，永泰元年（765 年）改隸於池州。

　　至德縣：原屬饒州，永泰元年（765 年）改隸於池州。

　　石埭縣：永泰二年（766 年），分青陽、秋浦、涇三縣置石埭縣，隸於池州。

圖 11-1　宣歙鎮轄區圖（806 年）

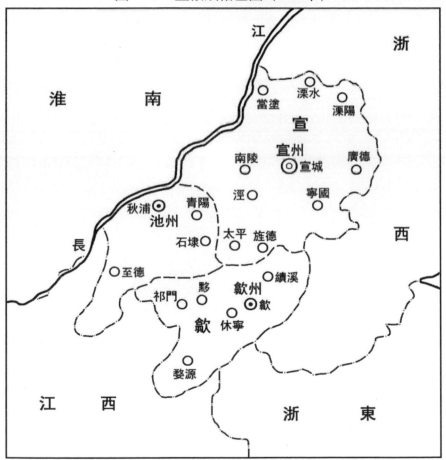

〔註23〕《新唐書》卷四十一《地理志五》，第 701 頁。下文中，青陽、至德、石埭三
　　　　縣的沿革情況，也可見於此處記載。

第二節　江西鎮

江西鎮，全稱為江南西道，軍號鎮南軍，長期轄有洪、吉、虔、撫、袁、信、饒、江八州，治於洪州。唐末，江西鎮分裂為江西、虔州、撫州等割據勢力。其中，鍾傳、鍾匡時父子先後割據於江西鎮，盧光稠、盧延昌、譚全播等人先後割據於虔州，危全諷割據於撫州，最終都為南吳政權所滅。

一、江西鎮的轄區沿革

江西鎮的建置沿革為：江南西道節度使（756～757）—豫章防禦使（757～758）—洪吉都防禦團練觀察使（758～764）—江南西道都團練觀察使（764～782）—江南西道節度使（782～785）—江南西道都團練觀察使（785～865）—鎮南軍節度使（865～868）—江南西道都團練觀察使（868～889）—鎮南軍節度使（889～906）。

江西鎮建置前期的轄區屢經變革，主要轄有洪、吉、虔、撫、袁、江、信等州。貞元四年（788 年）之後，江西鎮長期轄有洪、吉、虔、撫、袁、信、饒、江八州。唐末，虔、撫等州脫離江西鎮的控制，江西鎮實際僅有洪、袁、饒、江等數州之地。

（一）洪吉都防禦使的轄區沿革

江西鎮始置於至德元載（756 年），初稱江南西道節度使。《方鎮表五》記載：乾元元年，「置洪吉都防禦團練觀察處置使兼莫傜軍使，領洪、吉、虔、撫、袁五州，治洪州。」〔註24〕這裡所記載江西鎮的建置時間，應當有誤。據《資治通鑒》記載：至德元載七月，「永王（李）璘充山南東道、嶺南、黔中、江南西道節度都使……分江南為東、西二道，東道領餘杭，西道領豫章等諸郡。」〔註25〕由此記載來看，至德元載已經建置有江西鎮。

至於江西鎮此時的轄區，可結合江西鎮周邊藩鎮的轄區和江西鎮後來的轄區進行總結。通過總結，江西鎮當時轄有豫章、盧陵、南康、臨川、宜春、江夏、潯陽、鄱陽、巴陵、長沙、衡陽、桂陽、江華、零陵、邵陽、連山十六郡，治於豫章郡。

至德二載（757 年），江西節度使罷領巴陵、長沙、衡陽、桂陽、連山、江華、零陵、邵陽八郡，降為豫章防禦使。《方鎮表五》記載：乾元元年，「置洪

〔註24〕《新唐書》卷六十八《方鎮表五》，第 1293～1315 頁。下同，不再引注。
〔註25〕《資治通鑒》卷二百一十八《至德元載》，第 6983～6984 頁。

吉都防禦團練觀察處置使兼莫傜軍使，領洪、吉、虔、撫、袁五州，治洪州。」
這個記載的錯誤較多。

首先，洪吉都防禦使初稱豫章防禦使，實則建置於至德二載（757年）。
《全唐文》卷三百六十七有《授元載豫章防禦使制》記載：「豫章雄鎮，襟帶
江湖，干戈始寧，安人是切。俾爾藩守，緝熙厥政。可豫章太守。」〔註26〕賴
青壽先生的博士論文《唐後期方鎮建置沿革研究》據此推斷，洪吉防禦使實則
建置於至德二載，此說可取〔註27〕。

對於豫章防禦使當時的轄區，還應含有鄂、江、饒三州。史籍對於鄂、江、
饒三州當時的歸屬問題沒有明確記載。根據鄂州的地理位置來看，應該是隸屬
於江西鎮。賴青壽先生也認為，鄂、江、饒三州當時是隸屬於洪吉都防禦使的
〔註28〕。因此，洪吉鎮當時轄有洪、吉、虔、撫、袁、鄂、江、饒八州，治於
洪州。但是，此時各州仍然使用郡制，洪、吉、虔、撫、袁、鄂、江、饒八州
分別為豫章、廬陵、南康、臨川、宜春、江夏、潯陽、鄱陽八郡。

乾元元年（758年），朝廷改郡為州，豫章等郡改為州，故而豫章防禦觀
察使也改稱為洪吉都防禦觀察使。此年正月，洪吉鎮還增領了信州。《新唐書》
記載：「信州，上。乾元元年析饒州之弋陽，衢州之常山、玉山及建、撫之地
置。」〔註29〕另外，《元和郡縣圖志》也記載：「信州……乾元元年，租庸使洪
州刺史元載奏置。」〔註30〕由此可知，乾元元年，江西鎮已經增領信州。《方
鎮表五》將洪吉觀察使增領信州的時間誤載為上元元年（760年）。

同年（758年）十二月，江、饒二州改隸於浙西鎮。不久，江州又復隸於
洪吉鎮〔註31〕。

乾元二年（759年），朝廷建置鄂岳鎮，洪吉鎮因而罷領鄂州。直至上元
二年（761年），鄂岳鎮廢除，鄂州復隸於洪吉鎮〔註32〕。

〔註26〕（清）董誥等編：《全唐文》卷三百六十七《授元載豫章防禦使制》，第3730
　　　　頁。
〔註27〕賴青壽：《唐後期方鎮建置沿革研究》第十一章第二節《江西觀察使沿革》，第
　　　　155頁。
〔註28〕賴青壽：《唐後期方鎮建置沿革研究》第十一章第二節《江西觀察使沿革》，第
　　　　155頁。
〔註29〕《新唐書》卷四十一《地理志五》，第703頁。
〔註30〕（唐）李吉甫：《元和郡縣圖志》卷二十八《江南道四》，第678頁。
〔註31〕詳見第十章第一節《浙西鎮的轄區沿革》。
〔註32〕詳見本章第三節《鄂岳鎮的轄區沿革》。

（二）廣德之後江西鎮的轄區沿革

廣德二年（764 年），洪吉都防禦團練觀察使改稱為江南西道都團練觀察使，有時簡稱為江西觀察使。此後，江南西道也簡稱為江西鎮。

同年，朝廷建置鄂岳都團練使〔註33〕，江西鎮因此罷領鄂州。

永泰元年（765 年）十月，江西鎮增領新建置的池州。《舊唐書》記載：本年十月，「分宣、饒、歙戶口於秋浦縣置池州。」〔註34〕同書又記載：「永泰元年，江西觀察使李勉以秋浦去洪州九百里，請復置池州，仍請割青陽、至德二縣隸之，又析置石埭縣，並從之。」〔註35〕《新唐書》也記載：「池州……永泰元年，復析宣州之秋浦、青陽，饒州之至德置。」〔註36〕由《舊唐書》的記載來看，池州當時是隸屬於江西鎮的。

大曆元年（766 年），朝廷建置宣歙池觀察使〔註37〕，江西鎮因此罷領池州。與此同時，江西鎮還增領了饒州。《方鎮表五》中只有幾處關於饒州的記載：乾元元年（758 年），「置宣歙饒觀察使」；乾元二年（759 年），「廢宣歙饒觀察使」，浙西觀察使「復領宣、歙、饒三州」。此後，《方鎮表》中便沒有了關於饒州的記載。按大曆元年朝廷復置宣歙池觀察使，饒州因為宣歙鎮的隔斷，不可能再隸屬於浙西鎮。據《全唐文》卷四百十三常袞《授魏少游洪吉等州團練使制》記載：「可使持節都督洪州諸軍事、守洪州刺史、兼御史大夫、江南西道洪、吉、虔、撫、信、袁、江、饒等州都團練守捉觀察處置及莫傜等使。」〔註38〕又據《舊唐書》記載：大曆二年夏四月己亥，「刑部侍郎魏少游為洪州刺史、兼御史大夫、江西觀察團練等使。」〔註39〕由此可知，魏少游是大曆二年（767 年）出任江西觀察使。因此，江西鎮在大曆二年轄有洪、吉、虔、撫、信、袁、江、饒八州。饒州改隸於江西鎮的時間，應該就是在大曆元年。由以上考述可知，大曆元年（766 年），江西鎮罷領池州，增領饒州。

大曆十四年（779 年）六月，鄂岳鎮被廢除，其所轄的鄂州改隸於江西鎮。對此，《舊唐書》記載：本年六月，「罷宣歙池、鄂岳沔二都團練觀察使、陝貔

〔註33〕詳見本章第三節《鄂岳鎮的轄區沿革》。
〔註34〕《舊唐書》卷十一《代宗本紀》，第 280 頁。
〔註35〕《舊唐書》卷四十《地理志三》，第 1603 頁。
〔註36〕《新唐書》卷四十一《地理志五》，第 701 頁。
〔註37〕詳見本章第一節《宣歙鎮的轄區沿革》。
〔註38〕（清）董誥等編：《全唐文》卷四百十三《授魏少游洪吉等州團練使制》，第 4234 頁。
〔註39〕《舊唐書》卷十一《代宗本紀》，第 286 頁。

都防禦使，以其地分隸諸道。」〔註40〕對於鄂岳鎮廢除之後鄂州的歸屬問題，《全唐文》記載：「廣德二年，（鄂州）遂聯岳沔事置三州都團練使⋯⋯（大曆）十四年六月，二使廢，特置當州防禦使，且屬於江西。」〔註41〕由此記載可知，鄂州隸於江西鎮。

建中三年（782年）五月，朝廷以鄂州復置鄂岳鎮，轄有鄂、岳、江三州〔註42〕。因此，江西鎮罷領鄂、江二州。《全唐文》記載：「（大曆）十四年⋯⋯是年十月，乃命秘書少監兼侍御史李公（兼）授之⋯⋯到官三年之五月，使改為三州防禦使，江、岳隸焉。」〔註43〕李兼大曆十四年（779年）就任於鄂州，到官三年即為建中三年（782年）。

同年（782年）十月，朝廷升江南西道都團練觀察使為江南西道節度使。《資治通鑑》記載：建中三年「十月辛亥，以湖南觀察使曹王（李）皋為江南西道節度使。」〔註44〕《舊唐書》也記載：本年「十月辛亥，以湖南觀察使嗣曹王（李）皋為洪州刺史、江西節度使。」〔註45〕而《方鎮表五》卻記載為：建中四年，「升江南西道都防禦團練觀察使為節度使」。由《資治通鑑》和《舊唐書》的記載來看，《方鎮表五》的記載有誤。

其後，淮西節度使李希烈叛亂，江西節度使曹王李皋率兵討伐。建中四年（783年）三月，李皋收復被李希烈佔據的蘄、黃二州。《資治通鑑》記載：本年「三月戊寅，江西節度使曹王（李）皋敗李希烈將韓霜露於黃梅，斬之。辛卯，拔黃州⋯⋯皋遂進拔蘄州，表伊慎為蘄州刺史」〔註46〕。李皋收復蘄、黃二州後，朝廷將二州劃歸於鄂岳鎮〔註47〕。

貞元元年（785年）四月，朝廷改任李皋為荊南節度使，同時降江西節度使為觀察使。據《唐刺史考全編》考證，李兼繼李皋任江西都團練觀察使〔註48〕。

貞元四年（788年），江西鎮增領江州。《方鎮表五》記載：本年，「江州隸江西觀察使。」此後，江西鎮長期轄有洪、吉、虔、撫、袁、信、饒、江八

〔註40〕《舊唐書》卷十二《德宗本紀上》，第322頁。
〔註41〕（清）董誥等編：《全唐文》卷四百五十五《鄂州新廳記》，第4652頁。
〔註42〕詳見本章第三節《鄂岳鎮的轄區沿革》。
〔註43〕（清）董誥等編：《全唐文》卷四百五十五《鄂州新廳記》，第4652頁。
〔註44〕《資治通鑑》卷二百二十七《建中三年》，第7334頁。
〔註45〕《舊唐書》卷十二《德宗本紀上》，第335頁。
〔註46〕《資治通鑑》卷二百二十八《建中四年》，第7342頁。
〔註47〕詳見本章第三節《鄂岳鎮的轄區沿革》。
〔註48〕郁賢皓：《唐刺史考全編》卷一五七《洪州（豫章郡）》，第2256頁。

州。《元和郡縣圖志》記載：江南西道觀察使「管州八：洪州，饒州，虔州，吉州，江州，袁州，信州，撫州。」〔註49〕

咸通六年（865年）五月，朝廷賜江西鎮軍號鎮南軍，升江南西道觀察使為鎮南軍節度使。《資治通鑒》記載：本年「五月辛丑，置鎮南軍於洪州。」〔註50〕

咸通九年（868年），鎮南軍節度使又降為江南西道觀察使。對於降為觀察使的時間，《方鎮表五》記載：乾符元年（874年），「廢鎮南軍節度，復置江南西道觀察使。」然而，根據《唐刺史考全編》的考述來看，咸通九年十月，鎮南軍節度使嚴譔離任之後，李騭、楊戴、崔安潛出任江西觀察使，皆沒有鎮南軍節度使的稱謂〔註51〕，可知鎮南軍節度使降為江西觀察使發生於咸通九年十月。賴青壽先生的《唐後期方鎮建置沿革研究》也持此觀點〔註52〕。

（三）唐末鍾氏割據時期江西鎮的轄區沿革

唐末，鍾傳、鍾匡時父子割據於江西鎮，最終為南吳政權所滅。

乾符元年（874年），王仙芝發動起義。其後，王仙芝起義軍及其部眾進入江南西道地區，使得江西鎮陷入動盪局面。乾符四年（877年），鍾傳佔據撫州，被朝廷任命為撫州刺史；柳彥璋佔據江州，同年被朝廷討滅。《新唐書》記載：乾符四年四月，「江西賊柳彥璋陷江州，執其刺史陶祥。高安制置使鍾傳陷撫州。」〔註53〕《資治通鑒》記載：本年四月，「賊帥柳彥璋剽掠江西……六月，柳彥璋襲陷江州，執刺史陶祥，使祥上表，彥璋亦自附降狀。敕以彥璋為右監門將軍，令散眾赴京師。以左武衛將軍劉秉仁為江州刺史。彥璋不從，以戰艦百餘固溢江為水寨，剽掠如故。」十二月，「江州刺史劉秉仁乘驛之官，單舟入柳彥璋水（寨）。賊出不意，即迎拜，秉仁斬彥璋，散其眾。」〔註54〕

中和二年（882年）五月，撫州刺史鍾傳驅逐江西觀察使高茂卿，佔據洪州，同年七月被朝廷任命為江西觀察使。此後，鍾氏割據於江西鎮。

鍾傳離開撫州之後，危全諷佔據撫州，又派其弟危仔倡佔據信州。對於以

〔註49〕（唐）李吉甫：《元和郡縣圖志》卷二十八《江南道四》，第669頁。
〔註50〕《資治通鑒》卷二百五十《咸通六年》，第8111頁。
〔註51〕郁賢皓：《唐刺史考全編》卷一五七《洪州（豫章郡）》，第2266～2267頁。
〔註52〕賴青壽：《唐後期方鎮建置沿革研究》第十一章第二節《江西觀察使沿革》，第156頁。
〔註53〕《新唐書》卷九《僖宗本紀》，第170頁。
〔註54〕《資治通鑒》卷二百五十三《乾符四年》，第8191～8192、8194頁。

上史實，《資治通鑑》記載：中和二年五月，「先是，王仙芝寇掠江西，高安人鍾傳聚蠻獠，依山為堡，眾至萬人。仙芝陷撫州而不能守，傳入據之，詔即以為刺史。至是，又逐江西觀察使高茂卿，據洪州。朝廷以勱本江西牙將，故復置鎮南軍，使勱領之。若傳不受代，令勱因而討之。勱知朝廷意欲鬥兩盜使相斃，辭不行。」「七月己巳，以鍾傳為江西觀察使，從高駢之請也。傳既去撫州，南城人危全諷復據之，又遣其弟仔倡據信州。」〔註55〕

光啟元年（885年）正月，盧光稠佔據虔州〔註56〕。另外，吉州被周玤佔據〔註57〕。

至此，江西鎮原轄有的虔、撫、信、吉四州皆不在鍾傳的實際掌控中。鍾傳實際控制的只有洪、袁、饒、江四州。

龍紀元年（889年），朝廷升江西觀察使為鎮南軍節度使。《方鎮表五》記載：本年，「復升江南西道觀察使為鎮南軍節度使」。至此，江西鎮又有軍號鎮南軍。

乾寧四年（897年）八月，鍾傳討伐吉州刺史周玤，周玤逃往淮南廣陵。《資治通鑑》記載：本年八月，「鍾傳欲討吉州刺史襄陽周玤，玤帥其眾奔廣陵。」〔註58〕其後，鍾傳以其部將韓師德為吉州刺史。韓師德佔據吉州後，也不服從鍾傳的號令。鍾傳於是再次派兵進攻吉州。《九國志》記載：「鍾傳據江西，其裨將韓師德叛，傳令其弟琿攻破之……（鍾）傳以琿為吉州刺史，未幾，以（彭）玕代之。」〔註59〕

天復元年（901年）十二月，鍾傳率兵進攻佔據撫州的危全諷。危全諷歸順鍾傳，又以其女嫁給鍾傳之子鍾匡時，危全諷因此得以繼續佔據撫州。《資治通鑑》記載：本年十二月，「江西節度使鍾傳將兵圍撫州刺史危全諷，天火燒其城，士民讙驚，諸將請急攻之……全諷聞之，謝罪聽命，以女妻傳子匡時。」〔註60〕

天祐三年（906年）四月，鍾傳去世，其子鍾匡時繼位。鍾傳的養子江州刺史鍾延規不服，以江州降於南吳。《資治通鑑》記載：本年四月，「鎮南節度使鍾傳以養子延規為江州刺史。傳薨，軍中立其子匡時為留後。延規恨不得立，

〔註55〕《資治通鑑》卷二百五十五《中和二年》，第8269～8270、8272頁。

〔註56〕詳見下文《唐末虔州百勝軍的沿革》。

〔註57〕據《唐刺史考全編》卷一六二《吉州（盧陵郡）》第2353頁考證，周玤約中和中至乾寧四年為吉州刺史。

〔註58〕《資治通鑑》卷二百六十一《乾寧四年》，第8507頁。

〔註59〕傅璇琮、徐海榮、徐吉軍主編，（宋）路振撰：《五代史書彙編陸·九國志》卷十一《彭玕傳》，第3355頁。

〔註60〕《資治通鑑》卷二百六十二《天復元年》，第8566頁。

遣使降淮南。」〔註61〕

同年（906年）五月，南吳主楊渥以秦裴為西南行營都招討使，率兵進攻江西鎮。七月，吳軍打敗江西兵，俘獲鍾匡時部下驍將劉楚。秦裴率軍進圍洪州，饒州刺史唐寶歸降。鍾匡時此後堅守洪州城，拒不出戰。九月，秦裴攻克洪州城，俘獲鍾匡時。《資治通鑑》記載：本年五月，「楊渥以昇州刺史秦裴為西南行營都招討使，將兵擊鍾匡時於江西。」七月，「（秦裴）遂圍洪州，饒州刺史唐寶請降。」九月，「秦裴拔洪州，虜鍾匡時等五千人以歸。楊渥自兼鎮南節度使，以裴為洪州制置使。」〔註62〕

至此，鍾氏在江西鎮的割據結束，江西鎮大部被南吳兼併。南吳攻取洪州，也標誌著唐朝江西鎮的滅亡。此後，南吳又攻取撫州、虔州，江西最終全部被南吳兼併。

綜上所述，江西鎮的轄區沿革可總結如表11-2所示。

表11-2　江西鎮轄區統計表

時　期	轄區總計	會　府	詳細轄區
756年～757年	16郡	豫章郡	豫章、廬陵、南康、臨川、宜春、江夏、潯陽、鄱陽、巴陵、長沙、衡陽、桂陽、江華、零陵、邵陽、連山
757年～758年	8郡	豫章郡	豫章、廬陵、南康、臨川、宜春、江夏、潯陽、鄱陽
758年～758年	9州	洪州	洪、吉、虔、撫、袁、鄂、江、饒、信
759年～761年	7州	洪州	洪、吉、虔、撫、袁、江、信
761年～764年	8州	洪州	洪、吉、虔、撫、袁、江、信、鄂
764年～765年	7州	洪州	洪、吉、虔、撫、袁、江、信
765年～766年	8州	洪州	洪、吉、虔、撫、袁、江、信、池
766年～779年	8州	洪州	洪、吉、虔、撫、袁、江、信、饒
779年～782年	9州	洪州	洪、吉、虔、撫、袁、江、信、饒、鄂
782年～788年	7州	洪州	洪、吉、虔、撫、袁、信、饒
788年～882年	8州	洪州	洪、吉、虔、撫、袁、信、饒、江

〔註61〕《資治通鑑》卷二百六十五《天祐三年》，第8659頁。
〔註62〕《資治通鑑》卷二百六十五《天祐三年》，第8659～8661頁。

882年～885年	6州	洪州	洪、吉、虔、袁、饒、江
885年～897年	4州	洪州	洪、袁、饒、江、〔吉〕〔註63〕
897年～906年	5州	洪州	洪、袁、饒、江、吉

二、虔州百勝軍的沿革

虔州原屬江西鎮的轄區，唐末，盧光稠佔據虔州，後來又奪取韶州。後梁政權建立後，以虔州置百勝軍。胡耀飛先生的《唐末五代虔州軍政史——割據政權邊州研究的個案考察》一文對虔州百勝軍的建置有過考述〔註64〕。

光啟元年（885年）正月，盧光稠佔據虔州，開始割據一方。對此，《資治通鑑》記載：本年正月，「南康賊帥盧光稠陷虔州，自稱刺史，以其里人譚全播為謀主。」〔註65〕《新唐書》也有類似記載〔註66〕。

天復二年（902年），盧光稠出兵南下進攻嶺南地區，攻取韶州，以其長子盧延昌為韶州刺史，鎮守韶州。《資治通鑑》記載：「是歲，虔州刺史盧光稠攻嶺南，陷韶州，使其子延昌守之。」〔註67〕盧光稠又派其弟盧光睦攻取潮州，以其為潮州刺史。其後，清海節度使劉隱派兵攻陷潮州，繼而進攻韶州。韶州兵在盧光稠的謀士譚全播指揮下，誘敵深入，出精兵大敗劉隱的軍隊，劉隱只好下令退兵。此後，盧光稠據有虔、韶二州。

後梁建立之後，盧光稠派遣使者向後梁太祖朱溫歸附。朱溫於是在虔州建置百勝軍，以盧光稠為百勝軍防禦使，兼五嶺開通使。

後梁開平四年（910年）正月，朱溫又在虔州建置鎮南軍，以盧光稠為鎮南軍節度留後。

對於百勝軍及鎮南軍的建置，《新五代史》記載：「梁初，江南、嶺表悉為吳與南漢分據，而（盧）光稠獨以虔、韶二州請命於京師，願通道路，輸貢賦。太祖為置百勝軍，以光稠為防禦使、兼五嶺開通使，又建鎮南軍，以為留後。」〔註68〕《資治通鑑》記載：開平四年正月「辛丑，以盧光稠為鎮

〔註63〕 中和二年（882年），危全諷、危仔倡佔據撫、信二州；光啟元年（885年），盧光稠佔據虔州；周珌開始佔據吉州的時間不詳，大約是在中和年間。

〔註64〕 胡耀飛：《唐末五代虔州軍政史——割據政權邊州研究的個案考察》，《唐史論叢》2015年第1期，第274～295頁。

〔註65〕 《資治通鑑》卷二百五十六《光啟元年》，第8320頁。

〔註66〕 《新唐書》卷九《僖宗本紀》，第176頁。

〔註67〕 《資治通鑑》卷二百六十三《天復二年》，第8589頁。

〔註68〕 《新五代史》卷四十一《盧光稠傳》，第444頁。

南留後。」〔註69〕

　　同年（910年）十二月，盧光稠去世，他本想讓位於謀士譚全播。但譚全播推辭，擁立盧光稠的長子盧延昌繼任虔州刺史、鎮南軍留後。盧延昌繼任後，以部將廖爽為韶州刺史。

　　盧延昌繼位後，遊獵無度。乾化元年（911年）十二月，百勝軍指揮使黎球趁盧延昌外出狩獵之機，閉城不納，並派兵攻殺盧延昌。黎球殺死盧延昌後，被後梁任命為虔州防禦使。黎球又想要殺譚全播，但是譚全播閉門稱病，得以免於被害。不久，黎球去世，虔州牙將李彥圖繼任虔州百勝軍防禦使，譚全播又稱更加病重。

　　南漢主劉巖聽說譚全播病重之後，趁機派兵進攻韶州，打敗韶州刺史廖爽。廖爽逃往南楚，投奔馬殷。韶州因此被南漢奪取，百勝軍因此僅轄有虔州。

　　乾化二年（912年），李彥圖去世，虔州將士擁立譚全播為主。譚全播派遣使者向後梁歸附，被任命為百勝軍防禦使。

　　對於上述史實，《資治通鑒》記載：開平四年十二月，「（盧）光稠卒，其子韶州刺史延昌來奔喪，（譚）全播立而事之……丙寅，以延昌為鎮南留後。延昌表其將廖爽為韶州刺史。」乾化元年十二月，「鎮南留後盧延昌遊獵無度，百勝軍指揮使黎球殺之，自立，將殺譚全播，全播稱疾請老，乃免。丙辰，以球為虔州防禦使。未幾，球卒，牙將李彥圖代知州事，全播愈稱疾篤。劉巖聞全播病，發兵攻韶州，破之，刺史廖爽奔楚。」乾化二年，「虔州防禦使李彥圖卒，州人奉譚全播知州事，遣使內附，詔以全播為百勝防禦使，虔、韶二州節度開通使。」〔註70〕

　　貞明四年（918年）正月，吳國權臣徐溫以王祺為虔州行營都指揮使，進攻虔州。七月，吳軍中發生瘟疫，王祺病死。吳國以劉信為虔州行營招討使，繼續攻打虔州。譚全播向吳越、閩國、楚國求救，三國都派兵救援虔州，但是都無果而終。十一月，劉信大舉進攻虔州。譚全播棄城逃往雩都，被吳軍捕獲，虔州因此被吳國兼併〔註71〕。

　　綜上所述，唐光啟元年（885年），盧光稠佔據虔州。天復二年（902年），

〔註69〕《資治通鑒》卷二百六十七《開平四年》，第8720頁。
〔註70〕《資治通鑒》卷二百六十七《開平四年》、卷二百六十八《乾化元年》《乾化二年》，第8730、8749、8764頁。
〔註71〕虔州百勝軍的歷史在《新五代史》裏也有詳細記載，此處僅引用《資治通鑒》的記載。

盧光稠取得韶州。後梁開平初，虔州建置為百勝軍防禦使。乾化元年（911年），百勝軍失去韶州。貞明四年（918 年），虔州被南吳兼併。從光啟元年至貞明四年，盧氏家族及其部屬先後割據於虔州長達三十三年。

三、唐末撫州的割據歷史

撫州原為江西鎮下轄的一個支州，唐末脫離江西觀察使的控制，危全諷割據於此，兼有信州。危氏割據二州長達二十七年，卻沒有正式建置為藩鎮。

中和二年（882年）七月，危全諷佔據撫州，又派其弟危仔倡佔據信州，危氏因此據有撫、信二州，開始割據一方。《資治通鑒》記載為：本年七月，「（鍾）傳既去撫州，南城人危全諷復據之，又遣其弟仔倡據信州。」〔註72〕其後，危全諷、危仔倡兄弟分別被朝廷任命為撫州刺史、信州刺史。

天復元年（901年），江西節度使鍾傳率兵進攻撫州，恰逢天火燒撫州城。鍾傳不想乘人之危，於是不發動進攻。危全諷將火撲滅之後，歸順於鍾傳，以其女嫁給鍾傳之子鍾匡時。但是，這並沒有改變危全諷兄弟在撫、信二州的割據。

天祐三年（906年）四月，鍾傳去世，其子鍾匡時繼任。同年九月，吳國派兵攻滅鍾匡時，兼併其轄區。

後梁開平三年（909年）六月，危全諷自稱鎮南節度使，得到袁、吉二州的支持。危全諷於是率領撫、信、袁、吉四州之兵進攻洪州。吳國任命的鎮南節度使劉威只有一千多人守城，於是向廣陵求救。危全諷駐紮於象牙潭，不敢進攻，於是向楚國請求援助。楚王馬殷派部將苑玫會同袁州刺史彭彥章圍攻吳國的高安，迫使吳軍回軍救援。

同年七月，吳軍將領周本進軍於象牙潭對岸，先派弱兵引誘危全諷軍。危全諷派軍追擊，踏入溪水，周本趁危全諷軍到達溪流中央的時候，出兵大敗危全諷軍。周本又派兵在危全諷的回軍路上阻擊，危全諷兵敗，與其部眾五千多人全被吳軍俘獲。吳軍乘勝進攻袁州，俘獲袁州刺史彭彥章。吳國將領歙州刺史陶雅趁機派兵進攻饒、信二州，信州刺史危仔倡棄城而走，逃往吳越。因此，危氏在撫、信二州的割據結束。

對於上述史實，《資治通鑒》記載：開平三年六月，「撫州刺史危全諷自稱鎮南節度使，帥撫、信、袁、吉之兵號十萬攻洪州。」七月，「全諷兵大潰，

〔註72〕《資治通鑒》卷二百五十五《中和二年》，第 8272 頁。

自相蹂藉，溺水死者甚眾，（周）本分兵斷其歸路，擒全諷及將士五千人……淮南以左先鋒指揮使張景思知信州，遣行營都虞候骨言將兵五千送之。危仔倡聞兵至，奔吳越。」〔註73〕

綜上所述，從唐中和二年（882 年）危全諷、危仔倡兄弟佔據撫、信二州，到後梁開平三年（909 年）危氏為南吳所滅，危氏兄弟割據撫、信二州長達二十七年。

四、江西鎮下轄州縣沿革

江西鎮建置前期，主要轄有洪、吉、虔、撫、袁、江、信等州。貞元四年（788 年）後，江西鎮長期轄有洪、吉、虔、撫、袁、信、饒、江八州。唐末，江西鎮分裂為江西、撫州、虔州三個割據勢力。另外，鄂州曾經三次短期隸屬於江西鎮。

（一）江西鎮長期轄有的州

洪州：756 年～906 年屬江西鎮，為會府。天寶元年（742 年），洪州改為豫章郡。至德元載（756 年），置江南西道節度使，治於豫章郡。二載（757 年），江南西道節度使降為豫章防禦使。乾元元年（758 年），豫章郡復為洪州，豫章防禦使改為洪吉都防禦團練觀察使。廣德二年（764 年），洪吉都防禦觀察使改為江南西道都團練觀察使。建中四年（783 年）升為江南西道節度使，貞元元年（785 年）降為江南西道觀察使，咸通六年（865 年）升為鎮南軍節度使，乾符元年（874 年）降為江南西道觀察使，龍紀元年（889 年）升為鎮南軍節度使。

轄有南昌、高安、新吳、豐城、建昌、武寧、分寧七縣，治於南昌縣。

南昌縣：原為豫章縣，寶應元年（762 年）六月改為鍾陵縣，同年十二月改為南昌縣〔註74〕。

武寧縣：原為豫寧縣，寶應元年（762 年）改為武寧縣〔註75〕。

分寧縣：貞元十六年（800 年），分武寧縣西界置分寧縣〔註76〕。

袁州：756 年～906 年屬江西鎮。天寶元年（742 年），袁州改為宜春郡，至德元載（756 年）始隸於江西鎮，乾元元年（758 年）復為袁州。

〔註73〕 《資治通鑒》卷二百六十七《開平三年》，第 8712、8714、8715 頁。
〔註74〕 （唐）李吉甫：《元和郡縣圖志》卷二十八《江南道四》，第 670 頁。
〔註75〕 《新唐書》卷四十一《地理志五》，第 702 頁。
〔註76〕 （唐）李吉甫：《元和郡縣圖志》卷二十八《江南道四》，第 671 頁。

轄有宜春、新喻、萍鄉三縣，治於宜春縣。

饒州：766 年～906 年屬江西鎮。天寶元年（742 年），饒州改為鄱陽郡，至德元載（756 年），始隸於江西鎮。乾元元年（758 年），復為饒州，改隸於浙西鎮，大曆元年（766 年），復隸於江西鎮。

轄有鄱陽、餘干、樂平、浮梁四縣，治於鄱陽縣。

虔州：756 年～885 年屬江西鎮，907 年～918 年屬百勝軍。天寶元年（742 年），虔州改為南康郡，至德元載（756 年）始隸於江西鎮，乾元元年（758 年）復為虔州。光啟元年（885 年），虔州為盧光稠所據，脫離江西鎮的控制。後梁開平初，建置為百勝軍防禦使。貞明四年（918 年），虔州為南吳所取。

轄有贛、南康、信豐、大庾、雩都、虔化、安遠七縣，治於贛縣。

安遠縣：貞元四年（788 年），分雩都縣置安遠縣〔註77〕。

吉州：756 年～約中和年間、897 年～906 年屬江西鎮。天寶元年（742 年），吉州改為盧陵郡，至德元載（756 年）始隸於江西鎮，乾元元年（758 年）復為吉州。約中和年間，吉州為周琲所割據，直至乾寧四年（897 年）為江西觀察使鍾傳所取，復併入江西鎮。

轄有盧陵、安福、永新、太和、新淦五縣，治於盧陵縣。

江州：756 年～782 年、788 年～906 年屬江西鎮。天寶元年（742 年），江州改為潯陽郡，至德元載（756 年）始隸於江西鎮，乾元元年（758 年）復為江州。建中三年（782 年），江州改隸於鄂岳鎮，貞元三年（787 年）改隸於浙西鎮，四年（788 年）復隸於江西鎮。

轄有潯陽、彭澤、都昌三縣，治於潯陽縣。

撫州：756 年～882 年屬江西鎮。天寶元年（742 年），撫州改為臨川郡，至德元載（756 年）始隸於江西鎮，乾元元年（758 年）復為撫州。中和二年（882 年），危全諷割據於撫、信二州，治於撫州，至後梁開平三年（909 年）為南吳所取。

轄有臨川、南城、崇仁、南豐四縣，治於臨川縣。

信州：758 年～882 年屬江西鎮。乾元元年（758 年）正月，割衢州之常山、玉山二縣，饒州之弋陽縣，建州之三鄉，撫州之一鄉，又新置上饒、永豐二縣，建置信州，治於上饒縣，隸於江西鎮。繼而，常山縣復隸於衢州。中和二年（882 年），信州為危全諷之弟危仔倡所據，至後梁開平三年（909 年）為

〔註77〕《新唐書》卷四十一《地理志五》，第 703 頁。

南吳所取。

　　轄有上饒、永豐、玉山、弋陽、貴溪五縣，治於上饒縣。

　　上饒縣：乾元元年（758 年）建置，為信州州治〔註78〕。

　　永豐縣：元和七年（812 年），併入上饒縣〔註79〕。

　　玉山縣：原屬衢州，乾元元年（758 年）改隸信州〔註80〕。

　　弋陽縣：原屬饒州，乾元元年（758 年）改隸信州〔註81〕。

　　貴溪縣：永泰元年（765 年）十一月，分饒州的樂平、餘干二縣置貴溪縣，隸於信州〔註82〕。

圖 11-2　江西鎮轄區圖（809 年）

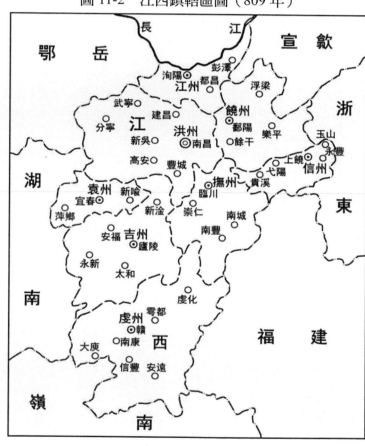

〔註78〕　《新唐書》卷四十一《地理志五》，第 703 頁。
〔註79〕　《新唐書》卷四十一《地理志五》，第 703 頁。
〔註80〕　（唐）李吉甫：《元和郡縣圖志》卷二十八《江南道四》，第 679 頁。
〔註81〕　（唐）李吉甫：《元和郡縣圖志》卷二十八《江南道四》，第 679 頁。
〔註82〕　（唐）李吉甫：《元和郡縣圖志》卷二十八《江南道四》，第 679 頁。

（二）江西鎮短期轄有的州

鄂州：756 年～759 年、761 年～764 年、779 年～782 年屬江西鎮。天寶元年（742 年），鄂州改為江夏郡，至德元載（756 年）始隸於江西鎮，乾元元年（758 年）復為鄂州。二年（759 年），鄂州別置為鄂岳鎮，至上元二年（761 年）復隸於江西鎮。廣德二年（764 年），鄂州復置鄂岳鎮，至大曆十四年（779 年）又隸於江西鎮。建中三年（782 年），朝廷復以鄂州建置鄂岳鎮。

轄有江夏、永興、武昌、唐年、蒲圻五縣，治於江夏縣。

圖 11-3　虔韶割據勢力轄區圖（902 年）

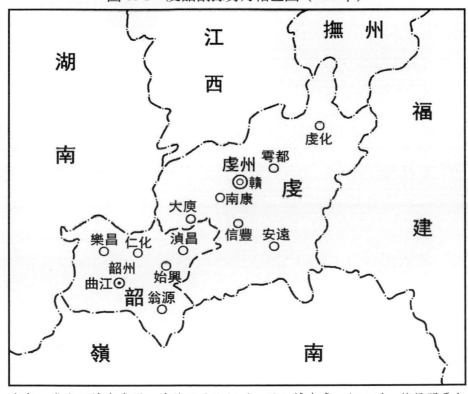

唐末，盧光稠據有虔州，其後又攻取韶州，因而據有虔、韶二州，後梁開平初建置百勝軍防禦使。

第三節　鄂岳鎮

鄂岳鎮，因其後期軍號為武昌軍，又稱為武昌鎮。鄂岳鎮長期內轄有鄂、岳、蘄、黃、安、申六州，治於鄂州。唐末，岳、蘄二州脫離武昌鎮控制，武昌鎮實際僅轄有鄂、黃、安三州。杜洪割據武昌鎮，後為淮南節度使楊行密所滅。

一、鄂岳鎮的轄區沿革

鄂岳鎮的建置沿革為：鄂岳都團練守捉使（759～761）—鄂岳都團練使（764～773）—鄂岳都團練觀察使（773～779）—鄂岳都防禦使（782～783）—鄂岳都團練觀察使（783～805）—武昌軍節度使（805～808）—鄂岳都團練觀察使（808～825）—武昌軍節度使（825～831）—鄂岳觀察使（831～847）—武昌軍節度使（847～848）—鄂岳觀察使（848～850）—武昌軍節度使（850～852）—鄂岳觀察使（852～886）—武昌軍節度使（886～905）。

鄂岳鎮後期又可稱為武昌鎮，建置初期較長時間內僅轄有鄂、岳、沔三州，治於鄂州。建中、貞元年間，鄂岳鎮的轄區屢經變革，主要轄有鄂、岳、沔、蘄等州。實曆年之後，鄂岳鎮長期轄有鄂、岳、蘄、黃、安、申六州。唐末，岳、蘄二州實行割據，脫離武昌鎮的管轄，武昌鎮實際僅轄有鄂、黃、安三州。

（一）乾元至大曆年間鄂岳鎮的建置與轄區

鄂岳鎮始置於乾元二年（759年），當時轄有鄂、岳、沔三州，治於鄂州。《方鎮表五》鄂岳沔欄記載：本年，「置鄂岳沔三州都團練守捉使，治鄂州。」〔註83〕同年，鄂岳鎮罷領沔州。同書淮南西道欄記載：「是年，復置淮南西道節度使，領申、光、壽、安、沔、蘄、黃七州，治壽州。」由此可知，沔州改隸於淮西鎮。

上元二年（761年），鄂岳鎮廢除，鄂、岳二州分別改隸於洪吉鎮、荊南鎮。《方鎮表四》記載：本年，「荊南節度增領涪、衡、潭、岳、郴、邵、永、道、連九州」〔註84〕。可知，岳州改隸於荊南鎮。《方鎮表五》記載：上元元年，「岳州隸荊南節度使」。所載時間當誤。

鄂岳鎮建置之前，鄂州原本隸屬於洪吉鎮，至此應該復隸於洪吉鎮〔註85〕。

廣德二年（764年），朝廷復置鄂岳鎮，仍然轄有鄂、岳、沔三州，治於鄂州〔註86〕。《全唐文·鄂州新廳記》記載：「廣德二年，（鄂州）遂聯岳、沔

〔註83〕《新唐書》卷六十八《方鎮表五》，第1293～1315頁。下同，不再引注。
〔註84〕《新唐書》卷六十七《方鎮表四》，第1264頁。
〔註85〕詳見本章第二節《江西鎮的轄區沿革》。
〔註86〕賴青壽《唐後期方鎮建置沿革研究》第十一章第一節《鄂岳觀察使沿革》第152頁考述，永泰元年（765年）置鄂岳都團練觀察使，轄鄂、岳、沔、蘄、黃五州，郭聲波《中國行政區劃通史·唐代卷》上編第九章《江南西道》第569頁沿用其觀點，皆誤。

事置三州都團練使。」〔註87〕對此，《方鎮表》的記載是錯誤的。《方鎮表五》鄂岳沔欄記載：永泰元年，「升鄂州都團練使為觀察使，增領岳、蘄、黄三州。」《方鎮表二》淮南西道欄記載：永泰元年，「沔、蘄、黄三州隷鄂岳節度。」〔註88〕這裡存在兩個錯誤：其一，鄂岳鎮的復置時間不是永泰元年，而是廣德二年；其二，鄂岳鎮當時沒有轄有蘄、黄二州。《全唐文》記載：「（鄂州）刺史兼侍御史、淮西租庸使、鄂岳沔等州都團練使河南穆公名寧……時皇唐永泰元年歲次大荒落月孟夏日庚寅也。」〔註89〕同書還記載：「（獨孤問俗）可使持節都督鄂州諸軍事、鄂州刺史、兼御史中丞、充鄂岳沔等三州都團練守捉使。」〔註90〕這些記載都只提及鄂、岳、沔等三州，可見鄂岳鎮並沒有轄有蘄、黄二州。再結合淮西鎮的諸多記載，也可以確定，在李希烈叛亂之前，蘄、黄二州一直是隷屬於淮西鎮的。

大曆八年（773年），鄂岳都團練使升為都團練觀察使。《全唐文·鄂州新廳記》記載：「大曆八年，加觀察處置使。」〔註91〕據上文所引，《方鎮表五》記載鄂岳都團練使在永泰元年（765年）升為觀察使，也是錯誤的。

大曆十四年（779年）六月，朝廷廢除鄂岳鎮。《舊唐書》記載：大曆十四年六月，「罷宣歙池、鄂岳沔二都團練觀察使、陝虢都防禦使，以其地分隷諸道。」〔註92〕對此，又可見於後文中所引的《鄂州新廳記》的記載。鄂岳鎮廢除後，鄂州改隷於江西鎮，沔州改隷於淮西鎮，岳州改隷於荆南鎮。

建中二年（781年）四月，淮西鎮所轄的沔州被廢除。對此，《舊唐書》記載：本年「夏四月己酉朔，省沔州。」〔註93〕《新唐書》也記載：「漢陽，中。本沔州漢陽郡，武德四年以沔陽郡之漢陽、汊川二縣置。寶應二年以安州之孝昌隷之。建中二年州廢，四年復置。」〔註94〕而《唐會要》則記載：「沔州，建中元年四月，析入黄州。」〔註95〕兩《唐書》皆作建中二年，因而可知

〔註87〕　（清）董誥等編：《全唐文》卷四百五十五《鄂州新廳記》，第4652頁。

〔註88〕　《新唐書》卷六十五《方鎮表二》，第1200頁。

〔註89〕　（清）董誥等編：《全唐文》卷四百四十《黃鶴樓記》，第4483頁。

〔註90〕　（清）董誥等編：《全唐文》卷四百十三《授獨孤問俗鄂岳等州團練使制》，第4235頁。

〔註91〕　（清）董誥等編：《全唐文》卷四百五十五《鄂州新廳記》，第4652頁。

〔註92〕　《舊唐書》卷十二《德宗本紀上》，第322頁。

〔註93〕　《舊唐書》卷十二《德宗本紀上》，第329頁。

〔註94〕　《新唐書》卷四十一《地理志五》，第702頁。

〔註95〕　（宋）王溥撰，牛繼清校證：《唐會要校證》卷七十一《州縣改置下》，第1088頁。

《唐會要》所載之建中元年當誤。

（二）李希烈之亂與鄂岳鎮的復置

建中三年（782年），淮西節度使李希烈發動叛亂，後又自稱楚國皇帝。

建中三年（782年）五月，朝廷復置鄂岳鎮，轄有鄂、江、岳三州〔註96〕。《全唐文·鄂州新廳記》記載：「（大曆）十四年六月，二使廢，特置當州防禦使，且屬於江西……是年十月，乃命秘書少監兼侍御史李公（兼）授之……到官三年之五月，使改為三州防禦使，江、岳隸焉。」〔註97〕由此記載可知，李兼大曆十四年（779年）出任鄂州刺史，其到官三年即指建中三年（782年）。《資治通鑒》記載：興元元年正月，「李希烈以夏口上流要地，使其驍將董侍募死士七千襲鄂州，刺史李兼偃旗臥鼓，閉門以待之……上以兼為鄂、岳、沔都團練使。」〔註98〕《方鎮表五》記載，鄂岳鎮復置於建中四年。其實，《資治通鑒》和《方鎮表五》都是錯誤的。《鄂州新廳記》建於「建中三年十有一月」，鄂岳鎮復置於此前。

此時李希烈謀反之心漸顯，朝廷復置鄂岳鎮，實則就是為了防禦李希烈。

建中四年（783年）三月，江西節度使李皋收復淮西李希烈佔據的蘄、黃二州，朝廷將此二州劃歸鄂岳鎮。《資治通鑒》記載：建中四年「三月戊寅，江西節度使曹王（李）皋敗李希烈將韓霜露於黃梅，斬之。辛卯，拔黃州……皋遂進拔蘄州，表伊慎為蘄州刺史。」〔註99〕《全唐文》記載：「（貞元）元年（785年）夏四月，國家裂諸侯之地，俾大夫盧公（元卿）藩壞沔鄂，以江、蘄等六大郡屬之。」〔註100〕這條記載並非指鄂岳鎮貞元元年增領六州，而應該是指鄂岳鎮當時轄有六州，即為鄂、岳、沔、蘄、黃、江六州。《方鎮表五》記載：永泰元年，「蘄、黃二州隸鄂岳節度。」這條記載是錯誤的。

朝廷之所以將蘄、黃二州劃歸鄂岳鎮，體現出朝廷對嗣曹王李皋的防範心理。李皋出身皇室，任江西觀察使，在平定李希烈之亂過程中有著顯著功勞。

〔註96〕賴青壽《唐後期方鎮建置沿革研究》第十一章第一節《鄂岳觀察使沿革》第153頁考述，興元元年（784年）置鄂岳都團練觀察使，轄鄂、岳、沔、蘄、黃五州，郭聲波《中國行政區劃通史·唐代卷》上編第九章《江南西道》第569～570頁沿用其觀點，皆誤。

〔註97〕（清）董誥等編：《全唐文》卷四百五十五《鄂州新廳記》，第4652頁。

〔註98〕《資治通鑒》卷二百二十九《興元元年》，第7394頁。

〔註99〕《資治通鑒》卷二百二十八《建中四年》，第7342頁。

〔註100〕（清）董誥等編：《全唐文》卷六百八十九《土洑鎮保寧記》，第7063頁。

為了防止李皋勢力坐大，朝廷不僅沒有將蘄、黃二州劃歸江西鎮，貞元元年（785年）還改任李皋為荊南節度使。

建中四年（783年）三月，朝廷還復置了沔州，鄂岳鎮因此增領沔州。《舊唐書》記載：本年「三月己卯，復置沔州」〔註101〕。《唐會要》也記載：「沔州，建中元年四月，析入黃州。四年三月，復置。」〔註102〕沔州的復置，與朝廷收復黃州有關。按此前沔州被廢除，下轄的漢陽、汊川二縣併入黃州。而此時，朝廷已經從李希烈手中奪回黃州，至此以二縣復置沔州。

貞元二年（786年），朝廷最終平定了李希烈之亂。

因此，李希烈叛亂期間，朝廷復置鄂岳鎮。由於李希烈之亂的影響，鄂岳鎮的轄區增至鄂、岳、江、沔、蘄、黃六州。

（三）貞元後鄂岳鎮的轄區沿革

貞元三年（787年），鄂岳鎮所轄的江州改隸於浙西鎮，次年又改隸於江西鎮。《方鎮表五》江東欄記載：貞元三年，「復置浙江西道都團練觀察使，領潤、江、常、蘇、杭、湖、睦七州，治蘇州」；四年，「江州隸江西觀察使」。

貞元十五年（799年）四月，朝廷以安州建置安黃節度使（後改稱奉義軍節度使），轄有安、黃二州〔註103〕，鄂岳鎮因此罷領黃州。

永貞元年（805年）五月，朝廷升鄂岳觀察使為武昌軍節度使。此後，鄂岳鎮又可稱為武昌鎮。對於朝廷賜號武昌軍的時間，《方鎮表五》記載為元和元年，實則有誤。據《唐刺史考全編》考述，永貞元年五月，韓皋為鄂岳觀察、武昌軍節度使〔註104〕。據此可知，鄂岳鎮在永貞元年已有武昌軍的軍號。

元和元年（806年）正月，朝廷廢除奉義軍節度使，以伊慎之子伊宥為安州刺史兼安州留後，同時將安、黃二州劃歸鄂岳鎮。《方鎮表五》記載：元和元年，「罷奉義軍節度使，升鄂岳觀察使為武昌軍節度使，增領安、黃二州。」朝廷雖然廢除了安黃鎮（即奉義鎮），但安州仍然在伊宥的實際控制之下，直到元和五年（810年）十一月，伊宥的母親在長安去世，伊宥才放棄對安州的控制〔註105〕。至此，鄂岳鎮轄有鄂、岳、沔、蘄、黃、安六州。

〔註101〕《舊唐書》卷十二《德宗本紀上》，第336頁。
〔註102〕（宋）王溥撰，牛繼清校證：《唐會要校證》卷七十一《州縣改置下》，第1088頁。
〔註103〕詳見下文《唐代中後期安黃鎮的沿革》。
〔註104〕郁賢皓：《唐刺史考全編》卷一六四《鄂州（江夏郡）》，第2383頁。
〔註105〕對於伊宥割據安州之事，詳見下文《唐代中後期安黃鎮的沿革》。

　　元和三年（808 年），朝廷降武昌軍節度使為鄂岳都團練觀察使。《方鎮表五》記載：元和五年，「罷武昌軍節度使，置鄂岳都團練觀察使。」據賴青壽先生《唐後期方鎮建置沿革研究》考證，元和三年以後已無武昌軍之號〔註 106〕，可知元和五年實為元和三年之誤。

　　元和十三年（818 年）五月，朝廷廢除淮西鎮，將其所轄的申州劃歸於鄂岳鎮。《資治通鑑》記載：本年五月，「以淮西節度使馬總為忠武節度使，陳、許、溵、蔡州觀察使。以申州隸鄂岳，光州隸淮南。」〔註 107〕

　　寶曆元年（825 年），升鄂岳觀察使為武昌軍節度使。《舊唐書》記載：本年正月「乙卯，以（牛）僧孺檢校禮部尚書、同平章事、鄂州刺史，充武昌軍節度、鄂岳觀察使。淮南節度使王播兼諸道鹽鐵轉運使。於鄂州特置武昌軍額，寵僧孺也。」〔註 108〕

　　寶曆二年（826 年）四月，武昌軍節度使牛僧孺奏請朝廷，廢除沔州。《舊唐書》記載：本年四月，「鄂岳觀察使牛僧孺奏：『當道沔州與鄂州隔江相對，才一里余，其州請並省，其漢陽、汉川兩縣隸鄂州。』從之。」〔註 109〕

　　大和五年（831 年），降武昌軍節度使為鄂岳觀察使。據《唐刺史考全編》所考，寶曆元年（825 年）至大和五年（831 年），牛僧孺、元稹先後為武昌軍節度使，大和五年八月，元稹去世，崔郾接任鄂岳觀察使〔註 110〕，不再帶武昌軍節度使之號，可知又降為觀察使。

　　大中元年（847 年），朝廷升鄂岳觀察使為武昌軍節度使。其後，朝廷屢次罷免武昌軍節度使的稱號，但並沒有廢除鄂岳鎮。《方鎮表五》記載：大中二年（848 年），「罷武昌軍節度使」；大中四年（850 年），「復置武昌軍節度」；大中六年（852 年），「罷武昌軍節度」。這樣的記載，很容易讓人誤解為朝廷屢次廢除了鄂岳鎮。其實並非如此，朝廷僅僅是將武昌軍節度使降為鄂岳觀察使而已。

　　大中十二年（858 年），申州先是改隸於淮南鎮，繼而又復隸於鄂岳鎮。《方鎮表五》記載：本年，「淮南節度增領申州，未幾，復以申州隸武昌軍節度。」

〔註106〕賴青壽：《唐後期方鎮建置沿革研究》第十一章第一節《鄂岳觀察使沿革》，第 154 頁。
〔註107〕《資治通鑑》卷二百四十《元和十三年》，第 7751 頁。
〔註108〕《舊唐書》卷十七上《文宗本紀上》，第 513 頁。
〔註109〕《舊唐書》卷十七上《文宗本紀上》，第 519 頁。
〔註110〕郁賢皓：《唐刺史考全編》卷一六四《鄂州（江夏郡）》，第 2385～2386 頁。

此後的二十餘年，鄂岳鎮仍然一直轄有鄂、岳、蘄、黃、安、申六州。

（四）唐末武昌鎮的轄區沿革

唐末，崔紹、路審中、杜洪先後據有武昌鎮。鄂岳鎮原轄有的岳州、蘄州紛紛脫離鄂岳鎮的管轄，割據一方。由於岳州脫離鄂岳鎮的控制，鄂岳鎮在唐末一般改稱為武昌鎮。

王仙芝發動起義後，於乾符四年（877 年）二月攻陷鄂州。《資治通鑒》記載：本年二月，「王仙芝陷鄂州」〔註111〕。起義軍撤走後，崔紹佔據鄂州。

廣明元年（880 年），秦宗權割據於蔡州後，申州改隸於淮西鎮〔註112〕。

中和三年（883 年），鄂岳鎮下轄的岳州被淮南將領韓師德佔據。《新唐書》記載：本年八月，「淮南將韓師德陷岳州」〔註113〕。《資治通鑒》則記載：光啟元年（885 年）正月，「淮南將張瓌、韓師德叛高駢，據復、岳二州，自稱刺史，儒請瓌攝行軍司馬，師德攝節度副使，將兵擊雷滿。師德引兵上峽大掠，歸於岳州。」〔註114〕對於韓師德佔據岳州的時間，當以《新唐書》為準，《資治通鑒》當為後來追述。

中和四年（884 年）三月，崔紹去世，路審中趁機攻取鄂州。鄂岳牙將杜洪也趁機驅逐岳州刺史，佔據岳州。《資治通鑒》記載：「前杭州刺史路審中客居黃州，聞鄂州刺史崔紹卒，募兵三千人入據之。武昌牙將杜洪亦逐岳州刺史而代之。」〔註115〕

光啟二年（886 年），安陸賊帥周通進攻鄂州，路審中棄城逃走。杜洪趁機佔據鄂州，自稱武昌留後，被朝廷授予武昌軍節度使。同年，湘陰賊帥鄧進思也趁機佔據岳州。《資治通鑒》記載：「安陸賊帥周通攻鄂州，路審中亡去。岳州刺史杜洪乘虛入鄂，自稱武昌留後，朝廷因以授之。湘陰賊帥鄧進思復乘虛陷岳州。」〔註116〕對於鄂岳觀察使此次升為武昌軍節度使的時間，據前文所引，《資治通鑒》記載為光啟二年（886 年）。而《方鎮表五》卻記載：文德元年（888 年），「復置武昌軍節度。」在此以《資治通鑒》為準。

光啟三年（887 年），蘄州被馮敬章佔據。《資治通鑒》記載：本年十二月，

〔註111〕《資治通鑒》卷二百五十三《乾符四年》，第 8189 頁。
〔註112〕詳見第九章第二節《唐末淮西鎮的轄區沿革》。
〔註113〕《新唐書》卷九《僖宗本紀》，第 175 頁。
〔註114〕《資治通鑒》卷二百五十六《光啟元年》，第 8319 頁。
〔註115〕《資治通鑒》卷二百五十五《中和四年》，第 8304 頁。
〔註116〕《資治通鑒》卷二百五十六《光啟二年》，第 8343 頁。

「上蔡賊帥馮敬章陷蘄州。」〔註117〕

杜洪割據鄂州後，歸附於宣武節度使朱溫。當時，除岳州、蘄州分別被鄧進思、馮敬章佔據外，吳討佔據黃州，駱殷佔據鄂州永興縣。其後，吳討、駱殷都歸附於杜洪。杜洪因此得以節制鄂、黃、安三州。《新唐書》記載：「是時，永興民吳討據黃州，駱殷據永興……駱殷棄永興走，（楊）行密取其地。（杜）洪得駱殷，倚為心腹，間取永興守之。」〔註118〕

乾寧元年（894年）三月，吳討以黃州降於淮南節度使楊行密。同年五月，杜洪進攻黃州，楊行密派部將朱延壽率兵救援黃州。十二月，吳討畏懼杜洪的進攻，請求楊行密另任刺史，楊行密於是以部將瞿章為黃州刺史〔註119〕。乾寧四年（897年）五月，朱溫的部將朱友恭俘獲瞿章，為杜洪奪回黃州〔註120〕。

光化元年（898年）十月，安州刺史武瑜暗中與楊行密交結，朱友恭攻殺武瑜，以部將守安州。《資治通鑑》記載：本年，「（朱友恭）過安州，或告刺史武瑜潛與淮南通，謀取汴軍，冬十月，己亥，友恭攻而殺之。」〔註121〕

天復二年（902年），楊行密的部將李神福、劉存率水師進攻杜洪，駱殷棄永興縣而逃，縣民方詔佔據永興縣。接著，方詔歸降李神福，李神福、劉存進圍鄂州。天復三年（903年），黃州再次被楊行密攻佔。《九國志》記載：天復三年，「（賈鐸）授黃州刺史」〔註122〕。賈鐸當時是淮南的將領，據此推斷，黃州當時再次被淮南攻取。

天祐二年（905年）二月，劉存攻陷鄂州，杜洪被俘獲，押送到淮南廣陵後被殺。楊行密佔據鄂州後，以劉存為鄂岳觀察使，鄂岳鎮因此被楊行密兼併。

另外，馮敬章割據於蘄州，乾寧三年（896年）五月降於淮南節度使楊行密。鄧進思、鄧進忠兄弟先後據有岳州，天復三年（903年）五月降於武安軍節度使馬殷。

綜上所述，鄂岳鎮的轄區沿革可總結如表11-3所示。

〔註117〕《資治通鑒》卷二百五十七《光啟三年》，第8372頁。
〔註118〕《新唐書》卷一百九十《杜洪傳》，第4226頁。
〔註119〕詳見《資治通鑒》卷二百五十九《乾寧元年》，第8453、8455、8459頁。
〔註120〕《資治通鑒》卷二百六十一《乾寧四年》第8504頁記載：「（朱友恭）進攻武昌寨，壬午，拔之，執瞿章，遂取黃州」。
〔註121〕《資治通鑒》卷二百六十一《光化元年》，第8518頁。
〔註122〕傅璇琮、徐海榮、徐吉軍主編，（宋）路振撰：《五代史書彙編陸·九國志》卷二《賈鐸傳》，第3244頁。

表 11-3　鄂岳鎮轄區統計表

時　期	轄區總計	會　府	詳細轄區
759 年～761 年	2 州	鄂州	鄂、岳
764 年～779 年	3 州	鄂州	鄂、岳、沔
782 年～783 年	3 州	鄂州	鄂、岳、江
783 年～787 年	6 州	鄂州	鄂、岳、江、沔、蘄、黃
787 年～799 年	5 州	鄂州	鄂、岳、沔、蘄、黃
799 年～806 年	4 州	鄂州	鄂、岳、沔、蘄
806 年～818 年	6 州	鄂州	鄂、岳、沔、蘄、黃、安
818 年～826 年	7 州	鄂州	鄂、岳、沔、蘄、黃、安、申
826 年～880 年	6 州	鄂州	鄂、岳、蘄、黃、安、申
880 年～883 年	5 州	鄂州	鄂、岳、蘄、黃、安
883 年～887 年	4 州	鄂州	鄂、蘄、黃、安、〔岳〕
887 年～894 年	3 州	鄂州	鄂、黃、安、〔岳、蘄〕
894 年～897 年	2 州	鄂州	鄂、安、〔岳、蘄、黃〕
897 年～903 年	3 州	鄂州	鄂、黃、安、〔岳、蘄〕
903 年～905 年	2 州	鄂州	鄂、安、〔岳、蘄、黃〕〔註 123〕

二、安黃鎮奉義軍的沿革

安黃鎮，是唐代中後期的一個藩鎮，軍號奉義軍，轄有安、黃二州，存在時間較短。

安黃鎮的建置沿革為：安黃節度使（799～803）—奉義軍節度使（803～806）。

安黃鎮首任節度使伊慎，原為江西鎮的將領，淮西節度使李希烈叛亂之後，伊慎跟隨江西觀察使李皋討伐李希烈。建中四年（783 年）三月，李皋、伊慎收復被李希烈佔據的蘄州，李皋上表朝廷，以伊慎為蘄州刺史。興元元年（784 年）七月，伊慎又收復了安州，朝廷於是改任伊慎為安州刺史。此後，安州被劃入山南東道，但伊慎一直任於安州。

───────────

〔註 123〕中和三年（883 年）起，岳州先後為韓師德、杜洪、鄧進思、鄧進忠等人所割據。光啟三年（887 年）起，馮敬章割據於蘄州。乾寧元年（894 年），黃州為淮南節度使楊行密所取，乾寧四年（897 年）復為鄂岳鎮所有，天復三年（903 年）又為淮南所攻取。

　　貞元十五年（799年）四月，朝廷以安州建置安黃鎮，轄有安、黃二州，伊慎任安黃節度使。《方鎮表五》記載：本年，「置安黃節度觀察使，治安州。」《資治通鑑》也記載：本年「四月癸未，以安州刺史伊慎為安、黃等州節度使。」〔註124〕

　　貞元十九年（803年）二月，朝廷賜安黃鎮軍號奉義軍。《資治通鑑》記載：本年「二月丁亥，名安黃軍曰奉義。」〔註125〕《方鎮表五》也記載：本年，「賜安黃節度觀察使號奉義軍節度」。

　　永貞元年（805年）八月，奉義軍節度使伊慎入朝，以其子伊宥為留後。元和元年（806年）正月，朝廷趁伊慎入朝之機，廢除安黃鎮，將安、黃二州劃入鄂岳鎮。儘管如此，伊宥依然佔據安州，被朝廷任命為安州刺史、安州留後。直到元和五年（810年）十一月，伊宥的母親在長安去世，伊宥才放棄對安州的實際控制。

　　對於這些史實，《資治通鑑》記載：元和五年十一月，「初，（伊）慎自安州入朝，留其子宥主留事，朝廷因以為安州刺史……會宥母卒於長安，宥利於兵權，不時發喪。鄂岳觀察使郗士美遣僚屬以事過其境，宥出迎，因告以凶問，先備籃輿，即日遣之。」〔註126〕

　　綜上所述，安黃鎮建置於貞元十五年（799年），轄有安、黃二州，治於安州，貞元十九年（803年）賜軍號為奉義軍，廢於元和元年（806年）。

三、唐末岳州的割據歷史

　　岳州，是鄂岳鎮下轄的一個州。唐末，鄧進思、鄧進忠兄弟割據於岳州。

　　在鄧進思割據岳州之前，韓師德、杜洪曾經先後割據岳州。光啟二年（886年），杜洪率兵攻取鄂州，成為武昌軍節度使。

　　光啟二年（886年），黃巢的餘黨黃浩率領數千人，號稱浪蕩軍，闖入瀏陽四處掠奪。瀏陽鎮將鄧進思率軍伏擊並斬殺黃浩，進而佔據岳州，自稱刺史。此後，鄧進思割據於岳州。《資治通鑑》記載：本年，「湘陰賊帥鄧進思復乘虛陷岳州」〔註127〕。

　　天復二年（902年），鄧進思去世，其弟鄧進忠繼任岳州刺史。《資治通鑑》

〔註124〕《資治通鑑》卷二百三十五《貞元十五年》，第7583頁。
〔註125〕《資治通鑑》卷二百三十六《貞元十九年》，第7600頁。
〔註126〕《資治通鑑》卷二百三十八《元和五年》，第7680頁。
〔註127〕《資治通鑑》卷二百五十六《光啟二年》，第8343頁。

記載：本年，「岳州刺史鄧進思卒，弟進忠自稱刺史。」〔註128〕《九國志》也記載：「天復中，（鄧）進思卒，進忠襲位。」〔註129〕

天復三年（903年）五月，鄧進忠以岳州歸降於武安軍節度使馬殷，鄧氏在岳州的割據結束。《資治通鑒》記載：本年五月，「許德勳還過岳州，刺史鄧進忠開門具牛酒犒軍，德勳諭以禍福，進忠遂舉族遷於長沙。」〔註130〕

綜上所述，從光啟二年（886年）鄧進思佔據岳州，到天復三年（903年）鄧進忠歸順於馬殷，鄧氏兄弟割據岳州十七年。

四、鄂岳鎮下轄州縣沿革

鄂岳鎮建置初期，主要轄有鄂、岳、沔三州，治於鄂州。建中、貞元年間，鄂岳鎮主要轄有鄂、岳、沔、蘄等州。寶曆之後，鄂岳鎮長期轄有鄂、岳、蘄、黃、安、申六州。另外，沔州也長期隸屬於鄂岳鎮；江州曾短期隸屬於鄂岳鎮，後改隸於浙西鎮。

（一）鄂岳鎮長期轄有的州

鄂州：759年～761年、764年～779年、782年～905年屬鄂岳鎮，為會府。天寶元年（742年），鄂州改為江夏郡。至德元載（756年），江夏郡隸於江南西道節度使，至德二載（757年）隸於豫章防禦使。乾元元年（758年），江夏郡改為鄂州，隸於洪吉都防禦使。乾元二年（759年），鄂州建置為鄂岳都團練使。上元二年（761年），鄂岳鎮廢，鄂州改隸於江西鎮。廣德二年（764年），鄂州復置鄂岳都團練使，大曆八年（773年）升為都團練觀察使。大曆十四年（779年），鄂岳鎮廢，鄂州改隸於江西鎮。建中三年（782年），鄂州又建置為鄂岳都團練觀察使，永貞元年（805年）升為武昌軍節度使，元和三年（808年）降為鄂岳觀察使，寶曆元年（825年）升為武昌軍節度使，大和五年（831年）降為鄂岳觀察使，大中元年（847年）升為武昌軍節度使，二年（848年）降為鄂岳觀察使，四年（850年）升為武昌軍節度使，六年（852年）降為鄂岳觀察使，光啟二年（886年）升為武昌軍節度使。

轄有江夏、永興、武昌、唐年、蒲圻、漢陽、汊川七縣，治於江夏縣。

〔註128〕《資治通鑒》卷二百六十三《天復二年》，第8589頁。
〔註129〕傅璇琮、徐海榮、徐吉軍主編，（宋）路振撰：《五代史書彙編陸·九國志》卷十一《鄧進忠傳》，第3349頁。
〔註130〕《資治通鑒》卷二百六十四《天復三年》，第8609頁。

漢陽縣：原為沔州州治，寶曆二年（826 年），廢沔州，併入鄂州〔註 131〕。

汉川縣：原屬沔州，寶曆二年（826 年），改隸於鄂州。

沔州：764 年～779 年、783 年～826 年屬鄂岳鎮。天寶元年（742 年），沔州改為漢陽郡，至德元載（756 年）隸於淮南鎮，乾元元年（758 年）復為沔州，乾元二年（759 年）改隸於淮西鎮，廣德二年（764 年），沔州改隸於鄂岳鎮，大曆十四年（779 年）改隸於江西鎮。建中二年（781 年），沔州廢，下轄漢陽、汉川二縣隸於黃州。建中四年（783 年），復以漢陽、汉川二縣置沔州，隸於鄂岳鎮。寶曆二年（826 年），沔州又廢，漢陽、汉川二縣隸於鄂州。

轄有漢陽、汉川二縣，治於漢陽縣。

漢陽縣：建中二年（781 年）〔註 132〕，沔州廢，漢陽縣改隸於黃州〔註 133〕；建中四年（783 年），復置為沔州；寶曆二年（826 年），廢沔州，併入鄂州〔註 134〕。

汉川縣〔註 135〕：建中二年（781 年），沔州廢，汉川縣改隸於黃州〔註 136〕；建中四年（783 年），復隸於沔州；寶曆二年（826 年），改隸於鄂州〔註 137〕。

岳州：759 年～761 年、764 年～779 年、782 年～883 年屬鄂岳鎮。天寶元年（742 年），岳州改為巴陵郡，至德元載（756 年）隸於江南西道節度使，至德二載（757 年）改隸於衡陽防禦使。乾元元年（758 年），巴陵郡改為岳州，仍隸於衡州防禦使。乾元二年（759 年），岳州改隸於鄂岳鎮，上元二年（761 年）改隸於荊南鎮，廣德二年（764 年）復隸於鄂岳鎮，大曆十四年（779 年）改隸於荊南鎮，建中三年（782 年）復隸於鄂岳鎮。中和三年（883 年），韓師德佔據岳州。中和四年（884 年），杜洪據有岳州。光啟二年（886 年），杜洪攻取鄂州後，岳州為鄧進思所取。天復二年（902 年），鄧進思去世，其弟鄧進忠繼任岳州刺史，天復三年（903 年）降於湖南馬殷。

〔註 131〕詳見本節下文「沔州」的沿革。

〔註 132〕《舊唐書》卷十二《德宗本紀上》，第 329 頁。

〔註 133〕（宋）王溥撰，牛繼清校證：《唐會要校證》卷七十一《州縣改置下》，第 1088 頁。對於沔州廢除的時間，文中記載為建中元年，當誤，在此據《舊唐書》卷十二《德宗本紀上》的記載進行更正。下同。

〔註 134〕《舊唐書》卷十七上《文宗本紀上》，第 519 頁。

〔註 135〕溳川縣，《新唐書》卷四十一《地理志五》第 702 頁作汉川縣，當誤，在此以《舊唐書》卷四十《地理志三》第 1611 頁為是，作溳川縣。

〔註 136〕（宋）王溥撰，牛繼清校證：《唐會要校證》卷七十一《州縣改置下》，第 1088 頁。

〔註 137〕《舊唐書》卷十七上《文宗本紀上》，第 519 頁。

轄有巴陵、華容、湘陰、沅江、昌江五縣，治於巴陵縣。

蘄州：783 年～887 年屬鄂岳鎮。天寶元年（742 年），蘄州改為蘄春郡，至德元載（756 年）隸於淮南鎮，乾元元年（758 年）復為蘄州。乾元二年（759 年），蘄州改隸於淮西鎮，建中四年（783 年）改隸於鄂岳鎮。光啟三年（887 年），蘄州為馮敬章所佔據，直至乾寧三年（896 年）歸降於淮南節度使楊行密。

轄有蘄春、黃梅、蘄水、廣濟四縣，治於蘄春縣。

黃州：783 年～799 年、806 年～903 年間大多時間屬鄂岳鎮。天寶元年（742 年），黃州改為齊安郡，至德元載（756 年）隸於淮南鎮，乾元元年（758 年）復為黃州。乾元二年（759 年），黃州改隸於淮西鎮，建中四年（783 年）改隸於鄂岳鎮，貞元十五年（799 年）改隸於安黃鎮，元和元年（806 年）復隸於鄂岳鎮。乾寧元年（894 年），黃州為淮南節度使楊行密所取，乾寧四年（897 年）復為鄂岳鎮所有，天復三年（903 年）又為淮南所攻取。

轄有黃岡、黃陂、麻城三縣，治於黃岡縣。

安州：806 年～905 年屬鄂岳鎮。安州原屬於淮西鎮，興元元年（784 年）改隸於山南東道。貞元十五年（799 年），置安黃節度使，治於安州。貞元十九年（803 年）二月，改為奉義軍節度使。元和元年（806 年），奉義軍節度使被廢除，安州改隸於鄂岳鎮。

轄有安陸、應山、雲夢、孝昌、吉陽、應城六縣，治於安陸縣。

孝昌縣：寶應二年（763 年），改隸於沔州，後復隸於安州；元和三年（808 年），省入雲夢縣，咸通中，復置孝昌縣，仍隸於安州〔註 138〕。

應城縣：元和三年（808 年），省入雲夢縣，大和二年（828 年），復置；天祐二年（905 年），改為應陽縣〔註 139〕。

吉陽縣：元和三年（808 年），省入應山縣，後復置〔註 140〕。

申州：818 年～880 年屬鄂岳鎮。申州原屬於淮西鎮，元和十三年（818 年），淮西鎮被廢除，申州改隸於鄂岳鎮。廣明元年（880 年），秦宗權據有蔡州，申州也為其所取。

轄有義陽、鍾山、羅山三縣，治於義陽縣。

〔註 138〕《新唐書》卷四十一《地理志五》，第 693 頁。
〔註 139〕《新唐書》卷四十一《地理志五》，第 693 頁。
〔註 140〕《新唐書》卷四十一《地理志五》，第 693 頁。

（二）鄂岳鎮短期轄有的州

江州：782 年～787 年屬鄂岳鎮。江州原屬於江西鎮，建中三年（782 年）改隸於鄂岳鎮，貞元三年（787 年）改隸於浙西鎮，貞元四年（788 年）復隸於江西鎮。

轄有潯陽、彭澤、都昌三縣，治於潯陽縣。

圖 11-4　鄂岳鎮轄區圖（828 年）

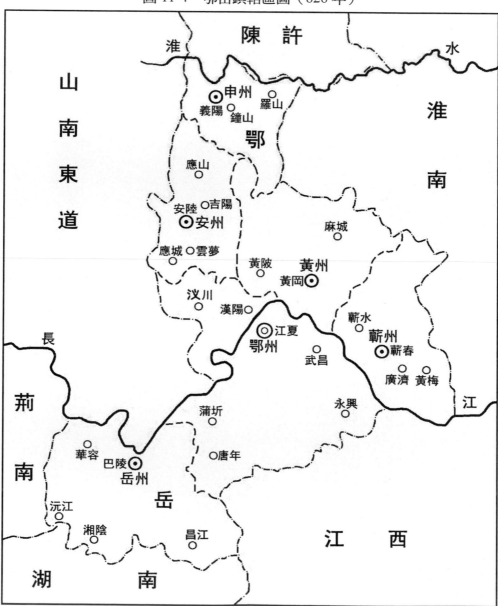

第四節　湖南鎮

湖南鎮長期轄有潭、衡、邵、永、道、郴、連七州，治於潭州。唐末，閔勖、周岳、鄧處訥等人先後佔據湖南鎮，軍號先後為欽化軍、武安軍。最終，馬殷取得湖南鎮，並以其為基礎，建立五代十國之一的南楚政權。

一、湖南鎮的轄區沿革

湖南鎮的建置沿革為：衡陽防禦使（757～758）—衡州都防禦使（758～761）—湖南都團練觀察使（764～883）—欽化軍節度使（883～886）—武安軍節度使（886～896）。

湖南鎮建置之初主要轄有衡、潭、邵、永、道等州，治於衡州。大曆四年（769 年）之後，長期轄有潭、衡、邵、永、道、郴、連七州，徙治於潭州。

（一）唐代中後期湖南鎮的轄區沿革

湖南鎮始置於至德二載（757 年），初稱衡陽防禦使，轄有衡陽、巴陵、長沙、桂陽、邵陽、零陵、江華、連山八郡，治於衡陽郡。《方鎮表六》記載：本年，「置衡州防禦使，領衡、涪、岳、潭、郴、邵、永、道八州，治衡州。」〔註 141〕當時，全國使用郡制，衡、涪、岳、潭、郴、邵、永、道八州分別是衡陽郡、涪陵郡、巴陵郡、長沙郡、桂陽郡、邵陽郡、零陵郡、江華郡。因而，衡州防禦使當時也應該稱為衡陽防禦使。其中，涪陵郡位於黔中鎮的西部，與衡陽所轄諸郡相隔很遠，不可能隸屬於衡陽防禦使。另外，衡陽防禦使還應轄有連山郡（連州）。根據連山郡的地理位置來看，它有可能隸屬於嶺南、桂管、衡陽三鎮。但經過筆者考證，連山郡並非隸屬於嶺南、桂管二鎮。郭聲波先生在《中國行政區劃通史·唐代卷》一書中也考證，至德二載，連山郡由江南西道節度使改隸於衡州防禦使〔註 142〕。基於以上考述，衡陽防禦使當時轄有的八郡實際為衡陽、巴陵、長沙、桂陽、邵陽、零陵、江華、連山八郡。

乾元元年（758 年），衡陽防禦使所轄各郡改為州，衡陽防禦使改稱為衡州都防禦使。同年，朝廷建置韶連郴都團練使，衡州都防禦使因而罷領連、郴二州。《方鎮表六》記載：本年，「置韶、連、郴三州都團練守捉使，治韶州。」

乾元二年（759 年），衡州都防禦使罷領岳州。《方鎮表六》記載：本年，「涪州隸荊南節度使，岳州隸鄂岳團練使。」本年，朝廷建置鄂岳都團練使，

〔註 141〕《新唐書》卷六十九《方鎮表六》，第 1317～1340 頁。下同，不再引注。
〔註 142〕郭聲波：《中國行政區劃通史·唐代卷》上編第九章《江南西道》，第 523 頁。

因而岳州隸之。但是，涪州（原涪陵郡）原本就不屬於衡州都防禦使。因此，這條記載存在錯誤。

上元二年（761年），朝廷廢除衡州都防禦使，《方鎮表六》對此有載。

廣德二年（764年），朝廷以衡、潭、邵、永、道五州建置湖南都團練觀察使，仍治於衡州。《方鎮表六》記載：本年，「置湖南都團練守捉觀察處置使，治衡州，領衡、潭、邵、永、道五州。」這便是湖南鎮的由來，也是「湖南」這個地名的由來。

同年（764年），韶連郴都團練使被廢除〔註143〕，其所轄的連、郴二州改隸於湖南鎮。根據《元和郡縣圖志》記載：湖南觀察使「管州七：潭州，衡州，郴州，永州，連州，道州，邵州。」〔註144〕由此說明，湖南鎮在元和年間轄有郴州、連州。《方鎮表》中沒有記載湖南鎮何時增領郴州、連州，僅能根據其他一些記載作為推斷。

郴、連二州曾經隸屬於韶連郴都團練使，《方鎮表六》記載：乾元元年（758年），「置韶、連、郴三州都團練守捉使，治韶州」；上元二年（761年），「廢韶、連、郴都團練使，三州復隸嶺南節度」。由此可見，朝廷在廣德元年（763年）重建韶連郴都團練使，也或許上元二年（761年）並未廢除韶連郴都團練使。《新唐書》記載：「宦者呂太一反嶺南，詔拜（韋）倫韶州刺史、韶連郴都團練使。為太一反間，貶信州司馬，斥棄十年，客豫章。」〔註145〕《資治通鑒》記載：廣德元年十一月，「宦官廣州市舶使呂太一發兵作亂，節度使張休棄城奔端州。」〔註146〕由以上兩處記載可知，廣德元年（763年）十一月，韋倫出任韶連郴都團練使，很快又貶為信州司馬，其後便不見關於韶連郴都團練使的記載。因此，韶連郴都團練使很可能正是在廣德二年（764年）被廢除的，只是在建置湖南觀察使之後。朝廷廢除韶連郴都團練之後，湖南鎮增領郴、連二州。

大曆四年（769年）二月，湖南鎮徙治於潭州。《方鎮表六》記載：本年，「湖南觀察使徙治潭州。」《舊唐書》也記載：本年二月「辛酉，以湖南都團練觀察使、衡州刺史韋之晉為潭州刺史。因是徙湖南軍於潭州。」〔註147〕

此後，湖南鎮長期轄有潭、衡、邵、永、道、郴、連七州，治於潭州。

〔註143〕 詳見第十三章第一節《唐代中期韶連鎮的沿革》。
〔註144〕 （唐）李吉甫：《元和郡縣圖志》卷二十九《江南道五》，第701頁。
〔註145〕 《新唐書》卷一百四十三《韋倫傳》，第3681頁。
〔註146〕 《資治通鑒》卷二百二十三《廣德元年》，第7157頁。
〔註147〕 《舊唐書》卷十二《代宗本紀》，第292頁。

（二）唐末湖南鎮的割據與轄區

唐末，閔勗、周岳、鄧處訥等人先後割據於湖南鎮，下轄各州也紛紛實行割據。

乾符六年（879 年）十二月，陳彥謙攻陷郴州，殺刺史董岳，佔據郴州，割據於此。廣明元年（880 年）六月，蔡結、魯景仁分別佔據道州、連州。《新唐書》記載：乾符六年，「桂陽賊陳彥謙陷郴州，刺史董岳死之。」廣明元年六月，「江華賊蔡結陷道州，宿州賊魯景仁陷連州。」〔註 148〕因此，湖南鎮實際控制的僅有潭、衡、邵、永四州。

中和元年（881 年）十二月，安南戍將閔勗驅逐湖南觀察使李裕，自稱留後，從而開始了閔勗在湖南鎮的割據。同年，阪溪人周岳驅逐衡州刺史徐顥，佔據衡州。《資治通鑑》記載：本年，「阪溪人周岳嘗與（雷）滿獵，爭肉而鬥，欲殺滿，不果。聞滿據朗州，亦聚眾襲衡州，逐刺史徐顥。詔以岳為衡州刺史。」〔註 149〕因此，閔勗實際僅控制有潭、邵、永三州。

中和三年（883 年）八月，朝廷升湖南觀察使為欽化軍節度，以閔勗為節度使。《資治通鑑》記載：本年八月，「升湖南為欽化軍，以觀察使閔勗為節度使。」〔註 150〕

光啟二年（886 年）六月，周岳發兵進攻潭州，閔勗招淮西將領黃皓入城為援。黃皓進城後，殺死閔勗。周岳趁機攻克潭州城，擒殺黃皓，自稱節度使，周岳割據於湖南鎮。

同年七月，朝廷將湖南鎮的軍號由欽化軍改為武安軍，以周岳為武安軍節度使。《資治通鑑》記載：光啟二年七月，「更命欽化軍曰武安，以衡州刺史周岳為節度使。」〔註 151〕而《方鎮表六》卻記載：光啟元年，「改欽化軍節度為武安軍節度使。」這條記載是錯誤的。

周岳佔據潭州後，閔勗的部將邵州刺史鄧處訥佔據邵州，訓練士卒，與周岳對抗。因此，周岳實際也僅控制有潭、永、衡三州。

龍紀元年（889 年），零陵人唐行旻佔據永州。《新唐書》記載：「零陵人唐行旻乘（黃）巢亂，脅眾自防，盜永州，殺刺史鄭蔚」〔註 152〕。

〔註 148〕 《新唐書》卷九《僖宗本紀》，第 172 頁。
〔註 149〕 《資治通鑑》卷二百五十四《中和元年》，第 8261 頁。
〔註 150〕 《資治通鑑》卷二百五十五《中和三年》，第 8299 頁。
〔註 151〕 《資治通鑑》卷二百五十六《光啟二年》，第 8338 頁。
〔註 152〕 《新唐書》卷一百八十六《雷滿傳》，第 4180 頁。

　　景福二年（893 年）十二月，鄧處訥聯合朗州刺史雷滿攻取潭州，殺周岳。鄧處訥自稱武安軍留後，乾寧元年（894 年）二月被朝廷任命為節度使，據有潭、衡、邵三州。

　　同年（894 年）五月，淮南節度使孫儒的餘部劉建鋒、馬殷率兵南下，進攻潭州，鄧處訥戰敗被殺。劉建鋒佔據潭州，自稱武安軍留後，次年四月被朝廷任命為節度使。

　　乾寧二年（895 年）十一月，邵州指揮使蔣勳佔據邵州，不服從劉建鋒管轄，自稱刺史。《資治通鑑》記載：本年十一月，「蔣勳求為邵州刺史，劉建鋒不許，勳乃與鄧繼崇起兵，連飛山、梅山蠻寇湘潭，據邵州。」〔註 153〕

　　乾寧三年（896 年）四月，劉建鋒為陳贍所殺。潭州軍將殺陳贍，擁立行軍司馬張佶為留後。張佶進入軍府之前，被馬踢傷。於是，將士又擁立馬殷為武安軍節度使。

　　乾寧四年（897 年）二月，馬殷攻取邵州，俘獲邵州刺史蔣勳。光化元年（898 年）五月，馬殷攻取衡、永二州，殺衡州刺史楊師遠、永州刺史唐行旻。光化二年（899 年）七月，馬殷攻取道州，殺道州刺史蔡結。同年十一月，馬殷攻取郴、連二州，殺郴州刺史陳彥謙、連州刺史魯景仁。對於上述史實，《資治通鑑》記載：乾寧四年二月，「張佶克邵州，擒蔣勳。」光化元年五月，「（馬）殷以（李）瓊及秦彥暉為嶺北七州遊奕使，張圖英、李唐副之，將兵攻衡州，斬楊師遠，引兵趣永州，圍之月餘，唐世旻走死。」光化二年十一月，「馬殷遣其將李瓊攻郴州，執陳彥謙，斬之；進攻連州，魯景仁自殺，湖南皆平。」〔註 154〕《新唐書》記載：光化二年七月，「馬殷陷道州，刺史蔡結死之。」〔註 155〕

　　至此，馬殷已經統一湖南鎮。此後，馬殷以湖南鎮為基礎，建立南楚政權。

　　綜上所述，湖南鎮的轄區沿革可總結如表 11-4 所示。

表 11-4　湖南鎮轄區統計表

時　　期	轄區總計	會　府	詳細轄區
757 年～758 年	8 郡	衡陽郡	衡陽、巴陵、長沙、桂陽、邵陽、零陵、江華、連山

〔註 153〕　《資治通鑑》卷二百六十《乾寧二年》，第 8479 頁。
〔註 154〕　《資治通鑑》卷二百六十一《乾寧四年》《光化元年》《光化二年》，第 8502、8516、8528 頁。
〔註 155〕　《新唐書》卷十《昭宗本紀》，第 189 頁。

758 年～759 年	6 州	衡州	衡、岳、潭、邵、永、道
759 年～761 年	5 州	衡州	衡、潭、邵、永、道
764 年～769 年	7 州	衡州	衡、潭、邵、永、道、郴、連
769 年～879 年	7 州	潭州	潭、衡、邵、永、道、郴、連
880 年～881 年	4 州	潭州	潭、衡、邵、永、〔道、郴、連〕〔註 156〕
882 年～886 年	3 州	潭州	潭、邵、永、〔道、郴、連、衡〕
886 年～889 年	3 州	潭州	潭、永、衡、〔道、郴、連、邵〕
889 年～893 年	2 州	潭州	潭、衡、〔道、郴、連、邵、永〕
894 年～895 年	3 州	潭州	潭、衡、邵、〔道、郴、連、永〕
895 年～896 年	2 州	潭州	潭、衡、〔道、郴、連、永、邵〕

二、湖南鎮下轄州縣沿革

湖南鎮的轄區較為穩定，長期轄有潭、衡、邵、永、道、郴、連七州。

潭州：757 年～761 年、764 年～896 年屬湖南鎮，769 年～896 年為會府。天寶元年（742 年），潭州改為長沙郡，至德元載（756 年）隸於江南西道節度使，至德二載（757 年）改隸於衡陽防禦使。乾元元年（758 年），長沙郡復為潭州，仍隸於衡州都防禦使。上元二年（761 年），衡州鎮廢除，潭州改隸於荊南節度使。廣德二年（764 年），潭州改隸於湖南都團練觀察使。大曆四年（769年），湖南都團練觀察使徙治於潭州，中和三年（883 年）升為欽化軍節度使，光啟二年（886 年）改為武安軍節度使。

轄有長沙、醴陵、瀏陽、益陽、湘鄉、湘潭六縣，治於長沙縣。

湘潭縣：原屬衡州，元和初改隸於潭州〔註 157〕。

衡州：757 年～896 年屬湖南鎮。天寶元年（742 年），衡州改為衡陽郡，至德元載（756 年）隸於江南西道節度使。至德二載（757 年），建置衡陽防禦使，治於衡陽郡。乾元元年（758 年），衡陽郡復為衡州，衡陽防禦使改為衡州都防禦使。上元二年（761 年），衡州鎮廢除，衡州改隸於荊南鎮。廣德二年（764 年），建置湖南都團練觀察使，仍治於衡州。大曆四年（769 年），湖南鎮徙治於潭州。中和二年（882 年），衡州為周岳所據。光啟二年（886 年），周岳取得潭州，控制湖南鎮。其後，楊師遠割據於衡州，光化元年（898 年）為武安軍節度使馬殷所併。

〔註 156〕　〔 〕內的州表示湖南鎮名義上轄有卻沒有實際控制的州，下同。
〔註 157〕　郭聲波：《中國行政區劃通史・唐代卷》上編第九章《江南西道》，第 541 頁。

轄有衡陽、攸、茶陵、耒陽、常寧、衡山六縣，治於衡陽縣。

郴州：757年～758年、764年～879年屬湖南鎮。天寶元年（742年），郴州改為桂陽郡，至德元載（756年）隸於江南西道節度使，至德二載（757年）改隸於衡陽防禦使。乾元元年（758年），桂陽郡復為郴州，改隸於韶連郴都團練使〔註158〕。上元二年（761年），韶連郴都團練使廢，郴州改隸於荊南節度使。廣德元年（763年），復置韶連郴都團練使，郴州隸之。二年（764年），韶連郴都團練使廢，郴州改隸於湖南都團練觀察使。

轄有郴、義章、義昌、平陽、資興、高亭、臨武、藍山八縣，治於郴縣。

永州：757年～761年、764年～889年屬湖南鎮。天寶元年（742年），永州改為零陵郡，至德元載（756年）隸於江南西道節度使，至德二載（757年）改隸於衡陽防禦使。乾元元年（758年），零陵郡復為永州，仍隸於衡州都防禦使。上元二年（761年），永州改隸於荊南節度使，廣德二年（764年）改隸於湖南都團練觀察使。

轄有零陵、祁陽、湘源、灌陽四縣，治於零陵縣。

灌陽縣：上元二年（761年）析湘源縣置〔註159〕。

連州：764年～879年屬湖南鎮。開元二年（714年），連州隸於嶺南五府經略使，天寶元年（742年）改為連山郡，改隸於長沙郡都督府〔註160〕。至德元載（756年），連山郡隸於江南西道節度使，二載（757年）改隸於衡陽防禦使。乾元元年（758年），連山郡復為連州，改隸於韶連郴都團練使。上元二年（761年），韶連郴都團練使廢，連州改隸於荊南節度使。廣德元年（763年），朝廷復置韶連郴都團練使，連州隸之。二年（764年），韶連郴都團練使廢，連州改隸於湖南都團練觀察使。

轄有桂陽、陽山、連山三縣，治於桂陽縣。

道州：757年～761年、764年～879年屬湖南鎮。天寶元年（742年），道州改為江華郡，至德元載（756年）隸於江南西道節度使，至德二載（757年）改隸於衡陽防禦使。乾元元年（758年），江華郡復為道州，仍隸於衡州都防禦使，上元二年（761年）改隸於荊南節度使，廣德二年（764年）改隸於

〔註158〕韶連郴都團練使的建置情況，詳見第十三章第一節《唐代中期韶連鎮的沿革》，下同。

〔註159〕《新唐書》卷四十一《地理志五》，第704頁。

〔註160〕連州先後隸屬於嶺南五府經略使、長沙郡都督府，詳見第十三章第一節《嶺南鎮的轄區沿革》。

湖南都團練觀察使。

　　轄有弘道、永明、延唐、江華、大曆五縣，治於弘道縣。

　　大曆縣：大曆二年（767年）析延唐縣置大曆縣〔註161〕。

　　邵州：757年～761年、764年～886年屬湖南鎮。天寶元年（742年），邵州改為邵陽郡，至德元載（756年）隸於江南西道節度使，至德二載（757年）改隸於衡陽防禦使。乾元元年（758年），邵陽郡復為邵州，仍隸於衡州都防禦使，上元二年（761年）改隸於荊南節度使，廣德二年（764年）改隸於湖南都團練觀察使。

　　轄有邵陽、武岡二縣，治於邵陽縣。

圖11-5　湖南鎮轄區圖（809年）

〔註161〕《新唐書》卷四十一《地理志五》，第704頁。